本书获得复旦大学社会发展与
公共政策学院科研发展基金资助

人口论衡

大国发展的探索

任远 著

上海人民出版社

序　言

本书是挑选和汇集了近些年来我关于人口研究的一些学术随笔、思想评议，会议和座谈会的讲演和发言，还有部分采访整理而成的文集。

在我的学术研究中，除了公开发表在期刊的相对较长和较为规范系统的文字，还写作了一些思想评论和学术随笔等。这些评论和随笔，有的已经在报刊发表，有的在网络发表，不少还从未发表。还有一些会议的讲演、座谈会的发言，有的已经在报纸和网络发表，有的还属于有待整理的状态。

相对于已经完成的规范系统的学术论文，这些较小篇幅的思想文字往往是随写随丢的。由于电脑的更换，其中的不少文字已经逐步丢失了。报纸和网络上发表的不少文章也很快地随时间流逝逐步消散，特别是在网络上的文章，有的在当时甚至引起过较大的流传和争鸣，但很快就消散无闻，变得无从查找了。这也说明，人类社会中相对于知识的生产，知识的消散实际上是同时发生的。历史大河淘汰冲刷出来的往往只是一些重要的文章。多数的知识生产，即使当时觉得有些闪烁的灵感，但如果没有因缘际会刻录进入时代，可能就像大浪卷过的沙砾，转眼就消逝得无影无踪。

出于敝帚自珍的心理，考虑到不少曾经的思考还有记录下来的必要，我觉得需要将近年来还能在电脑上找到的曾经发表的和未发表的评议性文字作一些挑选和整理。

这些文章，有的是适应报纸的理论版、讲演版而作，篇幅较短。有的还属于一个暂存的写作想法，当时是希望发展成一篇论文，但可能由于工作忙碌或者研究兴趣转换到新的方面，就暂时搁置成为一个暂存的思想。有不少文章来自我在《东方早报》的学术专栏，当时《东方早报》的“上海经济评论”，是我非常喜欢的栏目，我也受邀在其中开列了一个“光华论衡”的专栏。后来随着该报纸的解体，这个栏目也就结束了。之后我有一些文章就给了澎湃新闻网，因此在这个集子中也挑选了一些在澎湃新闻网中发表的作品。这本文集中还有一些文字来源于我曾经在光明网、人民网理论版等不同地方发表的评议作品。当然还有不少在电脑中尚存的未发表的作品。在初步汇集了这些文章的基础上，我基本上以到2018年底为界，将近年来的一些相对可观的评议和随笔整理成这部文集。

虽然是汇集性的文字，但我并不想把它们做成大杂烩的状态。根据研究的主题，我将近年来对人口发展探索思考的一些文章进行了梳理，并将其中相对比较成熟的文章在此进行了汇集。在此过程中，我对于自己在其他研究领域的思想随笔和理论评议也梳理出了相当的内容，但是我暂时打包丢在一边，留待未来有时间继续加以整理。我想通过这一整理，稍微回顾自己学术思路的成长，并将在此基础上继续开辟对未知的思考和探索。

本书的内容是对中国人口发展的思考和探索，主要包括五个部分：第一是对人口和发展关系的思考。第二是生育率和生育政策。生育率问题显然是我国人口研究的重要主题。在我初进入学界时，大家关注的还主要是高生育率和人口控制问题，近年来对生育率的研究已经主要讨论低生育率时代的生育动态和相关政策。第三是对我国老龄化发展和积极应对老龄化的一些思考。第四是一些人口迁移流动和城镇化发展的文章。迁移流动是我学术研究投入较多的主题，考虑到将相关文章都整理在这里，会使本书的容量过高，所以我只选择了关于迁移流动和城镇化状态的几篇文章，迁移和城市管理的有关文章并不打算放在这本文集中。第五是人口年龄性别结构和婚姻家庭的一些文章。

从 20 世纪 90 年代初期以来，我进入人口研究领域，针对人口过程的特点规律性及在发展体系中的人口发展进行研究。这些思想性学术随笔和理论评议，也从一个侧面上反映了我近年来在人口研究领域的一些思考进展。

通过对自己的一些学术性随笔略作归纳和整理，我也希望回顾自己的思路思想的形成和变化。这些文章还一定程度上折射出学界和社会关注重点的变化。可以显著体会到的是，我国人口研究的内容在发生变化。人口数量问题在进入 21 世纪以后基本已经解决。除了少数特大城市还在忧虑人口太多而要严格控制人口规模，总体上人口数量在人口研究中的重要性下降。与此关联，对生育率的关注仍然是研究的重点，但对其的关照已经从担心生育率过高变成了担心生育率过低，我国的人口研究已经更加重视人口结构、老龄化问题、人口空间、迁移流动问题、人口素质问题和婚姻家庭问题。这可能意味着人口科学知识领域的扩展，并正从 20 世纪 90 年代和 21 世纪初以后的相对低谷中走了出来，面临新的发展机遇。

这本著作汇集了学术随笔和理论评议性的一些文章，因此虽然我已经有意识地将粗糙的文字不列入其中，但本文集相对于学术论文来说，仍然多有不严谨的地方。我在每篇文字后基本列出了各篇文章完成的时间，这样能够使自己的思想思路有一个历史变化的回顾。另外，一些曾经在报纸和网络发表的文章，可能有字数控制等原因，编辑曾对文章作了删减，但由于我只有文章原稿的电子版，所以在本文集中仍然用的是我的原稿。这可能与当时发表的文章有一些版本的差别,但总体上这样的差别是微乎其微的。对于这些已经在报纸和网络上发表的文字,我也尽量在文章的最后注明了发表的时间和媒体。同时,因为是对过去的一些文章的整理,虽然这些观点对我自身而言有着历史延续的脉络,整体上仍然是持续和坚持着有所发展,但也有一些见解显得肤浅甚至错误,对一些问题的看法也随着现实情况有了一些改变,但对各篇文章我基本上不加改动,维持了原样,从而表现出自己的进步或者退步。

路漫漫其修远兮,吾将上下而求索。这本学术性随笔的文集记录了我近些年来对中国人口发展的思考探索的历史轨迹。希望读者通过此书,可以增强对我国人口发展内在逻辑、突出人口问题和重点政策的了解,并对我国作为人口大国的发展挑战和未来道路,获得有益的启发。

感谢复旦大学社会发展与公共政策学院沈可、吴丹丹对这一出版项目所提供的支持和帮助。我要特别感谢学院的刘豪兴教授帮助联系和向出版社推荐这本著作,我也同时感谢上海人民出版社孙瑜主任和范晶编辑对本书的出版所付出的辛勤努力。

任　远

2019 年 9 月 20 日

目　录

第二部分　低生育率的时代

第三部分　应对老龄化的挑战

第四部分　人口迁移流动和城镇化

第五部分　性别、婚姻和家庭

第一部分
人口与发展

促进西部地区可持续发展的基本人口战略

我们通常认为西部地区资源丰富，西部特别是西南地区的生态条件比较优越，人口对环境的压力会比东部工业开发地区要缓和，实际上其人地关系的矛盾比东部有过之而无不及。当前，西部地区人口资源与环境的平衡关系已经表现得非常严峻，可以说已达到了可持续系统能够承载的极限。在河谷、山湾的平地，见缝插针地种植着农业作物，散居着村寨和居民，几乎适宜人居住的土地都已经开发利用了。更为悲观的是，当前西部地区的人口资源环境关系仍继续恶化，令西部地区未来持续发展蒙上阴影。

西部地区的人口资源环境系统达到可持续性的极限，还表现在其自我的平衡能力比较弱，也就是其生态环境系统非常脆弱，以致外部条件的微小变化，就会对人资环整体体系产生破坏性的影响，甚至是灾难性的影响。例如西部地区经常发生水灾、泥石流、滑坡、道路堵塞等，这正说明当地的人口资源环境体系无法承受下雨等最简单的气候变化。各个区域中，人口资源与环境的平衡关系都存在一个变动的区间，人类行为会根据气候变动、产业变动等条件变化而存在一个适当性的应对。在西部地区，人口资源与环境系统的平衡区间非常狭小。粮食稍有减产，该地区则很容易陷入贫困。气候稍有变动，人们的生活方式、公共交通和居住区域都可能发生巨大变动。不同人群、不同地区也会因为水资源和生活资料的短缺加剧冲突和矛盾。发展很容易破坏这个体系的平衡，脆弱的生态体系一旦崩溃可能产生无法消除的恶果。西部发展的困难和困局就表现在其日益紧张和非常脆弱的人口资源与环境关系上。

西部地区是整个中国广域生态体系的源头，中国许多的大江大河都发源于西部，西部的生态体系的破坏会顺流而下地影响全国。沙尘暴问题、黄河成为地上悬河、长江流域的水害不绝，都说明了西部地区人口资源环境关系的破坏对全国产生的连锁性的影响。同时，只有更好地维护西部地区人口资源与环境体系，才能根本上发挥西部的资源优势，为西部发展创造一个可承载的基础条件。

因此，维护和修复西部地区脆弱的人口资源与环境体系，对区域发展和我国整体发展的可持续性都具有突出的意义。需要探索有效途径逐步减轻环境人地关系的巨大压力，并使其自我平衡能力逐步加强。从人口发展角度看，需要重视三个方面。第一，西部地区仍然要积极提倡和严格执行人口控制。虽然我国人口总和生育率已经降到1.5左右，但我国人口控制政策还并不具备发生重大调整的条件，特别在西部人口控制还必须保持较强的工作效果。西部地区人地关系已经处于极限，而人口的继续增长就必须继续毁林和垦荒，必然意味着进一步加剧已经存在的生态环境系统的紧张，并恶化一系列的经济社会后果。西部地区是我国少数民族较多的区域，其人口生育水平显著较高，有些地区还并不实行计划生育，这对西部地区的长远发展其实是不利的。第二，我们现在进行西部开发，而西部地区并不是人太少了，而是人太多了。要让西部的人口尽量少下来，不断缓解该地区脆弱的人口资源环境体系。应鼓励把西部的人口尽量迁移到东部地区，实现西人东迁。

第三，要鼓励西部地区农村人口进入城市，采取多模式和多层次的城市化战略，西北和西南地区应该有不同的城市化模式，大中小城市的城市化也需要有不同的策略。通过城市化提高土地利用的规模效益，从而缓解人口与环境的压力。重要的是，要和城市一起实现人口城市化，这些进入城市的人口只要能在城市有稳定的工作和居住地，就应允许和鼓励其永久性地完成城市化，而不能因为户籍制度和其他制度的限制再把这些人口赶回农村，加剧对农村资源环境体系的压力。

2005 年 7 月

科学的发展要重视人口发展水平的提高

本届政府提出树立科学发展观的指导思想。科学发展观就是要改变以物质资本的巨大投入、自然资源的巨大消耗和生态环境的巨大破坏为代价的粗放性增长模式。科学发展观的积极意义在于,衡量发展不是单独看 GDP 的增长,而是要更绿色、更健康的 GDP 的增长。要实现环境保护和经济发展的共同改善,社会公正和经济收入的共同提高。要降低 GDP 背后的环境损失和社会福利的损失,让发展成为提高社会总福利水平的工具,其中也包括需要不断提高人口发展水平。

一、人口发展是科学发展的组成部分

在传统经济学中,人口是经济系统的外在投入的变量,即劳动力。科学发展观下的人口则转变成为发展系统的内部因素,即以人为本的发展。要从单纯以经济为中心转变为以人的全面发展为中心,开创人口、资源、环境、经济与社会协调发展的运行模式,这正是科学发展观所揭示的发展目标。因此我们提出要从“Population and Development”转变到“Population in Development”。发展是一门系统科学,发展也要重视人口本身的发展和提高，努力降低人口死亡率，优化社会的人口结构，提高人口城市化，提高社会福利水平，提高不同群体的人口的生活质量。

人口发展包括人口质量、结构和人口福利水平的提高。人口发展总体上应该和经济发展相互促进，但往往也会相互不一致。例如我国在经济发展水平较低的情况下实现超前的人口转变，超前地实现“低出生、低死亡和低自然增长率”的现代再生产模式，超前地进入老龄社会。在另一方面，也会出现人口发展落后于经济增长，例如我国义务教育都无法得到全面保障，出生缺陷率和性别比也是偏高的，在新中国刚刚成立“一穷二白”的时期还能够普遍性地实现基础卫生保障，到了人均GDP达到1 000美元的今天反而出现严重的公共物品供给不足。一方面国家财政能力无比强大，另一方面包括社会保障、教育、健康等公共服务能力严重不足，这很大程度上说明了发展的成果并没有充分地转化为社会福利和人口进步。

科学的发展应该是人口发展和经济发展协调一致，相互促进。资本对经济发展的影响是当下的，但人口对经济发展的影响往往是通过代际的方式对全局和未来产生长远的影响。人口总量和结构的变化是经济增长的重要影响因素。如我们常说“批错一个人，多生了3亿人”，这客观地说明人口发展对整体发展的巨大影响。而且这种影响还通过“上山下乡”、婴儿潮，乃至大学扩招和就业难等发生连锁性的影响。东亚的经济奇迹则表明，人口出生率下降使社会的抚养人口减少，社会资本可以更多地用于投资。人口对发展和发展系统的各个环节产生影响，已经越来越引起人们的重视。

二、人是发展的第一资源

科学发展观要求经济增长模式也要以人为本，就是要以人力资源的充分开发利用为根本驱动力，以人力资本替代物质资本，以人力资本替代生态资本，以人口质量替代人口数量，以人口结构优化收获人口红利，以人口布局优化和协调人口资源环境关系，要充分发挥和扩展人口因素对发展的积极推动。

传统的发展观强调物质资本消耗的增长，以资源的耗竭性使用为代价，这是不可持续的发展。应该用相对富裕的资源来替代相对稀缺的资源，所以我国应该选择充分利用人力资源的经济发展模式。人力资源的优势是我国经济增长的重要财富。我国目前正处于人力资源禀赋最为丰富的时期。因此从人口学意义上说，我们不能采取资本替代劳动力的发展战略，在相当长时期内，经济发展特别需要采取就业优先的战略充分开发利用人力资源。

凯恩斯提出人口是巨大的消费力，人同时是巨大的生产力。当然人口对发展作用的发挥是有条件的，就是人口需要实现就业才能够对发展发挥促进作用，就业是收获人口红利的条件。人口的经济参与是人力资源发挥作用的形式，人口的社会参与也是促进人力资源发挥作用的另一种重要形式。通过参与社区发展、公共生活和民间组织解决各种公共问题，也是发展的重要途径。人力资源的社会参与和经济参与，共同对经济和社会发展发挥积极的促进作用。相对而言，我们重视了经济参与，却并不那么重视人口的社会参与。促进人力资源的社区参与和社会发展，相应的组织建设和制度体系还很薄弱，需要进一步完善促进良好的社会治理格局的形成。

以上海为例，上海目前的经济高速发展仍然是一种“混凝土经济”，是建立在高度投资基础上的经济增长。这种发展模式并不能维持未来经济增长的长久持续性。上海新一轮高速发展需要依托科教兴国、依托创新能力的提高，需要充分发挥人力资源的集聚作用，要构造人才高地，从而更好地适应国际产业结构转移，并以此提高城市综合竞争力。

因此,什么是以人为本的发展,就是人才是发展的最重要动力。

三、提倡人口投资型的发展

科学发展要求促进人口发展,人口发展才能推动科学发展,那么发展的目的就是要加强对人的投资,提倡人口投资型的发展。

第一,加强人口投资促进科技研发和教育培训,是落实科教兴国、实现知识创新的根本动力。我国当前号称“世界工厂”,但主要还是居于全球产业链的低端制造环节,厂家集中在东部沿海,产品附加值低,具有自主知识品牌的产品不足。我国经济的持续发展要大力发展科技,依托创新能力的提高。这就需要有知识生产和知识应用的能力,才能酝酿产生知识化的产业和现代服务业。这种增长方式根本转变的基础在于提高人口的素质,通过加强教育培训和提高研发能力,才能够适应产业结构转型,并为现代经济提供必要人才。

第二,人口投资致力于根据人口生命的各个阶段提供公共服务,提高人口生活质量和生活环境的建设,追求人的发展和社会福利的增加。人口死亡率的降低、人口的预期寿命的提高、出生缺陷率的降低、生殖健康和优质服务、传染病发病率的下降、重大流行性疾病的控制等等,是对人口健康投资的结果,也是社会发展的重要标志。追求人口生活质量的提高,要求完善医疗保障和医疗服务、加强卫生保健体系、健全家庭和社区服务、加强优生和生殖健康服务、推动全民健身运动的开展,这些都是人口投资的表现形式。更间接地看,文化、旅游、健康教育、休闲和娱乐,构筑完善的家庭与社区生活环境,也是促进人口实现良好生活方式的重要投资。

第三,移民也是人力资本投资的一种形式,促进移民的投资应当成为积极的城市发展的一项重要战略。人才高地的实质是人力资本的高地，吸引人才的集聚本身也需要一些政策手段和优惠待遇的投资，以及改善人才发展的环境。同时，对移民不能采取“只用一段，不保一生”的榨取性思路，外来劳动力有内在的需求在城市稳定居住和制度化地融入城市体系，需要城市提供制度化的权益保障及教育、卫生、居住和社会服务的平等性对待，这也需要城市公共部门加强相应的公共投入，这是促进城市移民，实现社会稳定健康发展所必须支付的公共成本。

人口投资，包括对人口的健康服务、教育服务和社会服务的投资，其本质属于公共物品的投资范畴。因为人口投资不是市场产品，而是国家作为责任主体实现的，要充分维护社会公平、城乡公平和地区公平。加强对人口发展投资的倾斜和转移支付，这样的人口投资是实现公平的发展的重要工具。

科学发展观要求社会财富的积累和增加，不仅要积累物质资本、生态资本，还要通过人口投资不断积累人力资本，并提倡建设人口投资型社会。重视投资于教育、健康、移民，以及投资于提高人口的生活质量和生活环境，其意味着发展模式从单纯以经济为中心转变为以人的全面发展为中心。国家发展需要通过建设资源节约型、环境友好型和人口投资型的发展模式，才能促进人口、资源、环境、经济与社会的相互协调。

2006 年 1 月 26 日

人口政策的变革及其和改革的协同发展

中国改革开放的三十年,是各项改革几乎同时推进的三十年。人口政策的改革从20世纪70年代后期也开始了,1980年党中央和国务院颁布了《关于控制人口增长问题致全体共产党员、共青团员的公开信》,全面推进了以计划生育为核心的改革。

这些从20世纪70年代后期开始的改革,在三十年后的现在都碰到了巨大的压力。我们现在对改革进行一些反思,各种改革似乎都到了一种胶着的状态,包括教育改革、卫生和医疗的改革、社会保障的改革等等。人口改革和其他各项制度的改革有着天然的相似性,几乎都是同时发生同时进展,也几乎都是同时陷入了尴尬的处境。

从人口改革的角度看,20世纪80—90年代推进得非常顺利,得到空前的赞扬,现在却遇到了前所未有的尴尬局面。这种尴尬在于,原来充斥着的对人口政策的赞美,现在受到了相当大的抨击。在20世纪90年代末期我们还认为人口政策是“功德无量”的政策,为中国少生了3亿人。而现在民间给人口政策以巨大的批评,甚至认为会带来极大的经济和社会发展的不可持续性。类似从赞美改革到改革出现反思和胶着状态,三十年后对相关社会经济制度改革做一个回顾,基本都或多或少地出现这种情况。

人口政策的变革和改革开放同时发生的内在机理在于，在20世纪70年代后期，人口问题的演化，和其他的制度性变革一样，都碰到了难以跨越的和非常困难的内在矛盾。这种矛盾的核心就是人口压迫生产力。发展生产力是新中国建立以来的社会建设时期的核心任务，人口意味着劳动力、意味着生产力，而到了20世纪60年代后期以后，人地关系日益紧张，也就是人口相对于资源、物质资料、生产资料的过剩表现得非常突出。20世纪60年代以后的上山下乡某种意义上可以看作这种压力的一种内在释放的政策选择。人口与发展的矛盾在当时已经表现得无比突出，并且某种意义上成为推动改革的动力。在人口压迫生产力的内在压力下，20世纪70年代以后逐步开始对人口政策实行调整。为什么改革从农村开始？农村为什么要实行家庭联产承包责任制？就是农村中大量积压的剩余劳动力对土地的压迫，在当时到了一个爆发的临界点。同样我们的城市也是这样，人口与生产资料的关系的压力已经表现为计划经济体制内的巨大的冗员。家庭联产承包责任制促进剩余农业劳动力从土地中释放出来，而城市企业改革则促进城市部门的企业冗员从企业中释放出来。从人口因素来看，改革的过程是当时的生产力条件下的人口的压迫力使传统的资源分配体制显得难以适应。原来的资源配置体制不适应人口和发展关系的处理，所以要推动改革的进行。而这种内在矛盾返回到自身，要求人口政策也进行改革。因此从20世纪70年代后期以后，逐步缩紧对人口变量的控制，就成为人口改革的一个基本指向。

另一个问题是，当前我国的人口改革是否也像其他各种制度变革一样，到了另一个关键时期。我们认识到改革的核心问题是生产力的推动力，改革的目的是为了解放生产力，使生产力的发展能够满足最多数人们日益增长的物质和文化需求。人口数量的相对过多以及对生产力的压迫，某种意义上成为改革的推动力。而在改革三十年以后，人口和生产力的这种内在矛盾关系，可能已经在很大程度上得到了缓解，并且表现出了不同的形态。生产力水平的提高使人口的基本生活需求已经能够得到满足，劳动力相对于产业方式的“无限供给”也开始出现短缺的质的变化。那么以限制人口增长来适应生产力的人口政策，应该也需要转向适度放开人口以适应生产力需求的人口政策。这种人口政策的变革可能还不单单是数量上的，甚至可以说完全不是数量意义上的政策变化，适应生产力继续提升的人口政策需要从人口质量的提升和人口知识能力的提升上寻找突破口。我们的人口政策只有从这个视野中寻找转变，才能从稳定低生育率背景下的人口控制的迷局中脱出身来，并找到人口政策未来进一步适应生产力不断的进步的抓手。因此人口政策的变革，和改革开放进入新的时期的其他制度的改革一样，到了需要新的转变的时期，这已经开始从生产力发展变动及人口和生产力的内在关系中探寻到了初步的端倪。

另一个想法是，伴随人口政策变化的人口问题的演化，为制度变革和经济社会发展也提供了一定的动力。改革三十年中，很多制度的变化和变革，都可以从人口的变化和变革中找到痕迹。比如说，劳动力市场的变动。改革开放以来，劳动力市场为什么更为自由化和非正规化？为什么出现这么多的失业的问题？为什么出现当前时期的大学生就业困难？这些都可以从人口的因素中寻找到制度变革的背景。当前的大学生就业难不是扩招的结果，而是受到20世纪80年代人口出生高峰的影响。换言之，扩招可能也不是教育改革的必然结果，而是因为人口出生的高峰需要教育体系、就业体制的变化来实现缓解和释放。各种各样制度的变革、城乡关系的破解以及流动人口进入城市所碰到的阻碍和融合，都可以从我国人口问题的演化来找到一定的根源。经济改革的成就很大程度上也可以用人口结构变动所带来的红利来解释，抚养系数下降，同样对经济增长和投资带来一定的促进。中国的发展和不断改革的进程很大程度上是人口问题的演化所推动的，并塑造着人口问题和人口空间形态的进一步的演变。

换言之，各项改革的继续深化也必须适应人口问题的未来演化和内在需求。当前的人口发展已经进入新的阶段，例如我们已经进入后人口转变时期，需要从降低生育率过渡到稳定生育率。后人口转变时期的人口发展也表现出了和改革开放初期不一样的新的困境，这些问题主要表现在老龄化的加剧、独生子女的问题、就业短缺的问题以及人口性别比的问题。这些新时期的人口问题，需要我们的人口政策改革相应有新的侧重，从重视数量的人口政策到重视质量、结构和布局的人口政策，适应人口问题的演化，也适应新阶段改革开放的进一步深化。

改革开放无疑取得了巨大成绩，人口政策的改革和一些人口变动也构成了推进改革过程的一种驱动性的力量。我们的发展过程不可避免地受到了人口变化的影响。而人口政策逐步调整的指向和变化又需要适应改革的进程，并根本性地适应生产力和生产关系变动的根本规律。改革的背后有着人口问题不断变化和演化及人口政策调整和改革的协同性的影子，因此需要关注人口问题的未来演化，这也为未来改革的发展提供了方向性的判断和指引性的思考。

2007 年 3 月 9 日

长三角地区如何在人口集聚的过程中同时实现生态环境的改善

长三角地区是我国正在兴起的第六大城市群，也是人口快速集聚的人口导入区。以16个地级以上城市口径统计，当前长三角地区的人口已经接近1亿，并将在2020年达到1.5亿，每年长三角人口的净增加达到500万—600万人。人口的快速集聚和区域生态环境质量的维持和改善构成尖锐的矛盾。特别是长三角地区的人口集聚同时伴随着工业化和城市化的迅速推进，对区域生态环境的压力显得尤其严峻。我们也发现改革开放以来，长三角地区工业化和人口集聚的发展，已经给长三角生态环境质量、特别是流域水环境的质量带来了相当负面的影响。长三角未来的发展迫切需要将资源依赖型和环境破坏型的发展模式，转变为资源集约型和环境友好型的发展模式。如何实现可持续的人口集聚，塑造出一个可持续的城市群，使人口集聚和生态环境改善实现良好的平衡、共同的提高，将是未来长三角发展所面临的重要挑战。对于这个过程，需要思考和解决几方面基本的命题。

一、在资源环境有限性的约束下如何提高对区域人口的承载力

区域是一个相对稳定的生态环境系统，区域人口的增长需要考虑资源环境的承载能力。长三角地区总体上资源存量较为丰富，但我们也感受到了矿产资源、能源资源、土地资源、水资源对区域发展的限制和制约。虽然长三角地区是水网丰富的水乡地区，总量上是不缺乏水资源的，但严重的水污染使该地区成为水质型缺水的地区。长三角内部不同地区所面临的资源约束也有所不同，例如上海的发展面临建设用地的紧缺，而宁波地区水资源总量不足已经成为地区发展的突出瓶颈。提高资源环境对人口的承载力，可以包括以下一些基本的策略：

第一，提高资源的使用效率，提高单位资源消耗的生产能力，降低单位 GDP 增长的能源消耗，可以使同样资源水平承载更大容量的经济增长，承载更大规模的人口数量。

第二，加强对资源开发的投资，挖掘资源的获得能力是提升人口承载能力的重要途径。例如水资源缺乏不是总量的缺乏，而是水资源开发能力的缺乏，通过水利工程的建设、河道的疏浚以及水处理工程的建设，能够将潜在的水资源转化成为实际可用的水资源，并提高对人口的承载。对于道路、环境、生态的投资，本身是提高区域城市化的能力，并通过马太效应的作用，通过对资源环境的投资，增强人口承载力，而人口承载力和城市化的过程又继续增强对资源环境投资的需求，增强对资源和环境投资的规模效应。这种良性循环的过程，本身有利于人口集聚，也有利于城市化能力的提高。

第三，解决城市和区域发展所面临的尤其突出的资源“短板”，能够相当程度地提高其对人口的承载力。城市和区域需要日益扩展自身成

为更加开放的系统，通过开放的市场来获得所需要的资源、能源、粮食、初级产品等，并因此解决发展所存在的资源限制。当然在这种日益扩展的市场环境中，对城市和区域外部资源的依赖性也应该维持在安全的范围之内。对于解决资源端的短缺，推动资源的替代是必要的，当地区发展越来越遇到化石能源的限制，及时增加可再生能源的开发是一种必要的能源结构的转型。同时能源结构的转型也将契合于应对气候变化的具体实践。我们也注意到，对于解决短板，一些资源能够通过发展相关的市场交易得到解决，如水资源、矿产资源；而另一些资源则难以移动，成为一种硬性的约束，如土地，例如像上海这样的城市如果能够解决土地资源的限制，扩张其城市用地，则能够较快地吸收人口。即使类似土地这样的资源是固定化的，区域也可以通过制度的创新推动土地的集中以及跨地区土地使用产权的转移，促进区域内土地使用的总量平衡，也就是说如果上海可以通过购买周边地区建设用地指标的方法使更有效率的土地先开发，那么则可以得到更多的建设用地资源，并能够在更有效率的城市化的基础上实现人口的集聚，在区域范围内实现用地结构的总量平衡和效率提升。

第四，增强资源环境对人口的承载力，往往应该在经济产业结构和城乡社会生活方式上寻找解决办法。对于资源的消耗和发展的环境影响，往往不单单是由于人口集聚，而是与同地区经济发展方式相联系。当经济结构是更加资源消耗型和环境破坏型的，经济发展、人口集聚和资源环境问题可能就会构成一种恶性的循环，即经济发展使人口集聚同时加剧生态环境问题。当产业结构更加向技术密集型和知识密集型转变，可以推动人口集聚同时减少资源消耗和环境污染。因此，转变经济发展方式，可以使资源环境和人口的关系转变为一种良性的循环，在这个意义上，提高资源环境对人口承载力的关键，并不在资源环境和人口自身，而是在一个复杂系统的图景：整体社会经济发展的模式是解决这个问题的根本道路。

二、在城市化生态压力不断增强下如何降低单位人口的生态足迹

长三角地区是我国生态赤字最高的地区，人口增长带来的生态压力可以通过生态足迹来加以衡量。生态足迹是用人口资源消耗和污染物排放所折算的国家公顷数。因此，协调人口增长和生态环境关系的另一个基本命题是，如果人均生态足迹能够不断降低，当这种降低能够抵消人口数量的增长，甚至人均生态足迹的降低快于人口数量的增长，那么一个地区的生态足迹可能是减少的，这个地区就有可能在实现人口总量增长的同时维持同样的生态水平。

对于人均生态足迹的影响因素，主要的变量包括人们对食品、畜牧产品、生活消费品等的消费和污染物排放，以及社会平均的单位土地的生产力水平。生态足迹的衡量一般包括生物账户和化石能源账户，前者和人们的消费紧密相关，后者和能源消耗密切联系。我们可以发现，在城市化过程中，人均生态足迹的不断加强几乎是不可避免的。因为城市化的生活方式往往是以消费欲望的极大扩张为动力和特点的，生活方式的城市化对环境造成的污染也极大增加，这种增强的污染不仅是数量上的，甚至通过不可逆和不可降解的方式对环境造成持续影响；城市化依托于工业化的生产，城市化的生活方式对建筑、交通和城市景观不断塑造，带来对化石能源的巨大消费，有人说现代城市化越来越建立在汽车的车轮之上，这也同时意味着城市化背景下对化石能源消耗的压力呈现不可逆转的加强。

虽然如此，对于城市化过程中的人均生态足迹的减少并非是完全无能为力的。三方面的机制对于减少人均生态足迹能够发挥积极的

作用。

第一个机制是提倡节约型的生活方式或者说可持续的消费方式。从18世纪以来全球现代化和城市化基本是建立在消费主义的基础上，这种模式已经通过资源环境的承载力，通过全球环境变化和气候变化预示了全球可持续体系的崩溃，著名的罗马俱乐部的“世界末日”模型就揭示了人口增长、消费增长和资源环境支撑能力不足所带来的悲观图景。世界各界学者各自从不同的理念和模型出发寻求解决之道，其中也包括重新建立人类生活方式和消费价值观，从减少一次性筷子的使用、提倡纸张的双面打印，到提倡污染的减量化、循环利用和再利用，以及提倡实施对碳排放影响最小的生活方式。建立环境友好的消费理念和生活方式一定程度上是对消费主义城市化道路的反对，有利于减少人均生态足迹的影响。

第二个机制是通过技术创新提高土地的生产力，那么也就相应降低了单位消费折算的土地公顷数，即降低了人均生态足迹。而某个地区的土地生产力能够提高到高于社会平均的土地生产水平，也就意味着同样的污染水平下，可以承载更多的人口而并不造成环境的恶化，土地生产力的提高为某个地区带来技术的红利，本身是促进生态环境保护的重要途径。

第三个机制是通过制度建设内化人口增长对生态环境的压力，需要通过各种制度安排，将个人和企业对生态环境造成的影响内部化。包括推动碳中和的制度，或者对污染排放按照“谁排放、谁治理”原则加强收费和治理，可以通过制度建设为减少人口生态环境影响提供支持。例如对于碳减排而言，通过植树造林和林地草地面积的扩大，可以在城市化过程中逐步抵消化石能源消费对碳排放的影响。而西方国家已开始创新性地尝试购买自身碳排放，实现零排放的生活方式。

三、如何能够使城市化成为更加有利于生态环境改善的发展过程

城市化带动人口集聚，带来城市人口总量的迅速增加。城市化同时伴随着工业化，伴随着生产和生活方式的变化，这样的过程对生态环境带来很大压力，同时由于人口集聚性的提高，提高了生态环境治理的规模效应，对生态环境治理有积极的方面。相对于人口分散居住、土地使用比较零散的农村地区，城市化提供了更有效率的土地使用，并使基础设施建设具有效益成为可能。同时，当农村地区人口集中到城市地区，才能使农村地区人口压力得到缓解，使农村地区的土地可以重新布局，并提高农村地区的生态服务能力。所以从积极的意义上说，城市化不仅不会恶化生态环境，反而从根本意义上提供了生态环境恶化的解决道路。

是否能够形成有利于生态环境的城市化和区域发展，其关键则在于我们在城市化过程中是否足够重视生态环境保护，是否足够重视城市化对提高生态环境的能力。因此一个重要的方面是在城市化过程中重视加强对生态环境基础设施的建设，加强交通、环境、住房和各种社会设施建设。能够加强城市化对人口的吸纳能力，对改善生态环境也是有利的。

对于形成有利于生态环境的城市化和区域发展，城市发展的空间形态也是值得重视的因素。例如未来上海的人口仍将继续扩大，而增加的人口将主要在新城。相对于中心城区人口已经高度密集和需要降低容积率，新城则表现出人口集聚程度不足。新城建设将是长三角地区特大城市使新人口集聚的重要依托。同时，对于类似上海这样的多中心的城市空间形态，这也更能够有利于城市的节能减排，并提高城市

发展的可持续性。西方国家中心城区的人口昼夜比达到10∶1,上海的静安和卢湾地区只有3∶1,这说明上海相对于国际大都市,中心城区的就业集聚能力不足,同时居住人口导出不足。传统西方大都市的发展模式,是在近郊地区形成大规模的新兴中产阶级居住地区,而通过高速道路和公共交通网络提高中心城区的集聚性,但实践也证明这种发展模式是非常浪费能源和不可持续的。每天上下班中心城区和郊区巨大的通勤压力给城市带来巨大的能源消耗和效率损失。因此,从提高城市的可持续性来分析,通过多中心的城市形态促进生产功能、居住功能和消费功能在空间上实现适当的配置,本身是有利于节能减排的。长三角内部城市化水平也是存在显著不同的,对于一些中小城市需要继续促进人口的集聚,而类似上海、南京等特大城市地区则需要推动城市形态的空间调整,不同城市的城市化将以不同的方式对区域生态环境发挥积极的促进作用。

换言之,城市化并非必然不利于生态环境的保护,关键是我们在城市—区域发展中采取什么样的产业模式、采取什么样的城市化发展道路。在整个长三角地区应不断增强城市化的能力以较好地吸纳人口,推进良好的城市群空间结构的形成,可以促进土地资源的更好利用,提高资源环境投资的效率,使地区能够在土地更合理的利用的基础上,实现更良好的城市化和吸纳更多的人口。

因此,致力于同时达到长三角地区的人口集聚和生态环境改善的目标,并非是一个不可能的任务。其关键在于区域发展的理念、区域发展的模式、生产方式和生活方式、区域发展的空间结构和区域公共治理格局实现更加有利于生态环境和可持续发展的转变。在此过程中,需要通过一整套的政策工具来实现区域的可持续性。当前对于长三角地区作为人口导入地区的区域发展的政策工具,往往考虑如何促进移民、如何吸引劳动力集聚、如何实现移民的社会融合以及如何避免人口集聚对城市公共服务所带来的挑战。在这样的政策工具中，我们同时也应重视在人口集聚的过程中建设生态环境良好的长三角地区，应该考虑建设一个可持续的长三角，把生态环境的保护和区域可持续性的实现纳入区域公共管理和政策体系的视野。

要实现这样的政策目标，要实现向生态环境友好社会的转型，需要形成社会的共识，增强整个社会机制的转型。政府应该将生态环境保护列入决策主流，不仅重视 GDP 增长，而且需要更加重视环境保护的民生性；企业发展不仅应重视利润，也应将环境和可持续发展作为自身要承担的社会责任，应拥有共同致力解决人类社会未来重要问题的前瞻性目标，并且在这种寻求生态环境问题良好解决的治理道路中寻找自身发展的机遇。同时有效组织社会力量的参与，与大学、研究机构和各种公益组织共同为推动生态文明的建设创造传播知识，培养人才，积极通过具体的社会行动为实现公益目标发挥作用。

从历史上看，一个地区的生态环境质量和人口承载能力（或者说是人口集聚）是可以共同实现发展的，长三角地区本身就是这样的人口增长和生态环境改善共同进步的典型案例，通过不断的生态投资所形成的水乡景色，表现出了对沼泽地的恶劣生态环境的改造，也在这种改造生态环境的过程中不断强化了长三角的发展能力，使长三角从一个生态环境并不良好的地区成为水系纵横、生态环境良好的典范地区。在传统社会促进人口和环境的良好关系，也形成了包括加强中央集权和农村社会互助体系等在内的支持性的体系。但是传统农业社会中长三角地区人口和环境关系的成功，在现代社会中遇到严峻的挑战，特别是在工业化、城市化、现代化等发展冲击下，需要探索和形成一些新的经验。

应该说，长三角地区可持续发展遇到的压力比历史上任何一个时期都要严重，如果长三角在未来能够通过继续的生态建设，形成一个可持续的现代都市群，那么它就可以为世界提供新的经验，即在迅速城市化和人口不断集聚的大都市区群中实现生态环境的维持和改善，这不仅对于长三角未来发展有积极意义，也在全球人口不断增长和全球进入城市化时代的背景下提供了一个可以借鉴的模式。如果是这样，那么发生在中国和以长三角为例的一个成功的实践，将会为人类社会的可持续性的发展带来积极的启迪和贡献，因此我们也期待这样的时代的来临。

2009 年 10 月 24 日

在促进人口压力向人力资源优势转变的过程中探索中国发展道路

一、“人口国情论”与中国发展道路的选择

人口是我国发展的基本国情，我们正是从自身国情出发选择适合自身的发展道路和发展模式。改革开放以来，我们利用人口红利期的人口结构优势，充分发挥劳动力资源丰富的优势，积极推进工业化和城市化，加快资本积累，积极吸引外来投资，大力发展外向型经济，并因此促进就业和乡城移民。正确认识我国的人口国情和选择正确的发展道路，是改革以来中国创造经济奇迹的一个重要原因。

这也说明，我们对于人口压力需要持一种“两分法”的辩证观点，不仅要看到人口是一种压力，构成对发展的制约，同时应看到人口本身也构成发展的前提、发展的基础，甚至说是发展的机遇、发展的优势。在国家发展过程中总是面临着各种各样的压力，人口压力在不同时期、不同地区也表现出不同的特点。将人口压力简单地看作“包袱”并不科学，科学的发展不是在人口压力面前望而却步或者削足适履，而是应适应自身的人口国情，不断努力将面临的人口压力转变成为发展的优势，并正视自身的人口国情，选择合适的发展道路，这样的发展才有可能成功。

人口国情论另外的意义，在于我们还应具有动态的发展观。因为人口特点和人口过程本身是动态的，人口压力在不同时期表现出的特点是变化的，在不同地区人口发展所表现出的特点是有差别的，人口发展与经济生产力水平和社会福利的关系也是在不断地发生变化的，这就要求我们的发展方式需要不断地发生变化，来适应基本人口国情的变化。这也要求我们的发展方式需要针对地方的具体实际具有多样性，并在不断探索发展方式转变的过程中服务于人民的利益。

当我们进一步回顾和反思改革开放以来中国发展的成功实践，能够更全面地理解人口国情论对中国发展的意义。成功的发展模式需要思考如何应对人口压力来解决人口问题、如何适应人口压力来形成发展的优势、如何依托人口的特点来选择适合的发展方式和发展道路、如何适应人口的动态性推动发展方式的转变。所谓中国发展模式，是依托中国具体实际不断探索的过程。

二、人口发展特点和变化要求将人口压力转变为人力资源优势

当前时期，我国人口发展的突出问题已经开始发生变化，人口压力所表现出的内容也开始发生变化。从当前我国人口国情的具体特点和变动趋势看，人口政策的重点应该是统筹解决综合性的人口问题，培育和发挥人力资源的优势。

从 20 世纪 60 年代以来的较长时期中，我国人口发展的基本国情表现为生产力水平、生产资料和物质生活资料的发展水平较低，不能适应人口数量的快速增长，不能适应人民群众生活需求的不断提高。而进入 21 世纪以来，随着人口转变的完成和生产力水平的提高，单纯的人口数量对国家发展带来的制约已经不再突出。我国人口的总和生育

率已经降低到替代水平以下，人口总量增长的速度已经下降，并将在2020—2030年达到总量高峰后快速下降。

与此同时，人口结构、人口质量和空间分布对经济社会发展所带来的影响则表现得日益突出。适龄劳动人口的比重从2011年以后将开始下降，因此劳动力数量优势和低劳动力成本优势将逐步丧失。这也说明依靠简单劳动力密集投入的经济发展模式已经基本走到尽头，要求国家尽快实现发展方式的转变。

我国人口变动的另一个特点是快速的人口老龄化。我国人口老龄化程度将在未来三十年内迅速增加，少子女化和老龄化共同作用下的抚养水平已经处在从逐步下降到上升的转折点上，将使我国发展的人口机会窗口很快关闭。社会抚养水平的提高要求提高劳动生产率，需要我国的发展方式从依托劳动力投入转变到依托人力资源的提升。老龄社会已经到来，同时老龄化水平快速提高，也使人口压力转变为人力资源优势的任务显得更加迫切和艰巨。

在人口转变的过程中，我们也发现随着人口少子女化，社会财富用于增强对子女教育的投资得以可能。如何能够促进这个过程，对于将20世纪60年代以来取得的人口红利逐步转变为未来发展的人力资源积累有积极的作用。

而在当前时期，随着我国人口国情基本特点发生变化、人口压力的核心内容发生变化，国家发展模式处在一个寻求突破的转折点上。努力认识人口国情，将人口压力转变成为人力资源的优势，是当前时期深化中国发展模式需要完成的战略任务。

三、促进人口压力转变为人力资源优势是当前国内外发展格局变化的客观要求

在改革以来经济奇迹的背后，我们的经济发展模式主要是以低劳

动力成本和劳动密集型产业为主，是过度依赖劳动力投入、资源消耗、要素投入的发展模式。这样的发展模式不仅是不可持续的，同时劳动者工资增长滞后于经济增长，人民群众社会福利滞后于经济发展，并进而带来经济内需的不足，转而形成产能过剩和经济内部失衡。我国企业在全球产业分工链的低端位置限制了企业的赢利能力，恶化了劳动者在劳动力市场上的处境，制约了工资水平，并不利于对劳动者的保护。片面推进教育、卫生等社会事业的市场化和产业化，更加弱化了普通劳动者提升自身人力资源的能力。

继续推动中国发展，需要促进经济发展方式的转变，提升企业在生产链条中的地位，这就依赖于创新能力的提高，依赖于通过提高劳动者素质形成一大批现代产业工人，并以此来带动进一步的工业化和城市化。这要求我国发展从低劳动力成本和劳动力投入型的发展模式，转变为人力资源积累型和知识依赖型的发展模式，即要求积极探索将人口压力转变为人力资源优势的道路。

2007 年底以后的国际金融危机恶化了我国外部贸易的环境，日益强化的国际气候协议使传统的要素投入型的发展模式遇到更大的限制，同时中国汇率的上升和经济现代化以后劳动力成本日益提升，使东南亚国家和其他发展中国家的低劳动力成本优势对我国传统发展模式形成竞争性的挑战。这些外部因素逼迫中国发展的内部改革，要求尽快将人口压力转变为人力资源的优势，并实现发展方式的转型。

从国内和国外发展的背景看，中国发展迫切需要实现发展模式的转变。一个重要的策略，是需要在人口大国的基础上，不断提高人口素质，加强人力资本积累，形成人力资源的优势。这样才能够使我国的发展方式从劳动密集型向知识密集型转变，才能使我国在日益变动的全球生产格局中保持竞争力，并在新的绿色经济、知识经济的时代保持国家发展不竭的动力。

四、应对综合性和多样化的人口压力,实施复合性的人力资源建设战略

当前我国人口问题和面临的人口压力更加综合性和多样化。在后人口转变时期,人口数量的压力还不能完全加以忽略,同时人口质量、结构和分布对国家发展的压力正表现得日益突出。这些人口压力,包括人口的平均受教育程度相对较低对发展方式转型所带来的压力、人口就业的压力、人口老龄化对社会保障和经济可持续性的压力、人口空间分布的不合理对发展造成的压力、大规模人口迁移对生态环境和城市管理的压力、人口对资源环境和气候变化的压力、人口性别比对婚姻市场和社会生活的压力等。这就要求促进人口压力转变为人力资源优势,需要采取统筹解决人口问题的综合对策。

同时,我国不同地区的经济发展水平不平衡,资源环境禀赋存在很大差异,使人口压力所表现出的内容和特点存在明显差别。例如广大农村地区存在剩余劳动力就业的压力,而在东南沿海地区则出现"劳动荒"和"技工荒"的现象,这两种人口压力的原因和性质都是截然不同的。不同地区人口压力的多样性构成地方发展的人口国情,需要采取有差别的方案来将应对人口压力,转变成为具有地方性特点的发展模式。

应对综合性和多样化的人口压力,在转变成为人力资源优势的发展策略中,可以重视以下若干方面:

第一,将劳动适龄人口的就业压力转变成为充足的劳动力资源的优势。随着人口城市化水平的提高,在未来二十年内继续有4亿左右的农村劳动力进入城市,将为国家发展提供充足的劳动力资源。改革开放三十年以来的实践表明,充分发挥劳动力资源充足的优势能够成

为经济发展的重要推动力。而从另一方面来说，如果劳动力资源不能被充分吸纳，将带来失业问题的恶化以及成为社会不稳定原因。

第二，将老龄化程度不断提高的压力转变成为老年人力资源开发的优势。我国是世界上老龄化速度最快的国家之一，老龄化提高了社会抚养水平，增加了社会保障的压力。老龄化同时降低了储蓄率和投资率，制约了经济持续发展的潜力。但是，老年人口预期寿命延长和健康预期寿命的同时延长，使老年人力资源的量和质都得到提高。开发老年人力资源，一方面要充分利用老年技术人员和知识分子的资源，让其继续利用丰富的知识经验服务社会；另一方面应鼓励老年人口参与社会组织、提供社会服务、提供老年互助，使老年人口本身能够成为建设老年社会的积极力量。

第三，将中等教育和大学毕业生的就业压力转变成为职业技术型人力资源的优势。相对于发达国家，我国的大学毕业生比重还比较低。大学毕业生就业的困难，主要还在于大学生的知识结构和我国的产业结构并不匹配，在于我国的企业生产还处于低技术和密集劳动投入的阶段，大学生的专业技术能力并不能适应企业用工的需求。在劳动力市场上的技术型工人和低成本的专业技术人才还存在相当的短缺。因此未来我国应从低成本的劳动力优势转变为低成本的专业技术人才的优势，并以此推动产业结构的提升，成为全球生产性服务外包的重要基地。中等教育和大学毕业生的就业困难也存在地区结构的失衡，特别应该鼓励大学毕业生到中西部地区、农村地区等迫切需要知识型人力资源的地区，将职业技术人才的人力资源开发和产业转移结合起来，将大学毕业生服务西部地区、服务农村地区和西部大开发、社会主义新农村建设结合起来。

第四，将农村剩余劳动力的人口压力转变成为培育现代产业工人的人力资源优势。随着农业生产率的提高，农村剩余劳动力仍然存在，城乡人口迁移和城市化过程将继续发展。但是在目前的工业化过程中，我们并没有形成大规模的现代产业工人，这与流动人口非定居性移民的特点相关。而这种非定居性移民也限制了劳动者素质的提高，强化了劳动力密集型的经济模式，限制了企业的创新和升级。因此努力破除城乡二元结构的壁垒，促进流动人口的社会融合，使其通过职业教育和再就业成为现代产业工人，将为产业结构升级创造条件。

第五，将大量人口迁移和流动对城市所带来的压力转变成为塑造城市化新市民的人力资源优势。我国当前的流动人口有1.5亿，这些移民给城市发展带来巨大贡献，并通过替代性迁移解决了东部地区与城市部门日益尖锐的老龄化和劳动力短缺的问题。同时，大量流动人口也对城市管理造成巨大压力。如前所述，未来二十年还将有4亿左右的农村剩余劳动力进入城市，无论这些人口最后进入大城市，还是进入大城市郊区和新城，抑或进入中小城市，都将成为未来城市化的主力军。随着农村人口在城市化过程中成为城市新市民，这样的过程也有利于城市中产阶级的形成和社会结构的改善，并以此创造内需，推动国家长远发展。

第六，将人口对生态环境的压力转变成为生态建设的人力资源优势。人口数量的增长、人口工业化和城市化以及人口家庭结构的变化，都对生态环境造成显著的压力。而另一方面，在建设资源节约和环境友好型的发展模式中，也需要通过人力资源的投入来改变经济发展方式。我们能够依托人力资源投入建设世界工厂，也就能够依托人力资源投入建设世界最大的低碳经济产业，我们能够通过资源消耗型和环境破坏型的方式发展我们的经济，也就能够依托人力资源优势以人力资本替代环境资源消耗，并通过人力资源建设生态环境，例如可以组织农村剩余劳动力加强水利建设、植树造林等，将人口压力转变为生态建设的主力军，将人力压力转变为建设现代环境经济的主力军。

第七,将人口社会事业和公共服务的压力转变成为人力资本投资的优势。一方面,人口教育、卫生、养老和保障是民生福利建设的重要内容,从这个角度看增加了中央和地方财政的负担。而在另一方面,这样的社会投资本身是人力资本积累的重要形式,发展的根本目的也是加强对人的投资和促进人的发展。社会事业和公共服务的发展,本身是将人口压力转变成为人力资源优势的途径。

第八,将性别比失衡的人口压力转变成为女性人力资源的发展优势。性别比失衡受到性别偏好的影响,而通过引导关爱女性,性别比的失衡也会逐步改变性别偏好和提高女性地位。随着女性教育水平和社会地位的提高,促进女性经济参与和社会参与,女性人力资源开发将成为促进男女平衡和推动社会发展的重要优势。

在不断探索适合中国人口国情的发展道路中,我国需要积极促进将人口压力转变为人力资源的优势。这孕育着一个发展思路的转变,即人口不是简单表现为发展的压力或者说是发展的包袱,而同时构成了发展的资源;人口不仅仅是国情的背景,也是发展的基础和发展道路的选择。从人口压力到人力资源优势的转变,并不会自然而然地实现,需要一定的条件、经过一定的环节、实施系统的策略以及一整套制度建设和政策措施。这将是一条充满智慧的探索道路,也是不断深化中国发展模式的必然选择。

2010 年 5 月 8 日

(国家人口计生委人口发展战略与“十二五”规划研究课题“促进压力转变为人力资源优势的对策研究”的部分研究成果)

重视加强对农民工的教育培训和人力资源开发

我国当前有 1.5 亿跨地区流动人口。农民工规模的不断扩大是城乡二元结构逐步松动和得到破解的结果,也是推动工业化和城市化的力量。从这个意义上说,农民工是促进我国经济和社会结构转型的积极动力。改革以来,在城乡之间进行着的钟摆性流动和在城市中非定居性工作着的大量农民工,为国家发展提供了大量低成本的劳动力,在当前时期,如何能积累和提升农民工人力资源的量和质,是推动我国实现发展方式转变、推动产业结构升级和优化调整社会结构的重要依托。特别是我国的人口红利期即将结束,低成本劳动力的优势将逐步弱化,经济发展越来越需要用人力资本来替代劳动力数量,用人力资本来替代自然资源消耗,以及用人力资本来替代物质资本,从而进一步提高人力资本对于经济增长的贡献率,转变经济发展方式。因此,重视对农民工进行人力资本投资,积累和开发农民工的人力资源具有重要意义。我们研究农民工工资收入的回报率、农民工对教育培训的意愿、适合农民工的人力资本投资的形式,分析影响农民工人力资本投资的主要制度性障碍,并在此基础上对开发农民工人力资源提出若干对策思路。

一、构造农民工人力资本投资、收入提高和产业升级的“积极循环”

加强农民工人力资本投资、积极开发农民工人力资源，其积极意义在于，无论是通过教育培训，还是通过工作中经验和技能的积累，都对劳动者工资收入的提高有积极作用，并因此适应和推动我国经济结构的转型。随着人力资本投资的加强和农民工学历的提高，农民工对教育和培训的需求也越高，更高的教育程度又带来更高的收入回报率，增强了劳动者继续教育培训的支付能力。这样的过程构成一种积极的循环。

而反过来的循环是，如果农民工的收入水平不能持续提高，会限制他们对教育培训的需求和支付能力。农民工只能依靠劳动力体力来获得收入，将使他们无法适应现代产业的要求。体力劳动者的收入回报较低，所以限制了劳动者对教育培训的支付能力。体力劳动更需要年轻的劳动力，因此对低收入劳动者来说，年龄越大反而更难实现就业，年龄越大的农民工的收入可能会更低。另外年龄越大，劳动者对教育培训的需求也低于新生代农民工。因此，农民工收入水平较低通过限制人力资本投资进一步限制农民工的发展。依靠体力型劳动力投入的经济发展模式，企业的盈利水平很低，又进一步限制劳动者收入的提高。企业偏好于低劳动力成本的发展模式，又使企业没有兴趣增强对劳动者的教育培训。当经济发展内在固化地依赖一批又一批的新生代劳动者的体力投入，这种看起来低成本的竞争优势反而转化成为经济结构转型和升级的限制。这样的过程则构成一种恶化的循环。

因此，应该加强农民工的人力资本投资，努力提高农民工收入，为我国经济发展方式的不断提升提供更充足的高素质的劳动力资源，使之成为一种积极的发展战略。只有这样，我国发展才能够从低劳动力成本优势的发展模式，转变为依赖人力资源优势的发展模式。当前农民工教育回报率较低，说明重视加强农民工的人力资本投入以及推动经济结构的升级转变还有较长的路要走。也说明不断加强对农民工的人力资本投入，不断转变经济发展方式，能够为我国长远的经济发展提供持续的深厚潜力。

二、增强对农民工特别是对低收入农民工的基础性教育培训，推动教育公平

农民工的平均受教育程度低于城镇人口及农民工教育的工资回报率较低，使农民工和城镇居民收入差距扩大化。在单纯由市场力量决定的情况下，教育差距成为城乡之间、农民和市民之间收入差距扩大的根源，而缓解收入差距则需要通过我们的教育培训更加偏重于农村人口和偏重于农民工才能实现。而实际的情况是，农民工群体相对于城镇居民在教育体制中还处于被歧视的境遇，农民工包括其子女需要花费更多的成本才能获得城市的教育服务，这样加速了收入差距的扩大化和不平等的代际传递。教育公平关乎分配格局和收入差距，和谐社会的实现要通过更加偏重于农村人口和农民工的教育培训，这样才能让社会弱势的人口群体获得平等的发展机遇，并为逐步缩小社会差距和促进人类发展创造良好环境。

农民工的教育回报率相对较低，特别是对于低收入的工作，教育回报率更低。在我国东部地区，相对于月收入 2 000 元以上的农民工学历教育的工资回报率为 9.2%，在月收入 1 000 元以下工作的教育回报率只有 3.2%，月收入在 1 000—2 000 元之间的工作的教育回报率为 4.3%。而且相对于月收入在 2 000 元以上的农民工就业中，人力资本解释了 36.7%的收入差距；月收入 1 000—2 000 元的工作中，农民工的

人力资本能解释11.8%的收入差距；月收入1 000元以下的就业中，农民工的人力资本只解释6.6%的收入差距。当农民工的教育回报率过低，则会削弱农民工对于人力资本投入的兴趣。农村中已经隐隐出现“读书无用论”的苗头，如果这种想法在农村蔓延，就会摧毁农村人力资源开发的根基。政府在最基础的人力资本投资上责无旁贷。在回报率相对较低的基础学历教育上，政府应承诺和履行自身的责任。另外，我们也发现，对低收入者的职业培训和工作经历的工资回报率甚至是负数，与此同时，农民工刚刚进入城市后其对教育培训的需求是相对较高的，这也提示城市部门应该为低收入农民工、新进城市农民工包括失业农民工提供基础性培训，帮助农村居民从学校毕业后离土进城，帮助农民工在刚进入城市以后获得工作技能培训。农民工也迫切希望得到这样的教育培训。

在农民工群体内部，我们可以观察到收入水平更高的农民工的教育回报率更高，同时其继续教育的需求和支付能力更强，这样也进一步带来农民工群体内部分化的扩大。在这种内部分化下，部分农民工群体成为“成功者”逐步融入城市体系，而部分“失败”的农民工群体则被排斥在城市之外。为了更好地推动城市化，需要努力为低端的农民工群体提供教育培训。这样将有利于避免农民工内部的断裂，从而缝合城乡结构。同时，促进这些低教育程度、低收入和体力型的农民工群体获得更多的机会向上流动，有利于宏观社会结构向上流动的进程。

另外，即使高收入的农民工的教育回报率也低于相应收入水平下城镇人口的教育回报率。这说明除了农民工个体性因素，基于户籍制度的各种制度安排使农民工面临一个不平等的就业市场。不仅就业机会、就业待遇和就业保护不平等，农民工和城镇居民的工作稳定性和职业培训机会也存在不平等，这些都弱化了农民工的人力资本回报水平，弱化了农民工对自身人力资本进行投资的动力。从这个意义上说，加快推动促进流动人口融入城市的户籍改革、就业和社会保障制度改革，也有利于促进对农民工的人力资本投资。当城乡结构转变的制度改革和对农民工的人力资本加强投资形成合力,能够促进农民工的收入提高和全面发展,并促进经济发展实现有利于全体劳动者的积极进步。

三、加强对农民工的继续教育,特别是加强职业培训以帮助农民工的发展

增加农民工对新知识、新技能的教育培训,能帮助其适应城市生产和生活方式,并适应经济结构的转型。调查中发现农民工中接受过各种继续教育的比重只有10%,而农民工中平均有20%的人口希望获得进一步的学历教育,40%的人口希望获得职业培训。充分利用各种资源加强对农民工的继续教育,是农民工全面发展的需要。同时,如果农民工在城市中得到继续教育,也会使其对城市的认同感增加,有更强的倾向融入所在城市。

第一,城市部门应该为农民工提高自身学历教育,并为其进一步攀登向上发展的阶梯打开大门。当前城市的小学已经逐步面向农民工子女展开义务教育,但农民工从初中考高中、从高中考大学、参加成人高考,还必须回生源户口所在地考试。因为农民工多数是初中的学历,户口就构成了他们在城市中继续进行学历教育的限制。随着新生代农民工越来越多,可以考虑充分利用城市自身优质的教育资源,允许农民工在城市继续接受学历教育,使其能够和本地居民同样竞争考试进入高中、职业学校和大学。这样通过竞争,能够提高学生的质量,并通过加强开放性为城市发展提供源源不断的优质人力资源。

第二,与学历教育相比,农民工对职业培训的需求更强。由于农民工的职业稳定性不高,企业和劳动者都对职业培训缺乏动力。因此,企业和农民工如果能够有相对稳定的劳动合同,或者说,企业可以在为劳动者提供职业培训的同时要求农民工为企业服务必要的时间,将使企

业有动力安排必要的时间和资金加强对农民工的培训。政府支持的促进就业培训项目也应更多地服务农民工群体，同时可以吸引社会资本和企业相结合发展适合当地经济和适合农民工需求的职业培训，例如在农民工集中的产业区中建立以社会投资为主的职业培训中心，为当地的企业发展提供更加紧密的人才培训。职业培训可以使农民工从简单体力劳动者转变为技术性工人，能够缓解技工荒的问题，也能够在我国大规模的劳动力中培养出现代产业工人，为现代企业的持续发展奠定坚实的人力资源基础。

第三，应该根据农民工进入城市后的不同阶段，提供有针对性的职业培训。农民工进入城市后工龄越短，其继续教育的需求越高，城市部门应该重视对新进入城市的农民工提供就业指导培训和技能培训。对已经在企业中稳定就业的农民工，应该通过政府扶持和引导企业提供专业能力提升的职业培训，并积极根据企业在生产链中业务需求的扩展，根据地区产业结构的转变进行转岗培训。应逐步改变农民工工龄越长，但在城市中接受教育培训的意愿越小的情况，推动农民工在城市中更加长期的居住、实现更加长远的发展。与此同时，因为我国农民工仍然具有很强的非定居性移民的特点，城市的职业培训部门有必要向希望返回农村的人口提供适应农村发展的职业培训和技术培训，如沼气技术、水利技术、农作物和经济作物种植技术、园林培育技术等等。城市部门不仅应该更积极地促进资本下乡，也应该通过对农民工的人力资本投资推动知识下乡，使未来的农村发展有可能改变单纯依赖简单劳动投入的小农经济，而得以创造出知识型的农业和现代化农村发展的美好前景。

2010 年 5 月

（国家人口计生委人口发展战略与“十二五”规划研究课题“促进压力转变为人力资源优势的对策研究”的部分研究成果）

世界视野下的人口发展启示

世博会是人类文明先进理念的展示，它不仅反映了人类对未来世界的憧憬，也反映了人类应对发展过程中各种挑战所作出的探索和努力。世博会开阔了人们的世界视野，有助于让我们进一步认识全球人口发展所面临的挑战，也通过展示其他国家和地区的探索和实践，为我们应对人口发展过程中的各种挑战提供思路和经验。世博会为我们更好地应对发展过程中的各种人口问题提供了以下一些启示：

第一，不同国家和地区应加强相互学习来应对人口问题的挑战。

不同国家和地区所面临的主要人口问题是不一样的，不同地区经历相应人口问题的时间先后各有差别，这些为适应和解决人口问题提供了相互学习的可能和相互学习的必要。特别是某些地区人口问题出现得较早，其解决相关人口问题的先行性实践，为那些后产生这些人口问题的国家和地区提供了良好的借鉴。例如，我国目前面临出生性别比偏高的问题，而韩国从 20 世纪 60 年代以来在治理性别比偏高问题上的成功经验就值得我国参考；我国正面临日益严峻的老龄化问题，而日本在老龄社会的制度建设和社会服务体系建设方面的经验就值得我国重视和学习；我国也面临一个人口日益流动和多民族国家社会融合的内部压力，而作为移民国家的美国则提供了多元文化和社会融合的良好范例；等等。世界上各个国家和地区应对人口问题的成功实践，包括失败的教训都值得后发国家在人口发展中学习和借鉴。

另外的意义在于,我国内部不同地区人口问题也是多样性的,不同地区人口发展遇到的突出挑战也不一样。建设国际大都市的上海正在面临和急待解决的主要问题也有自己的特点。我国内部不同地区的人口发展战略首先应该因地制宜,同时应该通过相互学习和相互合作实现更良好的发展。

在人口发展的相互学习中,我们也应该认识到中国的人口发展可以为应对世界人口问题提供良好的实践。通过政府的引导作用调节人口再生产和经济发展相适应,重视加强母婴保健、提高妇女教育来发挥降低生育率的作用,我国的人口发展成就对世界做出了很大贡献,特别对发展中国家人口发展有积极的启示。我们也应该善于总结中国经验,向世界展现中国人口发展的正面形象,加强在世界发展中的话语权,在指导和帮助发展中国家人口发展上发挥积极作用。

第二,重视科技发展和应用是人类应对各种人口问题挑战的积极对策。

在相当程度上,世博会展现给人类一种乐观的情绪。本届世博会的主题是“城市,让生活更美好”。而实际上城市化过程中带来各种人口问题和发展问题,并非一定让生活更加美好。因此,城市让生活更美好,与其说是一个事实判断,不如说是一个愿景的判断。在城市化过程中通过科技进步,人们能够解决所面临的各种人口问题和发展难题。

例如,我们看到在老龄化过程中养老压力加强,而家庭规模缩小、空巢老人的增加又减弱了家庭的养老能力。但同时我们也看到技术创新为老年服务提供了新的机会。子女虽然不在父母身边,也可以通过网络为远在其他城市的父母购买物品。世博会展览中还展示了家庭机器人的使用;展示了通过信息化和远程系统,能够及时了解父母的各种健康数据包括日常活动情况，通过综合性的家庭医生为老人提供健康服务。因此，科技的发展为人类实现更美好的老龄化社会提供了可能。同时，信息化应用能够为孕产期妇女提供相关资讯服务和电子健康管理；信息化能够提升人口流动性的管理，并为跨地区人口流动和公共服务提供解决方案；等等。各种科学技术的发展和应用将在各个方面提升人类生活的品质，为解决人口问题提供解决方案，并能在此过程中创造出新的产业机会，带来经济社会的繁荣发展。

第三，城市发展要满足不同人口群体的具体需求，实现以人为本的发展。

城市发展要从"以城为本"转变到"以人为本"。城市发展需要充分考虑人口结构的变化，在公共服务建设上不断适应人口变动的挑战；同时城市发展需要考虑不同人口群体的具体需求，对不同人口群体提供服务，包括对老年群体的服务、对母婴健康的服务、对流动人口的服务、对残疾人口的服务；等等。

城市发展坚持以人为本，为不同人口群体提供服务，一是城市需要为不同的人口群体提供对公共服务的空间安排，例如增加养老的场地、教育和公共娱乐的场地等，城市规划设计需要考虑不同人口群体的需求和行为特点；二是城市需要保持开放性，为不同群体在城市中生活和发展提供均等化的机会，减少社会排斥，并提高城市人口发展的活力；三是对城市中生活和发展的所有人口提供均等化的服务，特别是加强对弱势群体的保护。

城市管理的本质是服务而非管理，城市的目的是让生活在城市中的人口的生活更加美好，使人口在城市中得到更充分的发展，提高民生福利。这也要求我们重新认识和调整人口和计划生育管理的根本任务。人口和计划生育工作的根本任务不是对人口生育行为进行管理，而是需要通过加强对人口和家庭的服务，维护人口健康，提高社会福利。这也要求人口和计划生育管理逐步转型，更多地重视为人口和家庭生活提供服务，使人口计生工作能够更好地实现以人为本的目标。

第四，加强社会参与，积极培育社会组织，为有效解决人口问题发挥作用。

以人为本的城市管理不仅要满足人口群体多样化的发展需求，同时需要鼓励社会群众共同参与，更好地发现不同人口群体的具体需求，并提供解决人口问题的有效方案。

城市发展面临多种人口问题，如老年问题、流动人口问题、母婴保健问题、青少年问题、妇女问题等等。人口问题并不是“有问题的人口”，实际上，通过这些人口群体对自身需求的认识和积极参与，其自身提供了解决人口问题的方案。例如老年人口组成老年协会、“打工妹之家”为流动妇女提供服务，培育社会组织和发挥社会组织的作用能够为解决人口问题提供良好的方式。

政府具有很强的调控资源和社会动员能力，是我国发展的突出优势。而与此相应，我国社会自我组织和自我管理的机制还有所不足。世博会中许多国家城市管理的案例都表明，相对于由上到下的政府政策和干预，动员社会参与来解决当地社区所存在的问题，是一种更加有效率的解决方案。例如温哥华的华人社团对于为新移民提供各种社会服务、促进移民融入当地社会就发挥了积极的作用。在西方国家的城市发展中，政府往往负责提供部分财政预算和发展规划，而更多地依托各种非政府组织来提供社会服务，通过多元化的社会投入，组织社会参与和志愿者服务，共同来解决地方社会面临的各种人口问题。与之相比，我国的社会组织的力量还比较薄弱，因此不得不依靠政府事无巨细的扩大管理来应对社会生活的日益多样化。上海是我国经济社会发展水平最高的城市，社会生活也较为丰富。上海可以学习发达国家城市在社会管理方面的经验，增强社会组织的能力，带动不同人口群体对公共事务的参与。通过加强各种协会和社会组织的作用，更好地解决各种人口问题、开展社会工作、提供社会服务，提高城市人口发展的能力和质量。

2010 年 10 月

生活方式比 70 亿人口更重要

地球人口数量 70 亿,我们需要为这个数字担忧吗? 还是反思当下的生活方式,改变我们的生活文化,以期为地球和人类的平衡与和谐做出调整。

地球并非临近“崩溃”

《生活周刊》:您如何看待当今世界人口发展的趋势?

任远:70 亿人口目前还在不断的增长中,这表明了人口数量的庞大。预测到 2050 年,人口将超过 90 亿。不过值得关注的是,虽然人口在增长,但增长的速度并没有加快。

《生活周刊》:70 亿人口的数据是如何调查而出的,它的提出,代表了什么意义?

任远:70 亿这个数字,其实是代表了一个概率,它是从统计学上推断而出的,并非是一个十分精确的数字。它的意义在于,提醒世人,全球的人口数量已经到达了一个极为庞大的数字。按照马尔萨斯的人口论,人类对应消耗的生产资料、对应的环境需要都有极限,这个数字代表了人口与地球关系的紧张性。

《生活周刊》:说到人口与地球关系的紧张性,那么地球到底能承载多少人口呢?学界对此是如何认识的?

任远:几个世纪之前,科学家就开始讨论这个问题。不过,这个数字受到很多变量的影响,并不好估算。简单来说,同一块土地生产出来的商品是不一样的,另一方面,不同的生活方式,一个人消耗的能源也是不一样的。

关于地球上人类的生存极限到底有多少,学界流行着两种观点。一种是1972年由罗马俱乐部提出的,地球生态环境对于所能承载的人口是有限制的,这引起了当时人们很大的担忧。按照这一理论,地球承载人口的极限是100亿。但另一种观点认为,地球承载的人口有极限,这只是一个伪命题。按照这一观点,地球所承载的人口数量,在于科技革新实现的程度,在于能源使用效率的提高。地球承载的人口数量,在于达到两个平衡,一个是注重实现人口和生态关系的平衡,另外一个是人口与生产技术进步的平衡。如果可以达到这两方面的平衡,地球人口就可以持续发展。

《生活周刊》:按照后一种理论,对于目前地球人口达到70亿这个数据并不需要恐慌?

任远:人口控制不是简单的人口数量的控制。比起控制人口数量,更重要的在于人类自身生产能力的提高,全面理解人与生产力、生产力进步与生态环境承载力之间的平衡。对于70亿这个数字,世人并不需要恐慌,也不用杞人忧天,但须知道不要肆意破坏现在的生态环境,对人口数字的发展要持谨慎的态度。

《生活周刊》:如果地球有能力承受人口增长的话,那么是否可以理解,人口的增加对于地球而言,不仅仅只是增加负担而已?

任远：我们首先要认识到，人类活动的确使得能源短缺、全球变暖、生物灭绝等问题凸显，但人们也不需要悲观地认为地球日益临近“崩溃”，因为人口发展同样可以成为地球文明进步的一种动力。

全球人口面临结构性难题

《生活周刊》：世界人口发展目前面临着哪些问题，哪些是急需解决的？

任远：全球人口面临着结构性的难题。各个国家和地区的人口问题都不尽相同，非洲的人口增长速度最快，目前约有10亿人口，到2050年预计到达20亿。它的快速增长，一方面创造了充足的劳动生产力和消费市场，但也让其在粮食安全、教育、就业等领域面临诸多的压力。日本面临着少子高龄化的问题，这个问题直接导致劳动力的不足。每个地区都面临着各自的问题，需要根据现实情况制定不同的人口政策。

《生活周刊》：根据相关数据，中国在人口问题上也面临诸多难题，譬如性别失衡、生育率低等问题，这该如何解决呢？

任远：虽然社会更关注剩女的话题，但实际上，目前中国20—44岁的男性（中国人基本在这个阶段结婚）比女性多了1 500万。这个数字在未来十年中会持续上升，其结果是有将近3 000万男性找不到老婆。这将会在未来引起一系列的社会问题。

同时，目前中国平均每个家庭生育1.5个小孩，这样低的生育率已经与欧洲的英国、法国、德国等国家相近。特别像上海，很多年来出生率都保持在0.8，人口处于负增长。

《生活周刊》:那您认为,在目前中国所面临的诸多人口问题中,最主要的人口问题是什么?

任远:目前中国面临的最大人口压力,并不是人口总量带来的,而是在结构性的变化中,与生态环境的关系,产生了压力。目前,中国人口面临着城市化和中产阶层化的难题。

人们的生活方式需要改变

《生活周刊》:生态友好型的城市应该是什么样的?我们在现实城市化过程中如何可以做到呢?

任远:在城市化的进程中,懂得保护环境,为子孙后代留下各种资源,并鼓励健康的、对地球有益的生活方式。

譬如,美国人的理想生活是住郊区的别墅、开轿车,这是建立在高消耗基础上的城市生活。我们在城市化的过程中,是否还是要以此作为标杆呢?为什么一定要住有很多房间的大房子,为什么上下班一定要开车呢?我们的生活方式如果改变,从高能耗高碳生活变成更环保绿色的生活,对于这个地球而言,就是友好的。举个例子,日本人的午餐往往是非常简单的,就一个便当,一些米饭一点菜,人们不需要吃得很饱、很多,适量的、健康的菜肴对身体最好。

《生活周刊》:各个国家和地区都面临着不同的人口问题,矛盾似乎在发展中国家更加突出。人口与环境问题的本质是什么呢?

任远:实质仍然是全球资源的分配问题。目前各国面临的人口问题,其实不完全是人口造成和引起的,它实质仍然是世界资本主义体系的不平等造成的。与其说人口需要控制,不如说全球资本主义的不平等体系需要改造,人们的生活方式需要改变,社会倡导的生活文化要有所改变。

《生活周刊》:您对这种改变抱积极态度吗?

任远:是的,我认为人们崇尚的生活文化是很容易改变的,人类的欲望也是很容易被重新塑造的。终归有一天,人类在理性之下,会反思目前的生产方式、生活方式、文化,来做出积极的转变。实际上,这些变化已经在细微处发生,譬如很多人已经接受了公共出行的理念而不购买私家车,譬如城市人打包的习惯也已养成,等等。

2011年11月15日

(发表于《生活周刊》)

人口管理部门职能转变的几点启示

人口管理职能的转变是与人口形势的变化相适应的。人口进入后转变时期以后，人口发展的核心矛盾从人口数量问题转变成为了人口结构、质量和分布的综合性问题。而且随着改革的深入，人们对于发展的理解深化了，不仅仅强调经济增长，而且强调科学发展。科学发展强调整个发展体系是一个复杂系统，人口体系是发展系统的有机组成部分，是人口资源与环境可持续系统的重要制约因素。人口为经济发展提供劳动力，是社会福利提高的载体，是发展的最终目的，是城市与区域规划的基础，并影响城乡关系和地区关系的和谐。因此人口管理部门的职能转变应该放在为宏观发展塑造良好人口环境，为建设和谐社会奠定良好的人口基础的角度，从促进综合协调和长远可持续性的方面来理解人口部门的职能定位，并考虑其职能转变。

上海是我国率先实现稳定低生育率的地区，率先完成人口转变，人口老龄化、人口城市化等人口问题的出现领先全国。人口问题的领先性，要求上海人口部门率先实现工作职能转变。近年来，上海在探索人口发展战略、探索特大型城市人口管理、实现人口与社会经济协调发展等方面都为全国提供了先行性经验。其启示有以下几个方面：

第一，要重视人口研究。人口研究发展到什么程度，人口部门的综合管理能力和职能转变就能发展到什么程度。上海人口和计划生育部门与人口研究机构合作,每年都进行一些决策咨询性研究,例如针对人口安全、国际都市人口管理、老龄化社会及上海和长三角地区人口发展战略进行了一系列卓有成效的研究。这些研究对于推动人口部门职能转变发挥了非常重要的作用。换言之,加强人口综合管理首先要了解人口变动,了解人口事务和可持续发展的系统性关系。同时需要充分认识包括人口总量、人口老龄化和人口城市化等人口变动,对一系列城市公共事务产生连锁性的影响,包括就业、保障、赡养、健康、城市管理、城市布局、减灾乃至资源和环境的平衡。只有充分认识人口对可持续发展的复杂系统所发挥的作用,才有助于加强人口综合调控。

第二,加强人口综合管理要抓住人口和地区发展的突出问题和主要矛盾。西部地区的人口综合管理和东部沿海地区显然是不一样的。国家层面上的人口战略、区域层面上的人口战略乃至到省、地区和具体基层的人口部门的工作职能也是有所不同的。因此,人口职能转变要有的放矢,才能真正实现综合管理能力的提高。对上海而言,突出的问题就是人口高度密集和人口集聚所带来的城市发展问题。上海和长三角地区在未来一段时期将是我国重要人口导入区域,人口进一步高度集聚,形成世界上第六大都市连绵带,也将是世界上人口最多和最为密集的都市集群地区。这对区域经济和社会发展的模式、空间形态和运行机制都产生深远影响。另外,上海在建设现代大都市的过程中,如何构筑与现代城市相适应的人口和公共服务管理体系,这一问题显著具有“上海特色”。上海人口部门的职能转变要抓住上海问题并要努力有助于回答上海问题,人口部门要能为地方政府决策者提供决策咨询意见,才能真正有助于自身的职能转型。

第三,加强人口综合管理、促进职能转变,要在人口管理的体制上有所创新、政策体系上有所建树、运行体制上有所突破。政府的公共部门如何更好地发挥作用,是一个公共管理和公共政策的问题。一个良好的综合管理体制，首先要形成人口政策和公共管理体制合理分工、协调运作的体制架构。“大人口”变成“大家来管人口”显然不利于管理的优化和协调，而且各个部门的政策口径和基础数据都不一样，会进一步增加人口管理的难度。要实现人口职能的转变，除了要更好地利用行政力，还需要更多地利用社会力量和市场力量，要通过企业的社会责任加强人口管理，要通过协会的作用和居民自身选择的理性提高管理和服务的针对性及效果。转变人口职能，还需要更完整的人口政策体系，而且人口政策还需要和产业政策、劳动力市场政策结合起来，才能更好地发挥人口综合管理的效果。同时，人口部门的管理模式也需要不断创新，职能转变要有更科学的人口管理评价体系、考核体系和监督体系，也需要有更科学的人口安全的预警和应对机制。建设这样的人口管理体制，上海的探索才刚刚起步。从某种意义上说，体制建设是人口部门职能转变的核心和关键。

2011 年

（发表于《中国人口报》）

亚洲地区的人口发展态势和经济增长

亚洲人口占到世界人口总数的 60%。地球上每天有 36.5 万人出生，而其中的 57%诞生在亚洲。亚洲人口在未来五十年的时间内将一直保持着快速增长的态势。在世界六个人口最多的国家中，中国、印度、印度尼西亚和巴基斯坦就占了其中的四个。特别是中国和印度，都是位于亚洲的具有庞大人口规模的国家，中国当前有 13 亿人口，印度有 11 亿人口，两国加起来就基本占到了全球总人口的 37%。亚洲的人口规模极其庞大，其人口状况和未来的人口发展将成为影响亚洲经济发展乃至全球经济发展不可忽视的重要因素，将重新塑造世界未来人口格局的版图，影响未来全球经济社会发展的面貌。

亚洲国家人口状况的一个显著特点是极其多样，东亚、南亚、东南亚和西亚有各自的特点，不同国家的人口发展也有自己的特点。不少国家如日本、中国等，人口已经显得日益老龄化和高龄化，而另一些国家和地区的人口则还非常年轻化甚至趋向于更加年轻化，例如印度到 2015 年将有一半人口低于 20 岁，比较而言，中国因为实行人口控制和计划生育，人口将快速地老龄化，60 岁以上人口将从当前的 11%左右快速上升到 2020 年的 20%以上。亚洲的某些国家的人口将快速减少，例如日本的人口将在未来五十年从 1.28 亿下降到 1 亿，另有一些国家的人口将先上升后下降，也有一些国家的人口将显著直线增长，如在三十年时间内印度的人口将超过中国达到15亿。亚洲的人口生育率也是极不平衡的，亚洲的总和生育率水平基本是2.4，而中国香港地区只有不到1.0，也门、伊朗、阿拉伯联合酋长国都在7以上，南亚和东南亚很多国家都在5.0以上，生育水平跨度很大。亚洲的婴儿死亡率基本在51‰，日本还不到4‰，最高的阿富汗、东帝汶则在150‰左右。亚洲的预期寿命基本在65岁，其中日本基本达到了85岁，最低的老挝、孟加拉国和尼泊尔只有不到60岁。亚洲国家间的人口状况差别还包括显著的人口密度的差别、人口城市化水平的差别、人口经济水平和人均资源拥有的差别。亚洲国家间人口状况的多样性，包括了从前人口转变时期到后人口转变时期相当宽泛的差别。

亚洲的不同国家和地区，在人口发展中处于不同的阶段，人口发展表现出不同的特点，这可以为不同国家制定人口政策提供借鉴和启示。例如韩国在20世纪60年代开始实行家庭计划生育，人口增长率和妇女生育率开始大幅下降，到了20世纪90年代生育率开始表现为过低，出生性别比出现严重失调，韩国政府不得不调整生育政策，控制人口性别比。这样的过程似乎与中国的人口控制政策有很大的一致性，也有一定的启发性。日本从20世纪40年代以后人口开始快速增长，到了20世纪70年代已经下降，现在则出现严重的低结婚率、低生育率和高老龄化的情况，政府开始转而实行鼓励人口增长的政策，这对于不断老龄化背景下的国家和地区，也有一定的启示。另外，一些国家促进实现人口转变和生育率控制的经验，也能够为正面临着和未来将会面临巨大的人口增长和生育压力、性别比失衡压力和老龄化压力的国家，提供一些策略和发展前景的借鉴。从日本、韩国、新加坡到中国、印度、蒙古国，不同国家在人口转变过程中似乎无一例外地将会面临老龄化、出生性别比、移民和城市化、教育和人口素质等方面的问题，一些国家所面临的人口问题在另一些国家可能已经产生并成功得到解决，这便可以使这些国家结合自身实际提出有针对性的人口政策。

亚洲巨大的人口规模使其成为全球性经济格局下的重要劳动力供应地和外包加工的主要地区。几乎每一次全球产业的调整,都能从亚洲国家劳动力人口的变动中发现一些推动力。日本产业的空洞化和外包加工向亚洲“四小龙”转移,不仅有日元币值高涨的原因,另一个伴生的现象则是当时的日本开始出现劳动力比重下降,而承接国家和地区则出现劳动力高峰。巨大的生产制造业的转移时期,往往也就是资本输入国劳动力人口增长的顶峰时期。这个观点也可以在一定程度上解释中国的发展。随着中国劳动适龄人口的快速增长和城乡人口迁移过程的加剧,中国的东部也开始成为“世界工厂”。我们可以预见,随着中国开始出现劳动力的短缺和人口老龄化,随着劳务成本和商务成本的上升,也可能会出现劳动密集型的生产基地和全球制造业中心向后发的劳动力资源丰富的发展中国家——例如印度——转移的现象,全球产业链条可能会发生相应的调整。而处理好这个过程,能够对推动中国的生产结构升级和生产模式的改进发挥积极的作用。

人口发展对亚洲经济增长产生影响不仅是劳动力的作用,人口红利也为亚洲的经济增长提供了一个比较经典的解释。不同国家的人口转变处于不同的阶段,对其未来的经济发展则会产生区别性的影响。日本未来的人口可能就会出现减少和萎缩,而在印度和东南亚的一些国家,人口仍然保持继续增长的动力。因此亚洲地区的发展不仅存在一个经济水平的序列,也存在一个人口转变期的序列。一些国家可能还在享受人口红利和人口结构变动对经济增长所带来的额外的收益,而另一些国家则面临人口转变带来的日益加重的“人口负债”和人口老龄化,已经需要考虑如何解决人口机会窗口逐步关闭所带来的“后人口红利期”问题。而处于人口转变较为提前的国家,其在就业政策、人口政策、产业政策和社会保障政策等方面的实践,也能够给人口后转变国家的人口和经济发展提供一些有益的借鉴。

亚洲的经验告诉我们，人口发展和经济发展具有很强的关联，人口在数量、结构、质量乃至出生、死亡等方面所表现出的规律和其发展的水平相联系，表现出多样性的特点和发展序列。人口发展需要适应经济发展，服务于宏观的国家发展战略。当人口相对于经济发展水平较为过剩的时候，我们就需要一定的政策来限制人口的增长。而经济的不断发展也需要适应性地调整人口政策。同样，在思考人口发展和经济发展的相互关系时，我们不仅要关注人口的数量和劳动力，也需要重视人口的结构性变化和人口的素质，人口结构转变和人口资本状况对于经济发展的作用。这样的影响过程和影响方式，会比单纯依靠人口数量和劳动力促进经济增长，表现得更加复杂和持久。

2011 年

（为“上海论坛”分论坛提供的背景性文件）

以人力资源充分开发利用为本促进城市发展

本届政府提出以人为本，树立科学发展观的指导思想。以人为本就是发展以人的全面发展为出发点和最终目标。这一发展观的另一层含义就是经济增长模式也要以人为本，以人力资源的充分开发利用为根本驱动力。要从物质资本的巨大投入、生态环境资本巨大破坏的粗放型增长模式，转变成资源节约型、环境友好型以及人力资源和人力资本依托型的经济增长模式。反思我国改革开放这二十多年的经济成就，更主要是依托粗放型的增长方式和资源环境的大量消耗取得的经济增长，这样的发展方式显然是不可持续的。提倡新发展观，就是要求实现以人为本，要求实现人力资本替代物质资本，人力资本替代生态资本，这种人力资本依托型的经济增长模式是突破传统经济增长模式，实现经济长久持续性发展的根本性选择。

以人力资源充分开发利用为本，对国民经济和社会发展意义重大。人力资源的优势是我国经济增长的重要财富。我国目前正处于人力资源比重最为丰富的时期。从人口学意义上说，这是人口总量和结构的变动为经济发展提供了人口红利，经济发展特别需要采取就业优先的战略充分开发利用人力资源。人力资源战略对上海城市发展的意义尤其突出。众所周知,我国东南沿海主要城市目前经济高速发展仍然是建立在高度投资的基础上。这种发展模式并不能维持未来经济增长的长久持续性。上海新一轮高速发展需要依托科教兴国、依托创新能力的提高,需要充分发挥人力资源的集聚作用,构造人才高地,从而更好地适应国际产业结构转移,并以此提高城市综合竞争力。因此,充分发挥人力资源和人力资本的作用,是上海实现良好的城市发展、实现以人为本的发展的题中应有之义。因此需要将人力资源开发利用作为城市发展的重要战略,并结合上海发展的实际。实现这一人力资源战略尤其需要重视以下三个方面:

第一,充分认识、正确评价和进一步发挥大量外来劳动力资源对城市发展的巨大贡献。

外来劳动力资源的聚集本身是全国性人口红利向上海转移的过程,并对上海发挥着良好的替代性迁移的作用,缓解了城市劳动力需求的压力和人口老龄化的压力,并依托上海良好发展条件充分放大和收获人口红利。近年来,外来劳动力加速聚集上海,这种聚集主要是优质人力资源聚集上海,是上海收获其他地区的人口红利,使人力资源作用发生聚焦的过程。毋庸置疑外来劳动力对上海城市的经济繁荣和社会进步作出了巨大贡献。2003 年上海实现 GDP 6 250.81 亿元,人均 GDP 4.7 万元,而这个数值是以当年常住户籍人口 1 341.80 万人作为基数得到的,忽略了常住流动人口对上海经济的贡献。考虑了常住流动人口,当年实际的人均 GDP 为 3.8 万元。根据 2003 年流动人口调查可以推算出由外来人口创造的 GDP 总量占城市 GDP 总量的 20%以上,特别是上海第二产业中 32.4%的增加值是由外来劳动力创造的。可见,上海经济的快速发展,很大程度是由进城就业的外来劳动力资源支撑起来的。即使大量外来流动人口从事着非正规和低端的社会服务业,这种经济活动对城市社会服务业和城市社区功能完善所创造的价值也相当大程度被隐含了，这一部分人力资源所发挥的作用并没有得到正确估计和正确评价，同时缺乏相应的就业管理和社会保护。

我们通常都认识到教育是人力资本积累的形式，却忽视了移民本身也是人力资本积累的重要形式，大量外来人力资源聚集就是一种城市人力资本不断积累的过程，具有突出的积极效果。外来人力资本积聚能使城市发展维持相对较低的劳动力成本，特别是人才资源的大量集聚更形成了相对低成本高素质的劳动力，创造了巨大的财富，这是上海城市竞争力的重要优势，也是较多国际企业研发中心总部进入上海的重要原因。对此，城市管理者对外来人力资源需要有一个从排斥到容忍，进而到融合的观点的转变。上海未来的产业发展仍需要继续吸纳大量外来劳动力和外来人才，需要充分发挥大量优质外来人力资源的作用，包括发挥国际性人力资源的作用，这是上海保持移民城市人口活力和实现城市高速发展的极为重要的源泉。上海的发展需要从“招商引资”的时代过渡到“招人引智”的时代，通过人力资本的集聚推动产业发展和社会进步。

第二，要重视避免城市发展过程中对人力资源特别是优质人力资源的浪费。

城市经济结构的调整带来较为严重的失业下岗问题，这些下岗人员并非完全都是低素质和“过剩”的人口，有相当一部分是熟练产业工人、有技能和能力的人员，甚至是郊区和邻近地区城镇产业发展的紧缺人才。可以作一个基本的判断：这部分产业工人大军应该比农村城市化过程中的农村劳动力更加适应现代产业的需求。但由于城乡劳动力市场不衔接、就业和社会保障制度不衔接以及就业和交通的不便，这部分人却只能在城市领取低保，成为城市救济的对象和中心城区社会保障的难点。一方面大量四五十岁处于高劳动能力的产业工人难以寻找就业岗位，并因此加重财政负担，一方面郊区和上海周边地区现代产业发展缺少适合的劳动力，这本身就是人力资源的巨大浪费。

另一种人力资源的浪费是提前退休和退出劳动力市场的人口。为了缓解就业压力，各城市普遍实行买断工龄、协议保留劳动关系、退居二线等手段提前退休，这些人口往往还是熟练劳动力人口，但却为了让出工作岗位，造成人力资源的闲置。据统计，我国城镇职工的平均退休年龄现在是51岁，假如充分利用这平均近十年的人力资源，必将充分推动经济发展，极大地促进社会保障基金积累和缓解社会保障基金的压力。而且，往往越优质的人力资源，浪费程度越大。例如博士生受教育年限较长，工作时间则相对较短，甚至工作不到二十年就要面临退休，这样的人力资本的教育投资是一种回报很低的制度安排，不能充分实现人力资本投资对社会的价值创造作用。还有一些高职称高水平的优秀专家人才，特别是女性专家，在身体水平尚比较健康、事业发展能力较强的时期退出劳动力市场，这些人口累积的人力资本水平可能是一个新的劳动力需要多年积累才能达到的。因此，需要采取一种制度安排能让知识型人力资本长期性地为国民经济和社会发展发挥作用，并不对新的人力资本积累造成阻碍和制约，这也是充分开发利用人力资源的题中应有之义。

在上海实施人力资源发展战略时需要将另一种高端人力资源的浪费纳入政策视野，即科研机构的高级专业人才资源和知识资源。上海高等院校和科研院所比较密集，科教人力资源密度和存量都比较大。但在现有的教育体制下，很多的人才是养在深闺人未识，很多的思想和研究成果是“搁浅”在研究报告和实验室中，在体制上很难实现与产业和企业结合，造成大量优质人力资本事实上也被闲置和浪费了。需要通过教育体制改革、科教运作市场化、加强风险投资基金运作、中介服务组织发展等一系列制度建设，促进人力资本高地真正能转化成为产业高地。这样一种模式，就是硅谷的成功经验，就是一种知识型人力资本充分实现自身价值的经济模式。知识创新体制的实现和城市在全球经济体系中获得竞争性优势地位，从根本上需要依靠人力资源（资本）的充分解放和发挥作用才能够实现。

第三，要重视人力资源发挥作用的多种形式。

就业并不是人力资源发挥作用的唯一形式，一个更重要的方面是需要重视通过鼓励创业促进人力资源开发利用。发挥人力资源作用不是被动地为失业和下岗人员、外来劳动力、城市化过程中失地又失业的人口提供就业安置和就业岗位，更主要的是积极主动地通过促进创业解决就业、通过创业创造更多的就业机会、通过创业促进经济发展。这种创业也不只是投资开业、兴办私营企业和中小企业等规范化形式。相当多的微型和小型的自我雇佣、个体和非正规部门经济开展小规模经济活动，本身也是创业的初级形式，是企业孵化的重要依托。特别是一些经济组织在市场竞争中发展壮大，对城市居民产生更大的示范效应。创业能够带来不断叠加的就业和经济发展，促进城市居民公共服务的整体改善，为城市发展提供根本动力。鼓励创业，最为根本的是鼓励“企业家精神”的培育和发育，而这一点正是20世纪20年代上海滩成为“冒险家乐园”最为根本的动力，是二三十年代上海成为国际大都市的最宝贵的财富。可以说，企业家的创业精神就是一种非常珍贵的人力资本，而这一精神素质恰恰是上海当前发展特别欠缺的。上海在人力资本上可以说不缺劳动者和建设者、不缺高级白领甚至不缺技术人才，但却尤其缺乏企业家。上海要成为移民城市，充分发挥人力资源作用，不能成为“打工者的天堂”，要真正重新成为“淘金者的乐园”，成为充满冒险激情和创业理想的地方。这样的人力资源集聚，才能使上海成为一潭活水，才能为城市发展寻找到不竭的动力源泉。因此，城市人力资源开发利用也要相应地重视创业体系构建和相关政策体系的设计，并将此作为城市发展政策体系的一个重要环节。

促进人力资源发挥作用,另一种重要形式是促进人口的社会参与。参与社区发展、公共生活和民间组织解决各种公共问题,是提高社会公益的重要途径。人力资源的社会参与和经济参与,共同对城市发展发挥积极的促进作用。相对而言,促进人力资源的社区参与和社会发展,相应的组织建设和制度体系还很薄弱,需要进一步完善促进良好的城市治理格局的形成。

总之,城市发展也需要树立以人为本的观点,要求充分开发利用人力资源和人力资本。这是延长人口红利收获时间和收获效果的重要战略,其积极作用能进而延伸到缓解社会保障基金的压力、延伸到经济增长模式的转变、延伸到城市人文精神的再造。以人力资源充分开发利用为本,能够为社会创造更大的财富,实现经济增长的稳定持续性,应该将之作为城市发展的重要战略加以整体考虑。

2011 年 10 月

人力资本驱动力

如果说人口红利推动经济发展表现了人口转变对经济增长的红利，随着国家发展进入后人口转变时代，人口红利的作用将逐步减弱。如何从人口学角度出发思考新的发展动力成为重要的课题。

上海的人口转变领先全国而非落后于全国，因此上海应该更早和更快地从依靠劳动力数量驱动经济发展的模式转型为依靠人口质量，或者说依靠人力资本驱动的经济发展方式。城市发展转型应该更加重视人力资本的积累，加大对教育的投入，扩充知识经济的比重，增加人口的健康预期寿命来应对人口结构变动的挑战。只有这样，才能既符合上海的人口结构及变化趋势，又能引领和示范地塑造出一种人力资本驱动经济增长的发展方式。

一、移民为上海带来活力

人口红利是人口转变带来的人口结构变化，劳动适龄人口比例增加，社会抚养水平降低，并因此推动经济增长。普查数据看到上海的劳动适龄人口比重依然上升，老龄化的水平保持稳定，甚至下降。但是这不是人口转变所带来的，而是大量人口迁移流动所带来的替代性迁移的结果。大量人口迁移流动进入上海，使它好像还处于人口红利期中，也客观上为其经济增长提供了充足的劳动力。换言之,如果没有积极吸纳迁移流动人口所发挥的替代性迁移作用,上海面临的人口环境会更加恶劣。推动上海劳动力数量增长和劳动适龄人口比重提高的不是人口红利,而是人口迁移。

从上海发展的历史来看,它的经济发展促进了大规模的移民。上海人口总量从 2000 年的 1 640 万增加到目前的 2 300 万,其中主要是移民。第六次全国人口普查表明,上海 2 300 万常住人口中有 900 万人口是迁移流动人口。

对于上海未来的人口变动,我认为上海仍然有进一步吸纳移民的空间。上海目前就业人口集聚的速度快于我们的预期,一定程度说明上海以劳动密集型产业为主的经济发展方式没有转型,所以仍然带来了大量的劳动力就业。那么,如果上海的产业升级到比较高端的层次,是否就会出现技术密集的行业排斥低端就业人口的情况? 在部分产业生产环节可能会出现这种情况,低端的生产环节和相关就业岗位比较容易受到排斥而转移到周边地区。但是在产业升级的同时,也扩展了经济生产的产业链,并在此过程中创造了更多的就业机会。在产业升级创造高端就业岗位时,与之相联系的各种生产性服务业和生活性服务业以及配套性的生产服务环境同样在创造就业岗位,知识外溢也带来产业集群的膨胀,推动经济增长,促进就业和人口集聚。因此对于仍然处于快速城市化时期的中国来说,大城市的经济增长总体上仍然将继续创造就业岗位和推动人口集聚,技术进步提高劳动生产率也同时将创造就业岗位。随着上海未来的经济进步和产业升级,可以预见其人口还将继续集聚。

新的就业机会是吸引移民进入的最大动力,而移民的年龄结构是比较年轻的。因此在上海继续吸纳移民的过程中,仍然会像前十年发生的情况一样,继续使城市的劳动适龄人口比重保持较高的水平,并继续使老龄化程度保持稳定或者至少增长缓慢，因此让上海保持一个具有较高竞争力的人口结构。

如果我们观察世界上主要的经济繁荣的大城市，无一例外劳动适龄人口的比例都是比较高的，年轻人进入城市构成了城市经济不断向前发展的强大动力。与移民城市相联系的是，在特大城市的中心区老龄人口比重比较低，郊区更高一些，而在远郊的农村地区老龄化的比重最高。特大城市的老龄化水平一般低于中小城市和农村地区。上海的人口年龄结构却相反，中心城区的老龄化比重更高，而上海整体的老龄化也长期处于全国最高的水平。这个人口结构是和历史上城市限制移民进入的政策相联系的。

因此在自由移民的状态下，随着上海逐渐成为一个国际大都市，它的人口结构也会渐渐回归世界上国际大都市的常态，即有着较高的劳动适龄人口比例，有着相对较低的老龄人口比例。可以预见的是，如果上海继续保持这样的经济发展速度和人口迁移的过程，那么城市老龄人口比重至少是保持不变，很可能继续下降。放在全国快速老龄化的背景下来比较，全国的老龄化水平会从现在的13.26%很快增长到2030年的30%。而相对于全国，上海的老龄化速度会比较慢，这将使得它从老龄化比较严重的城市转变成老龄化程度并不很高的城市。

二、人力资本日渐重要

在城市化中后期的劳动力市场整体背景下，上海劳动力资源的总量将是充足的。关键是相对于劳动力数量，劳动力质量，也就是人力资本将显得越来越重要。人力资本是附着在简单劳动力之上的资本形成。我们可以将简单的劳动力体力认为人力资源，这表现为劳动力的数量，而人力资本就不单表现为劳动力的数量，更加表现为劳动力的质量。这样的作为质量的人力资本形成主要包括两个方面:教育和健康。通过教育培训提高知识水平和技能,通过卫生保健和医疗服务提高健康,是人力资本形成的主要途径。具有更高教育水平和健康水平的“资本量”,就和简单的人力资源数量形成区别,构成经济增长的持续动力。

我们原来所讨论的人口红利推动经济增长往往关注于简单劳动力,对于发挥人口红利而推动经济增长的核心关注也是提高社会的就业率,甚至在城市化发展的一定时期,不规范的就业也好于没有就业。然而我们可以看到,中国目前的劳动适龄人口占比已经开始下降,单纯依靠劳动力数量的投入对于经济增长的贡献率将会减小,人口机会窗口有可能在2020—2030年关闭,那么所谓人口红利对经济增长的推动力可能也会结束。在这个背景下,寻找中国经济增长的人口驱动力,应该从关注人口红利转移到重视人力资本上来。

其实我们回头再审视一下人口转变论,可以发现重视人力资本驱动经济增长本身是人口转变论的自然的逻辑延伸。首先,死亡率下降意味着人均预期寿命增加,预期寿命增加表示每个人享有的健康资本增加了。在预期寿命延长的同时,人均健康预期寿命也延长了。死亡率下降提供了一个可能性,使个体生存、生活、工作和发展的总时间延长了,那么每个人就能有更长的时间来进行经济生产和做出社会贡献。

人口转变的另一面就是生育率下降。生育子女比重减少和少年儿童比重下降,那么对于每一个孩子而言他们获得教育投入的可能性提高了。中国目前的人均受教育程度远远高于印度,不仅是因为我国相对于印度重视基础教育和义务教育,另一个原因也是受益于人口转变,带来教育投入提高,从而增进了人口质量和教育人力资本。

所以,人口转变的结果不仅是带来劳动适龄人口比重上升和社会抚养水平下降的人口结构的变动,另一个结果是自然地带动了人力资本投入,带来人口人力资本总量的增加。所以在人口红利之后,我们虽然应该清醒地看到可能出现人口结构变动所带来的“人口负债”，但更应该乐观地看到，我们仍然可以继续享受人口转变所带来的人口质量的提高，这个因素构成经济增长的新的动力源泉。套用现在流行的“人口红利”的说法，在后人口转变时候，我们的“人口结构的人口红利”会慢慢消失，但是“人口质量的人口红利”将慢慢体现出来。这为国家发展提供了新的机遇，将构成推动中国经济增长的新的动力和新的优势。因此从人口变动和经济发展的关系看，我们应及时把握住这个人口转变所带来的新的发展机遇，使经济发展方式与人口变动相适应，及时地从劳动密集型驱动的增长方式转变为人力资本驱动的增长方式。

再从这个角度看上海发展，上海是我国人口转变最早的地区，所谓率先转变经济发展方式，就不能将工作的重心放在如何继续吸收劳动力，如何来保持住所谓的“人口红利”，而应率先为后人口转变时期的人力资本驱动的经济发展方式探路，通过有意识地塑造人力资本驱动的经济增长方式，培育城市发展新的竞争力。

三、消除教育不平等

人口转变并不必然意味着人力资本水平的提高。对于提高教育人力资本，除了需要强调政府责任，强调增加教育开支在公共财政中的比重，还需要在城乡居民中形成增加人力资本投入的正向激励。这种激励在于要让教育投入有较高的回报激励，使得有较高教育程度的人能享受到更高的工资，形成正向反馈，从而使城乡人口愿意在教育培训上增加投入。只有让企业和劳动者觉得通过教育培训可以促进企业的利润增长，促进劳动者个人的收入增长，带来更高的收入回报，才能构建起人力资本驱动经济增长的良性循环的体制。

现实情况是，有一些大学毕业生工资水平还不如普通农民工，那么社会人力资本投资的市场信号就发生了紊乱。另一个特别严重的问题是,当前知识分子的工资水平降到了社会平均水平附近。大学教授的工资水平甚至不如国有企业的普通员工。这样的情况下收入回报率出现了偏差,那么就带来了整个社会人力资本配置的扭曲。最突出的现象就是,现在人们都愿意去当公务员,如果整个国家最优秀的人才都去当公务员,那么谁来当科学家、企业家?谁来实现知识创新、技术创新和理论创新,谁来推动产业创新和企业进步?如果知识生产部门不能得到最优的人力资源配置,那么知识经济就不能真正形成。当前似乎重新出现"脑体倒挂"这样的人力资本市场价格信号紊乱的情况,这样所引发的严重的资源错配,就不利于人力资本驱动的经济增长模式的发展,城市发展的动力就会受到损害。

城市发展最有远见的战略,是在人口红利消失以后,转而格外重视对教育、科技和人才的投入,努力增加城市的人力资本。因此对于上海而言,特别需要重视的不是继续通过吸收劳动力来保持劳动力竞争优势,而是应该重视增加对900万移民的教育培训。这对于城市的产业升级和内部整合都是至关重要的。我们的研究发现,不仅教育人力资本对于城市经济增长的贡献率越来越大,而且教育同时影响迁移流动人口的社会融合。一个教育程度更高的人能在城市中发展得更好,对经济做出更大贡献,并更好地融入当地社会。人力资本投资因此成为弥合社会结构的机制,避免社会结构的断裂和隔阂。所以,当移民有了更高的教育程度就有了更大的倾向性在城市中创业和发展,而教育程度带来的高收入也使其增加对自身和后代教育的投入,这就形成了促进人口迁移、人力资本提高、社会融合和城市产业进步的良性循环。

而如果不重视对流动人口的人力资本投资,会造成本地居民和移民群体之间的社会鸿沟进一步扩大,加深城市内部的分裂。我们有必要尽量去消除教育不平等,并通过教育人力资本的提升,构造城市发展的整合机制,这同时也是城市发展的动力机制。

四、健康不仅仅是治病

健康作为人力资本的重要内容,构成城市发展的支撑力。这就需要人口的健康预期寿命的增长快于人均预期寿命的增长,构成一个良性的情况。因为在非健康状态下的剩余部分的预期寿命,才是整个社会真正的“负担”,才是老龄化的真正压力。而健康的老龄化——即使他们可能已经退休——其实是社会的财富。因此从人口转变带来人口预期寿命增长来看,老龄化未必就会对国家发展带来很大的压力。关键的问题在于,我们需要把健康预期寿命转化为生产力,这种生产力不仅包括经济生产力,也包括社会贡献力。

因此,我最近一直在提倡一个概念,叫“生产性老龄化”。也就是老龄人口并不是社会的负担和包袱,健康的老龄人口是社会的财富,是重要的人力资源和人力资本,他们继续参与经济生产,参与家庭和社区发展,能够对国家和城市发展做出积极贡献。老龄化不一定会带来社会的崩溃,反而会带来一个充满活力的老龄社会。

健康的增加,本身就意味着非健康状态的减少。随着非健康状态的减少,整个城市相对的医疗成本和卫生投入也相应下降。不仅如此,随着健康预期寿命的提高,劳动力和老年人口就有更多的能力为社会继续做出贡献。因此,如何通过健康管理增加社会健康预期寿命,是发挥人力资本作用,推动经济持续发展的前提条件。

在国外有大量这方面的成功案例可供我们借鉴,比如国外企业很重视对中老年人口提供规范化的定期体检,并进行健康教育,告诉员工如何拥有健康的生活方式,防止慢性病,在社区中也提供经常性的健康普及计划,这些都是提高人口健康预期寿命的有效做法。而在我们的健康管理中，一定程度上忽视了这些内容。我们一般都把疾病治疗作为卫生与健康工作。但是与其个人和社会都付出很多费用来治病，不如从出生开始甚至从母亲怀孕开始就进行健康投资，开展科学的孕前检查、减少新生儿缺陷率，从各个年龄段提高对健康卫生的教育，从幼儿的防止肥胖到中老年的防止高血压，通过广泛的社会预防和健康普及计划提高城市的整体健康素养。另一方面是城市应该提供更多的机会让人口参与体育锻炼。这些健康投资相对于治病，投入更小，也更有效率，同时具有生产性。

对于教育人力资本投资的重要性已经渐渐被大家接受，但健康也具有生产性的问题还并没有得到充分重视。对健康管理的思想我们还仅停留在治病上，是远远落后了。一个长期心脑血管慢性病患者，即使进行了很多治疗，对于其本身是生活质量的下降，对于社会来说也是从劳动力转变为了社会负担。因此重视健康人力资本的投资和管理，其着眼点应该是如何让人活得更健康，而非单纯延长寿命本身。现代社会大家工作都很劳累，应该说把“治病”的关口前移变成“治未病”，有很大的空间可以操作，但是我们现在的医疗制度改革更多聚焦于如何治病，如何降低医疗费用，如何来设计个人支付医疗保险的比例，这其实大大偏离了城市健康管理的核心。

从利用人口结构变动所带来的人口红利，转向重视利用人力资本来推动经济增长，是国家发展动力机制的变化，是国家发展方式的进一步升级。因此，推动经济增长就从简单依靠物质资本投入、依靠简单劳动力投入和资源环境耗费的外延性要素投入的经济发展方式，转变为更加重视人力资本的开发利用、更加重视生产要素深入利用的内涵性经济发展方式。同时，重视人力资本投资是一种社会建设，本身有利于人民福利的增进，也能够对积极地推动经济增长发挥作用。

通过促进城市化和工业化促进就业，充分发挥人口红利的作用，帮助了我们国家从人口大国转为人力资源大国。这样的历史机遇期将随着人口结构的变化而逐步结束。未来的国家发展战略在于,加强教育,提高人民健康,增强人力资本投资,从而使我国从人口大国转变为人力资本强国,并使人力资本为经济社会的长远发展提供动力。在这个基础上,人口红利驱动的经济发展方式就能转变为人力资本驱动的经济发展方式,并适应我国人口中长期变动,开启新一轮经济持续增长的新时代。

2012 年 6 月 5 日

(发表于《东方早报》)

经济转型需要适应人口国情

转变经济发展方式是中国“十二五”期间国家发展战略的重要导向。受到外部环境变化的影响，特别是随着中国更深地内嵌在世界体系中，世界金融危机带来出口下降、汇率变化，中国经济迫切需要改变以投资为依托的出口导向的经济模式，增加内需对经济增长的拉动力。与此平行，中国必须从以简单劳动力为依托的劳动密集型经济生产方式转向更加具有技术创新性和更高附加值的经济产业结构和经济生产方式。

值得注意的是，经济发展方式的转变，也是人口发展内生性的要求。中国的人口状况和中长期人口变动内在地决定了中国必须要加快经济发展方式的转变。

人口因素对经济发展方式的内生性影响在于，经济发展方式必须适应人口国情。只有适应了人口国情的经济发展方式才是适合的经济发展道路。执行脱离人口特点和人口变动的经济增长方式，或者忽视人口基本国情照搬其他国家的经济模式，都不一定能够成功。任何一个国家的经济发展道路都不是对他国发展经验的简单照抄，同时只有基于自身的历史基础、发展路径、文化和制度安排以及基于自身的人口背景，才能形成符合自身实际的发展道路。因此，对国家发展道路的探索需要实施适应中国具体的人口国情的经济发展方式。

从这个意义上来讲，从来就没有简单的关系能够说明人口会推动经济的发展或者反过来说人口会限制经济发展。经济发展方式的选择要适应人口发展的状况和动态性，要适应所在国家的人口数量、人口结构和人口素质，并适应人口变动的未来，在这个意义上才能构建人口和经济发展的良性关系。

20 世纪 50 年代末期至 60 年代，中国的经济发展陷入危机，这固然有决策失误的原因，但一定程度上是由于当时强调重工业发展的经济生产方式与人口快速增长的人口国情不相适应。这种不适应带来了过多的人口数量和经济生产力落后的紧张，其表现正是极端的贫穷。

因此，如果对改革开放所取得的巨大成功作一种人口学上的解释，在于改革开放以来实施的经济发展方式适应了中国拥有超大规模人口和劳动力的人口国情。改革开放之初，中国同时实施了两种策略：一种是限制人口数量的增长，采取计划生育的基本国策，使人口数量迅速下降；另外一方面就是改变经济发展方式，增加投资和促进就业，充分发挥大量劳动力的比较优势，形成经济竞争力。

改革开放实质上是适应了超大规模的人口数量，适应了日益增长的劳动适龄人口比重的提高，并采取了一种以低劳动力成本和劳动密集型产业为依托的、投资驱动和创造就业的经济发展方式。同时因为在 20 世纪 70 年代中国的经济投资能力是如此的薄弱，所以必然需要通过全球化、国际化，通过加大开放来带动经济的增长。

回顾改革开放三十多年来的经济奇迹，说明了改革开放以后中国的经济增长方式与人口国情是相互适应的。正确认识和适应中国的人口国情，选择正确的经济发展道路，是改革开放以来中国经济奇迹的一个重要原因。

这也说明，我们对于所谓人口压力需要持一种“两分法”的辩证观点。不仅要看到人口是一种压力，构成对发展的制约，同时应看到人口本身也构成发展的前提、发展的基础，甚至可以说是发展的机遇、发展的优势。在国家发展过程中总是面临着各种各样的人口压力，人口压力在不同时期、不同地区也表现出不同的特点。

将人口压力简单地看作“人口包袱”并不科学，科学的发展不是在人口压力面前望而却步或者削足适履，而是应适应人口国情，不断努力将面临的人口压力转变成为发展的优势。并且，正视自身的人口国情，选择合适的发展道路，这样的发展才有可能成功。

人口国情论另外的意义，在于我们还应具有动态的发展观。因为人口状况和人口过程本身是动态变化的，人口压力在不同时期表现出的特点是变化的，在不同地区，人口发展所表现出的特点是有差别的，人口发展与经济生产力水平和社会福利的关系也是在不断地发生变化的，这就要求我们的发展方式需要适应人口国情的变化进行调整。

从“十二五”期间到2030年，中国中长期人口变动将面临重要的人口国情的变化：人口总量增长速度减慢并将出现人口负增长，劳动适龄人口比重已经开始下降，同时劳动适龄人口总量也将在2025年左右开始下降，老龄化程度将迅速从当前的13.26%增加到2030年的30%左右，等等。

中长期人口变动将表现出和改革开放以来人口国情完全不同甚至完全相反的特点，这也要求中国的经济发展方式需要为适应人口变动做好准备并加快进行调整。同时，中国的经济发展方式需要适应不同的地区人口状况的巨大差异性，因而具有多样性和互补性。中国未来经济发展需要适应人口中长期变动的基本国情背景，加快推进经济发展方式的转变，并继续推动中国经济社会的稳定持续发展。

2012年9月4日

（发表于《东方早报》）

通过农民工人力资本投资提升中国城市化

伴随着工业化和城市化的推进，大量农民工群体迁移流动进入城市地区。迄今为止的农民工进城和城市化的模式，仍然是大量劳动密集型的低端劳动力向城市集聚，并主要通过在城市非定居性居住和非正规性就业支持城市化的发展。这样的城市化和经济社会发展模式越来越表现出其局限性和不可持续性，具体来说，不利于为城市发展提供稳定的劳动力，不利于为城市经济结构转型升级提供具有质量的人力资本，不利于城市内部的社会整合，不利于在城市化过程中形成稳定的产业工人群体。

中国未来城市化发展面临的主要任务包括：经济结构的提升、社会整合的加强、环境可持续性的提高、城市管理机制的完善，这要求城市化发展模式提升到更高的水平。因此，推动中国城市化需要聚焦农民工这一城市化过程中的主体性力量，通过提升农民工群体的发展能力，加强对农民工群体的管理和服务，使国家发展实现良好的城市化。这需要将加强对农民工群体的人力资本投资作为提升城市化模式的核心机制。

第一，加强农民工人力资本投资有利于促进城市化过程的产业升级，有利于农民工收入水平提升，并通过增加农民工的收入和福利，增强国家发展的经济内需。

教育培训对提高劳动者收入具有积极作用，而劳动者收入的提高又增加了他们继续加强人力资本投资的支付能力，从而形成了一种积极的循环。经济收入的提高和教育程度的提高也增强了农民工在所在城市市民化和实现社会融合的能力，并为城市化过程中的产业升级提供了所需的劳动力和技术型人力资源。而当农民工收入提高和在城市逐步市民化的过程中，城市化对于促进内需的积极作用才能够得到更好的发挥。

需要避免的“反向的循环”则在于，如果农民工的收入水平不能持续提高，会限制他们对教育培训的需求和支付能力。农民工只能依靠劳动力的体力投入来获得收入，将使他们无法适应现代产业的要求。低教育程度的体力劳动者的收入回报较低，所以限制了劳动者对教育培训的支付能力。同时，体力型劳动岗位更需要年轻的劳动力，因此对农民工来说，年龄越大反而更难实现就业，年龄越大的农民工的收入可能会更低。加上年龄越大，劳动者对继续教育培训的需求也低于新生代农民工。这样带来“低人力资本—体力型劳动就业—收入降低—非定居性的生活方式—降低人力资本投资的兴趣”等一系列的负向反馈，固化了依靠简单劳动投入的传统经济模式。同时，依靠体力型劳动力投入的经济发展模式，企业的盈利水平很低，又进一步限制劳动者收入的提高。企业偏好于低劳动力成本的发展模式，又使企业没有兴趣增强对劳动者的教育培训。当经济发展内在固化地依赖一批又一批的新生代劳动者的简单劳动力投入，大量劳动力的所谓低成本竞争优势反而转化成为经济结构转型和升级的限制，并制约了中国城市化和经济发展的长远潜力。

因此，在我国城市化过程中，应该加强农民工的人力资本投资，努力提高农民工收入，为我国经济发展方式的不断提升提供更充足的高素质的劳动力资源，并使之成为一种积极的发展战略。只有这样，我国的城市化发展才能够从低劳动力成本优势的发展模式，转变为依赖人力资本驱动的发展模式。

第二，增强对农民工群体，特别是对低收入农民工的基础性教育培训，有利于促进教育公平，有利于在城市化过程中逐步弥合社会分裂，促进社会整合。

农民工的平均受教育程度低于城镇本地居民，教育程度较低带来的收入回报率较低，带来农民工和城镇居民收入差距的扩大，收入和社会福利体制不平等进一步扩大了农民工和本地居民的收入差距。在单纯由市场力量决定的情况下，教育差距成为城乡之间、农民和市民之间收入差距扩大的根源，而缓解收入差距则需要通过教育培训更加偏重于农村人口和偏重于农民工才能实现。

而实际的情况是，农民工群体相对于城镇居民在教育体制中还处于被歧视的境遇，农民工包括其子女需要花费更多的成本才能获得城市的教育服务，这样加速了收入差距的扩大化和不平等的代际传递。教育公平关乎分配格局和收入差距，和谐社会的实现要通过更加偏重于农村人口和农民工的教育培训，才能让社会弱势的人口群体获得平等的发展机遇，为逐步缩小社会差距和促进人类发展创造良好环境。

教育收入回报和有关福利制度体系的不平衡，带来农民工和城市居民内部社会分化的扩大，同时也带来农民工群体内部社会分化的加大。我们可以观察到收入水平更高的农民工的教育回报率更高，同时其继续教育的需求和支付能力更强。就农民工群体的内部分化来说，部分农民工群体成为“成功者”逐步融入城市体系，而部分“失败”的农民工群体则被排斥在城市之外。为了更好地推动城市化，需要努力为低端的农民工群体提供教育培训。这样将有利于避免农民工内部的断裂，从而缝合城乡结构。同时，让这些低教育程度、低收入和体力型的农民工群体获得更多的机会向上流动，有利于宏观社会结构实现结构性的向上流动。

第三，加强对农民工进入城市以后的继续教育，特别是加强职业培训，有利于农民工在城市中的进一步发展，并能够通过返回式的移民实现人力资本的“反哺农村”。

增加农民工对新知识、新技能的教育培训，能帮助其适应城市生产和生活方式，帮助其逐步了解和认同城市生活的规则，逐步实现市民化，并适应经济结构的转型升级。充分利用城市中相对丰富的教育资源加强对农民工的继续教育，是农民工全面发展的需要。同时，如果农民工在城市中得到继续教育，也使其对城市的认同感增强，进一步促进在城市中的社会融入。

城市部门应该为农民工提高自身学历教育，并为其进一步攀登向上发展的阶梯打开大门。当前城市的小学已经逐步开展面向农民工子女的义务教育，但农民工从初中考高中、从高中考大学、参加成人高考，还必须回生源户口所在地考试。户口仍然构成农民工在城市继续教育的重要限制。随着新生代农民工越来越多，可以考虑充分利用城市自身优质的教育资源，允许农民工在城市继续接受学历教育、逐步落实在城市中参加高考，使农民工能够和本地居民同样竞争考试进入高中、职业学校和大学，这样能够提高学生的质量，并通过加强开放性为城市发展提供源源不断的优质人力资源。

与学历教育相比较，农民工对职业培训的需求更强。由于农民工的职业稳定性不高，企业和劳动者都对职业培训缺乏动力。因此，企业和农民工如果能够有相对稳定的劳动合同，或者说，企业可以在为劳动者提供职业培训的同时通过合同规定农民工必须为企业服务必要的时间，将使企业有动力安排出必要的时间和资金投入加强对农民工的培训。政府支持的促进就业培训项目也应更多地服务农民工群体，同时可以吸引社会资本和企业相结合开展适合当地经济发展和农民工需求的职业培训，例如在农民工集中的产业区中建立以社会投资为主的职业培训中心，为当地的企业发展提供更加紧密的人才培训。通过职业培训可以使农民工从简单体力劳动者转变为技术性工人，能够缓解技工荒的问题，也能够在我国大规模的劳动力大军中培养出现代产业工人，为现代企业的持续发展奠定坚实的人力资源基础。

另外，应该根据农民工进入城市后的不同阶段，提供有针对性的职业培训。农民工进入城市后的工作时间越短，其继续教育的需求越高，城市部门应该重视对新进入城市的农民工提供就业指导培训和技能培训。对已经在企业中有稳定就业的农民工，政府应该扶持和引导企业提供专业能力提升的职业培训，并积极根据企业在生产链中业务需求的扩展，根据地区产业结构的转变进行转岗培训。同时，应逐步改变农民工工龄越长，但在城市中教育培训的意愿越下降的情况，推动农民工能够在城市中更加长期居住、实现更加长远的发展。

与此同时，加强对农民工的人力资本投资，不仅是为推动城市化服务，同时也为促进农村发展和实现城乡平衡发展服务。我国的乡城迁移仍然具有很强的非定居性移民的特点，城市的职业培训部门有必要对希望返回农村的人口提供适应农村发展的职业培训和技术培训，如沼气技术、水利技术、农作物和经济作物种植技术、园林培育技术，等等。城市部门不仅应该更积极地促进资本下乡，也应该通过对农民工的人力资本投资推动知识下乡，这将使未来的农村发展有可能改变单纯依赖简单劳动投入的小农经济，通过城市部门的返回的人力资本推动农村部门的产业升级，创造出知识型的农业和现代化农村发展的美好前景。

2012 年 9 月

开发人力资本红利塑造经济发展新动力

国家统计局公布的最新数据表明，2012 年我国劳动年龄人口为 9.37 亿，开始出现下降。因此不仅劳动适龄人口比重开始下降，劳动适龄人口总量也开始下降。人口老龄化程度快速提高，说明长期以来支持国家经济发展的“人口红利”正在逐步减弱，传统的依靠大量低成本劳动力的经济发展方式难以继续维持。

关于如何应对“人口红利”下降的挑战，蔡昉等学者提出通过加快社会保障建设来开发“第二次人口红利”。熊必俊等学者，包括我本人也多次强调通过充分利用老年人力资源开发“动态人口红利”，减缓数字上的 15—59 岁劳动适龄人口比重下降对经济发展的不利影响。另外的发展战略则在于，在人口红利逐步减弱和消失以后，国家发展将难以依靠劳动力数量所形成的人口红利，而应该重视利用人口质量所依托的人口资本红利。也就是说，过去三十年利用人口红利的经济发展方式，是促进就业，从而使人口大国转变成为人力资源强国；对于国家未来的发展，需要进一步通过人力资本建设将人力资源强国构造成为人力资本强国。随着人口红利的逐步减弱，如何开发利用人力资本红利越来越成为国家发展的重要战略。中国未来发展的新机遇在于，通过更加依靠和重视挖掘巨大的人力资本红利，塑造国家经济发展新的动力。

第一，从人口红利转向人力资本红利，有利于塑造国家经济发展新的比较优势。

国家的经济发展战略和经济发展方式的选择，归根到底是与国家的基本国情、比较优势，是与国家人口发展的基本背景相联系的。在国家发展的不同阶段，也是在基本国情和比较优势的选择中确立适合的经济发展方式。不同国家也在自身比较优势中确立自身具有主导性的发展模式，在全球经济中确定自身发展定位，并构筑自身的竞争力。

改革开放以来的国家经济发展，正是充分发挥了巨大数量的低成本劳动力的比较优势，发展劳动密集型制造业、出口加工导向型经济，并形成了经济发展的中国奇迹，将我国建成成为具有世界影响的“世界工厂”。而随着人口红利在减弱，长期支持当前经济发展模式的传统比较优势相对弱化。相对于南亚和东南亚地区，我国低成本劳动力优势逐步丧失甚至转化为劣势。我们也已经看到我国的 FDI 投资下降显著，部分劳动密集型的产业投资已经转移到南亚和东南亚地区。

在这个背景下，重新寻找中国经济发展的比较优势，并构筑新的全球竞争定位是中国经济发展的必要选择。

发挥人力资本红利构成中国经济发展的新的比较优势。我国人力资本所具有的比较优势不是说人力资本的绝对优势，因为相对于发达国家的普及型教育和高素质人力资源，我国的人力资本水平仍然相对薄弱。我国的人力资本比较优势在于我国当前所具有的通过普及义务教育所形成的巨大规模的、低成本的相对高素质的人口。

在发展中国家中，我国拥有大量受到中等和高等教育的劳动力人口，新进入劳动力市场劳动力的受教育程度已经达到十二年，这在发展中国中是非常领先的。在另一方面，我国受过高等教育人口的工资水平是相对较低的。相对于普通劳动者的工资在上涨，受过较高教育的劳动力人口的工资增长还相对不足，甚至在一些岗位上还出现民工工资高于大学生工资的情况。中国的专业技术人员的工资水平在世界上乃至发展中国家也是相对较低的。随着20世纪80年代出生高峰的人口的推移,以及在21世纪初大学扩招和高等教育发展等因素的影响下,我国现在每年有600万大学毕业生就业。这些人口似乎表现为值得担忧的就业困难的人口群体,但从另一个角度看,恰恰说明拥有大规模的、低成本的相对较高教育培训的人力资本是当前我国发展的巨大优势。

因此,产业结构的调整升级和大量低成本的人力资本的结合,将构成中国经济发展新的比较优势,与此相联系,中国经济发展方式的转型升级需要发展一些具有一定知识技能和标准化的制造业、生产服务业,在产业链环节中发展一些更加需要较高教育和技能的设计、专业加工和营销环节,并推动产业链地位向微笑曲线的上端转移。因此充分发挥人力资本红利,将会推动中国产业调整升级和产业链地位的上升,并构造中国经济发展的新优势,打造中国在产业布局中的新地位。

第二,从人口红利转向人力资本红利是提高劳动生产率和推进城镇化的根本途径。

人口快速老龄化和社会抚养系数的提高是未来经济发展面临的突出挑战。而老龄化对经济发展所带来的影响在短期其实难以直接通过提高生育率得到消解。因为从人口出生到成为具有生产性的劳动力,还需要十五年至二十年的时间,所以放松生育率甚至在短期还会加剧社会抚养水平。但是,生育率提高对于长期性的经济发展和劳动力市场供给问题是必要的政策选择。

因此,应对老龄化不断提高的挑战的根本办法在于提高劳动者的劳动生产率。单位劳动者创造出更大的社会财富,能够提高老年福利,提高对社会的教育和公共服务支出,并能够增加财富的积累,增加经济再生产的能力。

改革开放三十多年来劳动生产率提高的经验不仅包括政府加强了基础设施的投资，也包括通过工业化和非农产业的结构性调整，带来劳动生产率的提高。这样的经济结构的调整，很大程度上是依靠简单劳动力的制造业和服务业，依靠简单劳动力进入城市来实现的。随着农村剩余劳动力数量越来越少，依靠简单劳动力的非农化过程也将面临一个限度。如何通过结构性的经济变化提高劳动生产率，就要求农业部门和工业部门，特别制造业部门内部进一步推动结构性调整，从而提高劳动生产率。而这样的结构性调整和升级，依靠简单的劳动力数量难以实现，必然要靠有教育和有技能的劳动者，发挥劳动者的人力资本才能够实现。

因此，随着经济非农化的推进，简单劳动力数量增加对于经济增长的贡献率将逐步减小，而技术因素和人力资本因素对于经济增长的贡献率将逐步扩大，中国经济增长将过渡到发挥人力资本红利的阶段。

类似的问题也表现在城镇化过程中。在城镇化的初期可以通过大规模的低成本劳动力进入城镇务工经商来推动城镇化和经济增长，并在此过程中提高整个社会的劳动生产率。但是在当前农业生产率水平下，农村剩余劳动力已经基本所剩无几，农村发展无法提供足够的非农劳动力供给支持城镇化，这也一定程度上解释了城镇部门民工荒的来源。同时，城镇部门过度依赖简单劳动力的粗放型经济模式，生产率水平较低，也难以提供足够的就业需求，并限制城镇化过程的推动。这种情况一定程度上通过城镇部门的技工荒表现出来。大量农民工因为难以有效在城镇市民化，也限制了自身对人力资本的投资，使其难以为城镇部门的产业提升和生产率进步提供支持。

传统人口红利已经难以提供足够的动力，继续推动中国的城镇化进程，而城镇化的进一步推进需要过渡到依靠人力资本驱动。政府应通过加强对农民工人力资本投资和市民化，推动城镇部门产业的生产率提升，创造就业需求；通过城镇对农村的技术支持和社会服务支持提高农业部门的劳动生产率，增加农村部门的剩余劳动力并继续推动城镇化。

因此，我国城镇化的未来推进，需要以农民工人力资本投资为核心抓手，带动城市部门和农村部门的生产率进步，并继续推动城镇化的发展。在这个过程中创造极大财富，解决城镇化过程中的问题，应对老龄化和社会福利日益提高的需求。

第三，从人口红利转向人力资本红利有利于实现经济生产性和社会福利性的有机统一。

人口红利本身具有经济的生产性，但是却未必一定会带来社会福利的效果。改革开放以来的人口红利创造出了巨大的财富，但是这些红利和财富的生产和分配的过程是分离的，因此一定程度上出现了经济财富迅速提高，但并没有实现社会福利的充分进步。这样就形成了经济社会的不平衡。例如大量流动人口推动了城市化和城市经济的迅速成长，创造了 GDP 和公共财政，但是他们却没有得到必要的基本公共服务和社会保障。再如，我国经济增长速度远快于社会保险基金总额、社会保障覆盖率的增长速度，也就是说社会保障的发展相对于经济增长和人口结构变动显得相对滞后。因此，应该提倡将人口红利所带来的财富增长，回报于人口结构变动的本身，避免由于缺乏对于人口红利的妥善使用带来人口结构上的负债。

人力资本所具有的特点在于，人力资本本身是社会福利的结果。国家通过教育培训、社会保障、健康促进、体育文化等等公共投资和社会建设，以及通过个人和家庭的人力资本投资，实现人力资本的积累。因此，人力资本状况本身是社会福利和公共服务水平的标志。在另一个方面，人力资本也具有生产性，通过社会福利投资所形成的教育提高和健康素质提高，成为一种人化的资本，构成推动经济发展的生产要素。例如，我们看到，在2008年国际金融危机中，德国受到的影响相对较小，这不仅是因为德国制造具有高质量的生产优势，也在于德国强大的工会体系和良好的教育培训体系，为德国企业在经济危机过程中提升劳动者技能，推动经济发展提供了重要保障。正是因为人力资本具有生产性和福利性的结合，所以在经济增长和社会发展之间形成了统一和平衡。这样的良好协调为持续的经济增长、社会进步、人的全面发展，以及人的发展能力的提高提供了坚实的保证。

当前，我国经济发展战略和发展方式迫切需要进行调整升级。我们强调人口红利转变为人口资本红利，这不仅是人口结构变动的必然结果，也有利于形成更加统一的经济社会关系，有利于使经济的增长和社会进步形成相互促进的统一有机体，从而通过人力资本作用的发挥推动经济，并通过社会建设形成人力资本。在这种统一有机的过程中，有利于推动经济社会的协调进步。

2013年1月19日

（发表于《东方早报》）

创造出“新人口红利”的发展机遇

人口红利在最近十多年来被广泛地加以讨论。人口红利可以从人口结构性变化的角度来解释中国经济增长，以及论述未来人口变动对经济社会发展带来的挑战。这些讨论对于理解国家发展和预判未来趋势有一定的启发意义。但是过分强调人口结构变动对经济增长的积极作用或者对未来国家发展的威胁，也容易陷入“人口决定论”的错误认识。

实际上，从人口结构转变来看，我国 20 世纪 60 年代已经开始出现劳动适龄人口比重的逐步提高和社会抚养系数的下降，但 70 年代末期以后人口红利才真正开始实现。在 20 世纪 60 年代的人口结构转变所带来的“红利”不仅没有有效地推动经济增长，而且实际上由于过分重视重工业和不能充分解决城市就业，大规模劳动力人口的“红利”还表现为城市就业的风险，并一定程度上可以用来解释 60 年代后期“上山下乡”的出现。到了 20 世纪 80 年代以后从东部沿海地区开始的资本投资和工业化发展，才使得人口结构变动的人口红利推动经济增长成为现实可能。

在这个意义上说，人口红利确实对经济增长、投资率的提高有积极作用，但与其强调人口红利推动经济社会发展，不如说经济发展方式的转变和改革开放的制度变动，才是 20 世纪 80 年代经济奇迹的真实力量。

从这个角度来历史地分析人口红利和国家发展关系的目的在于说明，人口结构性转变的“红利”对于经济社会发展的影响是一种潜在性的影响，这样的“潜在性的红利”需要通过劳动力市场的发展和教育的发展、通过制度改革，才能够转化成为现实的人口红利。

同样，当前我们确实面临着国家人口结构变化带来人口红利减弱或者逐步消失的挑战。我们看到劳动适龄人口的比重从2011年已经开始下降，而劳动适龄人口总量从2012年也已经开始下降，老龄化的速度在加快，社会抚养系数也开始转头向上不断提高。人口红利减弱对于发展带来的不利影响是值得警惕的，但如果我们意识到人口结构性变化对于经济社会发展并不具有决定性的影响，可能也不必要对于人口红利的逐步减弱而惊慌失措。

实际上与其考虑如何避免人口红利的消失，还不如深入思考促进经济发展模式和制度安排进行新的调整，从而应对人口变动和人口结构的转变，开辟出适应未来中长期人口变动的新的发展机遇。“传统的人口红利”逐步减弱带来发展的挑战，但也同时创造出一些新的发展机遇，或者可以说是创造出“新的人口红利”。

第一种新的人口红利是“人力资本红利”。人口生育率下降推动教育水平的提高，而人口死亡率下降带来预期寿命的提高和健康预期寿命的提高。教育水平的提高和健康寿命的延长，共同增加了劳动者的人力资本。劳动者人力资本的提高使得人力资本替代劳动力数量得以可能。只要人力资本对于经济增长的贡献率超过劳动力数量对于经济增长的贡献率，人口结构转变过程中出现的“人口红利消失”就可以转而被新生成的“人力资本红利”所弥补，并创造出新的发展动力。这就要求以劳动力为依托的经济发展模式转变成为以人力资本的充分利用为动力的发展模式，转变成为更加依赖人才、更加依赖知识技术、更加依赖健康促进的发展模式，通过人力资本的不断投资和充分利用提高劳动生产率，让劳动者创造出更大的物质和社会财富，这样的人口结构转变所带来的新红利就能够延长经济社会发展的可持续性。同时促进“人力资本红利”发挥作用，才能真正落实知识创新和技术创新，使创新驱动的经济社会发展得以实现。因此，在人口结构性转变背景下新生成的“人力资本红利”实际上有可能替代“传统的人口红利”，并成为经济社会可持续发展和创新发展的新动力。

第二种新的人口红利是“消费和服务红利”。“传统的人口红利”的典型特点是劳动适龄人口比重提高和社会抚养系数下降，在此人口结构变动下带动了投资率的提高，这也一定程度上可以解释改革开放以来形成的投资驱动的经济发展方式。人口结构转变带来老年人口比重提高和社会抚养系数上升，会造成人口红利的减弱，带来投资率的下降，但在另一方面则相应带来消费率和服务需求的提高。这种消费和服务的增加，在某些方面表现为养老、护理等社会的负担，或者是针对非劳动力人口教育、健康等的家庭社会开支，但也意味着消费率的提高，有可能构成人口红利减弱以后的新的发展动力。这同样意味着一个推论，如果消费和服务提高对于经济增长的贡献率快于投资率下降对于经济增长的影响，“传统人口红利”的减弱也就能够被增加着的“消费和服务红利”所弥补。而且，这样增加着的“消费人口红利”本身意味着提高居民的生活福利，并且形成一种以服务为导向的、以福利幸福为追求的经济社会模式，避免了过分重视 GDP 对发展本质的扭曲和对民生幸福的不利影响。

第三种新的人口红利是“老年人口红利”。这样的想法可能被认为是天方夜谭，老龄化水平提高正是被广泛讨论的人口红利的减弱和社会负担提高的根源。但是实际上我们可以看到，老年人口预期寿命延长和健康预期寿命延长，老年人口数量和比重的提高意味着可以利用的老年人力资源和老年人力资本的存量也在增加。那么,如果老年人力资源的开发利用快于劳动适龄人口比重的下降,总体上由于"传统人口红利"减弱所带来的生产能力损失就能够被生产性老龄社会带来的经济社会贡献增加所弥补。其实,无论采取什么样的人口政策,老龄化的总体趋势仍然是不可避免的。老龄化过程客观上不是一个悲观的现象,它实际上意味着人类社会的进步,因为预期寿命的提高正是人类自身的发展能力、人类自身生命成长的表现。因此,在充分认识老龄化过程对于经济社会确实带来诸多挑战和不利影响的同时,我们也需要有另一种颠倒过来的思路。就是生产性老龄社会建设本身就蕴含着解决"老龄化"问题的对策思路,并为开辟新的人口红利提供可能。

传统的人口红利正在减弱和消失,并不必然对未来国家发展带来决定性的不利影响,人口结构转变过程中会形成一些"新的人口红利",可能孕育出新的发展机会和发展模式,并可能有着更大的推动经济社会发展的能力。但是特别应该强调的是,这样的新人口红利和 20 世纪 60 年代出现的人口红利一样,并不必然地就会实现。如果经济发展模式和制度安排不适应未来人口变动和结构性转变,人口红利减弱会真正对国家长远发展带来威胁。要实现这些新的人口红利,要求加快推进经济发展方式转变和实行一系列的包括教育制度、人才制度、创新制度、收入分配制度和社会保障制度等的改革,使国民经济和社会发展尽快向创新经济转变、尽快向消费服务经济转变、尽快向生产性老龄化社会转变。要加快转变的速度,才能够适应人口结构正在发生的快速转变,适应传统人口红利的下降,在这样过程中的人力资本红利、消费和服务红利和老年人口红利才可能内嵌成为经济社会成长的积极力量。

因此,传统人口红利正在减弱对经济社会发展的影响未必是悲观的结果。国家发展面临重要的人口结构转变,也必然要求面临重要的发展模式转型和制度变革,这样才能在人口结构的转型中孕育出更加强大的经济社会发展动力。在人口结构转变和人口红利消失的过程中施行刻舟求剑式的人口和发展政策实际上是并不现实的，需要做好准备向一个人口结构性转变过程中的新的经济社会形态快速转型，向着更远的未来不断转型。

2014 年 10 月 2 日

（发表于光明网）

建立后人口转变时代的新人口论

理解当代中国的人口变动和未来发展，一个重要的分析框架是人口转变。也就是人口从高出生率、高死亡率的传统再生产模式转变为低出生率、低死亡率的现代人口再生产模式。这个分析框架能够帮助我们理解从新中国成立以后到世纪之交的2000年，中国人口发展的基本态势和基本任务是实现了“人口转变”。

欧洲主要国家在20世纪中期基本完成了人口转变，而我国的人口转变是从20世纪初开始，特别是随着新中国成立以后死亡率快速下降推动了进程，然后到了2000年，基本完成了人口转变。也就是人口再生产进入了低出生率和低死亡率的基本模式。可以将我国人口转变的过程分为三个阶段:第一个阶段是新中国成立后到20世纪70年代，死亡率的下降非常显著，其下降幅度要大于出生率的下降幅度，是死亡率下降主导型的人口转变阶段，这一时期也可以认为是我国人口转变的开始。因此在这个时期，才有人口快速增长，才有马寅初作为代表提倡控制人口增长的“新人口论”;第二个阶段是20世纪70年代以后采取人口控制，通过生育率下降引导的人口转变阶段。在20世纪70年代的生育控制还是比较柔性的，例如提倡“晚、稀、少”，到了20世纪80年代后开始实施比较行政化和刚性的计划生育政策。在这个阶段中生育率下降非常明显，是生育率下降带动的人口转变阶段;第三个阶段是

2000年以后，因为计划生育政策对于人口转变的作用逐步减弱甚至基本上不起作用，社会经济因素成为决定生育率和死亡率的主要因素，低出生率和低死亡率基本稳定，这个阶段是人口转变完成阶段。因此这个阶段里，开始了对计划生育政策作用的反思，并呼吁从“人口控制论”的思想导向中转移出来，形成一种后人口转变时期的“新人口观”。

在这个人口历史动态的背景下，进入21世纪以来，中国人口发展进入了一个新的阶段。于学军、李建民等人口学者最先对中国人口发展进入“后人口转变”时期进行了探讨。这个阶段可以认为是人口转变完成以后的后人口转变时期的开端，或者说表明了人口转变以后的人口在继续变动和转变。在此过程中，中国人口发展将呈现和人口转变时期不同的面貌，表现出新的特点。这也是在当下中国迫切需要开辟性地重新思考人口和发展关系、重新开拓后人口转变时期人口和发展研究的原因。

后人口转变时期人口变动的第一个特点是人口进入低生育率阶段以后的生育率继续下降。从20世纪90年代以后中国人口的生育水平已经低于更替水平，在此之后的生育率仍然继续下降。根据第六次人口普查数据，2010年我国人口的时期总和生育率已经降低到1.18的水平，经过调整大约是1.4的水平。也就是一个育龄妇女一生中平均生育1.4个子女。后人口转变时期的生育政策调整是滞后于人口变动的基本态势的，而生育政策也必然会随着后人口转变要进行适应性的调整。2014年开始，国家进行了放开单独两孩的生育政策调整，2016年开始实行“全面二孩”。从到目前为止的政策实施效果来看，生育政策调整后新增加的补偿性生育低于预期的水平，说明人口的生育意愿和生育行为已经发生了较大的变化，政策因素对于生育水平的影响越来越减弱。生育政策对于国家宏观的生育水平调整的作用越来越下降，但是行政性的生育管理政策却对部分希望生育但是不符合政策条件的家庭形成客观的阻碍。因此可以推论，进一步放松生育管制，对于生育水平上升的影响应该并不显著，而逐步使生育政策回归到家庭的自主决策，政府通过间接的社会经济政策工具来支持和服务于人口生育和调节人们的生育行为，是回归到常态的家庭计划的发展方向。

在人口转变完成以后，中国生育率变动也呈现出进一步下降的状况，这类似于欧洲和东亚，随着家庭和婚姻模式变化、社会生活方式变化，生育率水平继续下降出现“第二次人口转变”，而生育率下降以后则很难出现反弹。在东亚地区的日本和韩国，虽然政府实施了鼓励生育的政策，效果也非常有限，以至于被认为存在一种“低生育的陷阱”。

后人口转变时期的当前中国人口发展的第二个特点是老龄化程度快速提高，逐步向深度老龄化发展，老年人口数量将继续快速增长。老龄化本身是人口转变过程中出生率下降和死亡率下降的共同结果，少年儿童人口比重下降和人口寿命不断延长，带来老年人口数量和比重的提高。在老龄化过程中，人口死亡率的水平可能会有所增加，带来人口自然增长的波动，加剧人口负增长的失衡。但从长期来看，死亡率水平会由于技术进步而下降，从而延续人口出生率、死亡率继续共同下降的变化。

老龄化程度提高和快速老龄化，对于经济发展和社会福利供给造成了巨大压力。老龄化带来经济增长可持续性的压力、养老保险基金的平衡压力、养老服务和老年生活福利的巨大需求。随着人口结构更加老龄化，老年人口的需求和利益将表现得更加突出。与此同时，社会经济运行体系则需要适应性地调整，从而适应不断增加的人口总量、不断提高的老年人口比重，这包括加快完善健全养老医疗保险体系、完善养老服务体系和提高劳动生产率增强劳动者的财富生产能力，从而支持老年人口日益增长的物质文化需求。

针对后人口转变的人口老龄化，某种意义上看，将人口结构退回到年轻化是不可能实现的，应对老龄化的挑战需要具有一种积极老龄化的思想，一方面用积极的态度应对老龄化挑战，另一方面对老龄化本身持有一种积极乐观的态度。老龄化不仅意味着对发展和福利的挑战，同时也意味着新的发展机会、新的产业机会。从预期寿命和高年龄人口比重的角度看，世界总是在不断老龄化的，而且老龄化本身实际上正意味着社会经济发展水平的进步。因此，只要国家和地区的经济社会制度调整能够适应快速老龄化的人口结构变动，老龄化过程就永远不会带来发展的崩溃。这也意味着，在后人口转变时期的老龄社会经济社会体系建设将显得非常迫切和必要。

后人口转变时期的当前中国人口发展的第三个特点是人口红利的减弱。人口红利是人口转变的结果，生育率下降带来的劳动适龄人口比重增加和社会抚养系数下降，被认为形成了一种人口的红利，推动了改革开放以来中国的经济增长。因此，随着人口转变的完成，老年人口比重持续上升和少年儿童人口比重的持续下降，带来劳动适龄人口比重下降和社会抚养水平上升。人口结构性转变使得原来的“人口红利”逐步减弱，并有可能转化成为一种“人口负债”。也就是说，增加的老年人口和社会抚养水平，需要进一步在公共财政支出中扩大对健康、养老服务和社会保障的支出。

在这个意义上，原来人口结构性转变对于经济增长发挥积极作用。在后人口转变时期，人口和经济发展的关系将呈现不同的形态。从改革开放以来形成的汲取人口红利的发展模式难以继续维持。

在这里需要避免人口变动和经济社会发展的简单观念，我们往往将经济发展的成绩或者失败归结于人口，所以认为贫穷是由于人口过多，或者失业率很高是由于人口过多；将人口数量下降、老龄化的发展视为经济发展的威胁。过分夸大人口对经济社会发展的影响，就容易陷入“人口决定论”的错误。由于人口变动的长波效应，实际上短期的人口变动对于经济发展的影响是中性的。人口变动对发展的影响往往在中期和较长时期才表现得出来。就人口变动和经济社会发展来说，通过实施与人口状况和人口结构变动适应的经济发展模式，人口能够展现出对发展的优势。反之，如果经济发展方式与人口状况和变动不相适应，人口因素则很可能构成发展的困难。因此，人口对经济社会发展确实又发挥着具体的影响。所谓人口红利或者人口负债，其实质是能否在人口变动和发展模式中构成良好的协同性。因此，在后人口转变时期，通过不断推动经济发展方式和社会运行模式的改革、调整，我们有理由相信，人口结构性转变仍然能够不断创造出新的人口红利。

后人口转变期的第四个特点是人口迁移流动的作用得到强化。某种程度上可以认为，人口转变带来的人口数量膨胀和不同地区人口转变的不平衡性，推动人口在空间上进行合理配置并发生迁移流动，使得劳动力资源能够发挥其作用。先进行人口转变的地区，其工业化程度更高、劳动力需求更高，而人口转变较快带来劳动力供给相对不足，使得人口迁移流动实际上伴随着人口转变的过程而加剧。在世界范围内，我们也可以看到先完成人口转变的欧洲，由于出现劳动力的短缺，在相当大程度上成为吸纳国际移民的重要地区。这也正是范德卡将迁移引入传统的人口转变框架，提出国际迁移平衡了长期低生育率所带来的人口失衡的原因。在我国完成了人口转变以后，城乡之间、不同地区之间的劳动力市场不平衡仍然显著存在，因此人口迁移流动和城镇化将成为后人口转变时期越来越显著的人口动态。

从另一种意义上看，在人口转变时期是由人口出生率或者死亡率来决定人口状况和格局，但是在后人口转变时期，由于生育率和死亡率已经降低到很低的水平，人口自然增长对于人口状况和格局的影响越来越弱，而人口迁移流动对人口格局和动态的影响表现得越来越显著。在后人口转变时期的中国，迁移流动已经成为并将进一步成为决定中国人口国土分布、决定城镇化发展和城市体系发展的重要人口过程，并带来移民和流出地社会、流入地社会关系的重新构造。

后人口转变时期正在出现和将要出现的这样一些人口发展态势，才构成了当下中国的基本国情，是未来影响国家发展的基本人口动态。再继续用“人口多、底子薄”等旧的观点来理解中国人口是不合适的，甚至会对人口和发展远景造成错误的判断。与20世纪50年代、60年代不同，也与70年代和80年代不同，当前需要形成一种新的人口发展观，以更好地理解和推动国家未来经济和社会发展。后人口转变的人口国情，和在人口转变前或是人口转变过程中的国家人口国情和国家发展战略都是不一样的，重新思考人口变动和国家未来发展也因此是必要的和迫切的。

需要说明的是，在21世纪以后中国人口发展是否进入了后人口转变时期，以及进入了后人口转变时期的人口变动特点究竟是什么模式，仍然可以进一步加以斟酌。如果说“人口转变论”是对历史性人口变化进行了整体性解释，对进入这样低出生、低死亡和低自然增长以后的遥远未来的人口发展做出了长期判断，由于其实际上并未发生，人类的预测实际上存在很大的局限性。实际上对于一百年、两百年以后远期未来的人口状况变动还基本处于假设和空想的状态。因此，我们有可能处在后人口转变的新的人口与发展长历史周期的开端，或者说，我们实际上还处于人口转变的后期阶段，实际上是在巩固和完成这个人口转变的过程。

但并不能否认，在进入21世纪以后，中国完成了人口转变以后的人口格局正在出现巨大的转折性变化，欧洲20世纪50年代完成人口转变以后的人口变动以及最近三十多年来东亚社会的变化，能够为理解中国当下人口转变后的人口变动提供参考。这些国家中人口变动出现了诸多新现象，不少学者也对这样的人口变动提出了一些新的理论解释。这样的人口转变以后的人口波动和人口变化，将有可能在我国未来五十年中显著地表现出来。我们应该有理由将其作为后人口转变的开端，或者至少可以将其理解为从人口转变到后人口转变的过渡时期。在这个历史时点上观察和思考中国人口与发展，对于更好地理解国家发展的历史和未来具有重要意义。

2016 年 11 月 15 日

（发表于澎湃新闻网）

后人口转变时期中国人口发展战略如何转型

当前我国进入后人口转变时期，人口格局出现持续的低生育率，人口总量将在2025—2030年左右达到顶点并开始下降，劳动适龄人口比重将持续下降，老龄化程度和社会抚养水平持续提高。基于对人口中长期变化基本态势的判断，需要尽快布局和开辟新的人口发展战略框架和政策体系，国家人口发展战略调整和政策改革应该重视以下几个转变：

第一，需要将以控制人口增长和降低生育率为核心的行政执行的“计划生育”，转变为重视人口健康服务和生育支持、提高家庭发展能力和福利的“新计划生育”。

在20世纪80年代以后，计划生育制度通过行政强制干预家庭生育行为，强调生育管理和控制人口，它是在应对60—70年代以来人口快速增长和生产力水平相对落后的情况下出台的临时救急性的政策，是一个以降低生育率和控制人口为基本话语的公共政策。后人口转变时期的国家人口在城镇化过程中进入城市社会，由于个人主义和现代性得到发展，教育水平提高，结婚年龄、生育年龄推迟，终身不结婚人口增多，非婚生育率水平提高，这些现象都带来生育率水平的持续下降，特别是按照东亚社会的生育率和发展的基本状况,我国的人口生育率也有可能面临“低生育陷阱”的危险。在这一背景下,以降低生育率和控制人口为目标的“旧的计划生育”并不合适。

后人口转变需要构建“新计划生育”的社会共识和社会行动。“新计划生育”的实施是让生育行为回归常态,即由家庭夫妇自主决定其生育行为,政府通过社会经济机制间接地对人们的生育决策进行调节。新计划生育的内容则从控制生育转变为为家庭和生育提供健康服务和支持,提供避孕和辅助生育的技术支持,增进人口健康、预防性传播疾病,提高家庭福利,加强家庭发展能力。这些内容意味着人口政策需要从实施“全面二孩”推进为实现“自主生育”,逐步从行政性生育管制转向家庭计划。党的十八届五中全会确定了“全面实施一对夫妇可生育二个孩子的政策”,从2016年开始落实“全面二孩”政策的实施。在“十三五”期间的生育制度改革是呼之欲出和迫在眉睫的,并将会成为人口战略改革的突破口,反思和全面改革计划生育制度,建设以家庭计划为根本定位的“新计划生育”,根本转变20世纪70年代以来(特别是80年代以来)的生育政策方向、目的和执行方式。

第二,人口发展战略需要从重视劳动力数量开发利用和汲取“人口红利”的发展战略,过渡到适应人口结构的继续变化,创造和发挥出“新人口红利”。

人口转变过程中出现的人口红利,在后人口转变时期逐步减弱已成定局。当前我国劳动适龄人口数量和比重已经下降,劳动力成本已经上升,低成本劳动力已经不是我国发展的比较优势,以大量用工和密集劳动生产为基础的传统加工工业产业模式很难继续维持。而在人口转变过程中的生育率下降,实际上促进了人口教育水平的提高,有利于人口质量替代人口数量;人口死亡率下降也提高了人口预期寿命和健康预期寿命。因此,在劳动力比重提高所带来的人口红利开始减少以后，将内生地产生出作为人力资本红利的“新人口红利”。劳动适龄人口比重下降和老龄化程度提高，要求提高人口的劳动生产率来维持经济的可持续性。在这个人口背景下，提高产业的创新能力和技术含量，增强产业生产的附加值就显得非常必要。因此，充分发挥人力资本红利将会成为未来人口战略的核心。

未来的经济发展更加重视投资于人的发展，通过投资于人形成和开发附着在人身上的人力资本，包括加强人口教育、健康、保障、文化和迁移。人力资本蕴含着更高的生产率、更强的创新精神和生活消费的提高，这些都能够为未来的国家经济社会发展提供新的动力。人口战略调整应努力使人口红利转化为人力资本红利，并以此支撑人口红利逐步减弱后的人口比较优势。中国未来一段时期的人口比较优势不是低成本的简单劳动力，而应是技术工人和受过系统教育的高素质人才。发挥这些人口群体的作用，有助于推动中国创造、推动万众创新、推动具有一定技术含量的创新性产业和生产体系的发展。

第三，加快户籍改革等福利制度改革，在人口不断城镇化过程中支持推动迁移流动人口的市民化和社会融合，使“形式上的城镇化”(de facto Urbanization)逐步转变为“制度上的城镇化”(de jure Urbnaization)。

快速的城镇化和大规模的人口迁移流动在一定程度上构成了当前人口变动的基本主轴，并在未来的二十年中仍将保持继续增长的态势。我国当前的城镇化比重已经达到 56.1%(2015 年)。城镇化过程中伴随着大规模的人口迁移和流动，其中多数是非户籍的人口迁移流动。2014 年我国离开所在街道乡镇半年及以上的人户分离人口为 2.98 亿，离开所在区县的人口为 2.53 亿，其中的外出农民工为 1.68 亿。城镇 7.5亿人口中，有约 2.7 亿人口没有所在地的户籍。而由于户籍制度和基于户籍制度的排斥，大量非户籍迁移流动人口难以市民化、难以完成其城镇化过程，表现为临时性迁移和非定居性居住，他们在空间上存在隔离和排斥，在教育、卫生和保障体系上存在制度排斥，加剧了家庭分离和农村留守的现象。

因此如何使非农化的人口实现市民化和社会融合，是后人口转变时期人口战略的重要任务，这个任务不仅需要实现“人口的城镇化”，更要使人口融入城市，实现人的城镇化。市民化和社会融合对于国家发展的必要性在于，如果不能实现迁移流动人口的市民化，将会加剧城市内部分裂和扩大城乡分裂，从而不利于城市内部的社会整合和社会团结。通过加快户籍改革和市民化，才能够在城镇化过程中形成稳定的中产阶层，构造出国家发展的经济内需，并通过提高收入和促进消费支持产业发展，推动制造业和服务业的繁荣。

生育问题已经越来越不成为中国人口发展战略的核心，人口迁移流动和城镇化战略将塑造未来中国的国土分布格局、决定城镇化发展和城乡生活的基本面貌。国家未来的人口发展战略需要更加重视、强化人口迁移流动的杠杆作用，通过福利制度和政策改革，制度性地吸纳城乡移民，适应人口迁移流动完善城市体系和重视满足人口的民生福利需求，在城镇化和迁移过程中实现“人口的城镇化”。

第四，人口发展战略调整和政策改革要积极应对快速的人口老龄化，并适应从“年轻的老龄化社会”到“更老的老龄化社会”的变化，加快制度建设和社会体制建设，建立老龄社会的经济和社会形态。

不论采取什么政策，老龄化的基本发展趋势是不可阻挡的，老龄化构成我国人口结构变动的常态。我国老龄化的主要特点并不在于老龄化程度相对较高，而在于老龄化的速度更快。1970—2050 年我国的老龄化程度的年增长率都将快于世界的平均水平。但相对来说，我国目前还处于比较“年轻的老龄化社会”，随着人口老龄化程度的进一步加深，老年人口比重提高、高龄人口比重提高、平均年龄增加，未来将进入“更老的老龄化社会”，或者说是深度老龄社会。老龄化对国家发展和社会生活所带来的压力将更加突出。因此，整个社会的就业制度、退休制度和社会保险体制、年金体系的发展、公共卫生体系的完善等等，都需要快速调整，从而适应快速的老龄化过程。这要求推动一系列的政策调整和改革。例如，延长法定退休年龄目前仍然面临很大的压力，但是总能够通过公共政策的相互利益协调，创造条件推动相关制度的改革。

完善老龄社会公共政策的目的，主要不是为了缓解老龄化本身，或者将老年人口作为被照顾的对象提供更加完善的保障和服务，而在于将老年人口本身作为积极的参与者，和年轻人口一起构成未来老龄社会的重要部分。针对老龄化过程的人口战略，不仅要重视如何服务照料老年人口，更应强调社会经济体系需要有效包容老年人口，以及将人口老龄化的人口过程构造成为国民经济和社会发展的重要部分，甚至是服务型经济的新动力。例如与老龄相关的健康产业的巨大潜力，将成为制造业作用相对减弱以后城市和国家发展的新的经济增长点。

老年人口能够继续经济参与和社会参与，特别是老年人口参与家庭社区服务、参与社会事务和社会贡献，不仅是对老年人口社会生活方式的重新构造，也是整个社会的经济财富和社会财富的持续积累和释放。在积极应对老龄化的过程中，技术创新发挥着越来越重要的作用，不仅能够适应老龄化过程不断提高劳动生产率，以实现对老龄社会结构的经济支撑，更能够改变对老年的定义，改变对老年社会经济生活的定义，从而使更有质量的老年生活和更有生产性的老龄社会得以可能。

中国的人口总量将在 2020 年左右被印度超过，中国将成为世界人口第二的国家，但也将长期作为世界上老年人口最多的国家。快速老龄化是我国发展所面临的巨大挑战，需要从国家、城市和社区层面积极和充分地加以应对，完善相关的养老服务和老龄社会发展体系。

中国已经进入了后人口转变时期，需要推动人口发展战略和相关

政策体系的根本调整。人口发展战略调整的目的是适应人口格局的变化,促进人口与发展的平衡和协调。这包括两个方面:

一是人口发展战略调整和政策改革需要从推动人口转变和生育率下降的阶段,转向应对不断降低的人口自然增长率和人口负增长、应对长期低生育率和家庭的衰落、应对劳动适龄人口比重下降和人口老龄化提高等人口状况。调整后的人口政策应该更加强调人口和家庭服务,更加重视人口迁移和空间变化,以及在人口结构转变中塑造新的人力资本优势。

二是经济发展方式和社会生活形态的改变。依靠大量低成本劳动力无限供给而形成的“汲取人口红利”的发展模式,需要改变为更加重视人力资本驱动的发展模式。

通过这样两个方面的改革,才能实现人口变动和国家发展的内在契合。而实现这样的内在契合,才能重筑在新的人口国情下的国家发展优势,实现人口与发展的平衡与协调。

2017年2月7日

(发表于澎湃新闻网)

重视城市人口质量的提升和人口结构的优化

近年来关于上海特大城市人口增长与城市的规划和发展,大多聚焦在人口总量调控的争论上。可以预见,随着农村劳动力基本吸纳干净,以及在“一带一路”和长江经济带发展力量下所带动的制造业转移,我国的中西部地区将具有更快的城镇化速度吸纳人口,会使我国城镇化和人口迁移动态出现一些新的特点。东部地区特大城市的城镇化仍然会继续,但速度可能会放缓,同时东部地区特大城市人口集聚的速度也会相应有所下降。这一点已经从近年来东部沿海地区流动人口增长放缓甚至负增长表现出来。

2015 年上海城市常住人口增长出现多年来的首次下降,从 2014 年底的 2 425 万,下降到 2015 年底的 2 415 万,2016 年上海的常住人口数量略有增加,达到 2 419 万,但是常住人口中的非户籍人口数量是从 2014 年的 996.4 万,下降到 2015 年的 981.7 万,在 2016 年继续下降为 980.2 万。另外,最近城市的二手房市场租金也有显著下降。这些都说明最近几年来,上海外来人口的流入已经显著下降,流动人口的导出情况有所增加,由于流动人口已经大于人口的导入,才会出现非户籍常住人口的下降。

上海 2040 年城市发展规划对城市人口总量规划目标为 2 500 万。虽然对此仍然有不同的看法，但可以判断，未来一段时期中，城市人口总量增长将相对放缓和受到约束。

因此，对上海人口与城市发展的协调关系，需要更加重视城市人口质量的提升和人口结构的优化。城市人口质量提升和人口结构优化，是特大城市上海和面向建设全球城市的上海所面临的更加重要、更加综合和更加复杂的发展与治理挑战。

上海正在经历快速的老龄化，大量移民对于城市的老龄化应对具有替代性迁移的作用。这种作用对于上海经济发展总体上是积极的。当人口总量增长放缓以后，城市人口结构性的压力将会表现得更加突出，老龄化对城市发展的压力、社会保险基金平衡的压力等诸多问题也将会更明显地表现出来。在劳动力适龄人口比重下降(以及劳动力总量下降)、人口老龄化状态下实现全球城市经济目标，要求极大地提高劳动生产率，以及加快提升产业结构和就业结构，这进一步带来提高人口质量的要求。

人口结构和质量的提升不仅是提高城市发展的工具，同时也构成城市发展品质的重要组成部分。人力资本的提高、健康和教育促进、建设有活力的老龄化、发挥人才的作用等，作为人口结构优化和质量提升的手段，已经不仅仅是城市发展的经济事务，本身也是城市的社会福利发展和社会进步。这就要求城市不仅仅重视 GDP 的提高。全球城市建设需要突破资本管控的全球城市的传统概念，重视社会的进步、重视人的发展。城市发展同时应该适应人口结构和质量的变化，提供适应老龄化、少子女化的公共服务，合理配置公共服务资源，从而更好地满足不同人口的需求，提升城市所有居民的福利。重视人口结构变化、重视人口的多样性、重视社会群体的多样化，鼓励参与，有利于完善以居民为核心的福利进步和城市治理。

当前我国处于人口结构变化带来的人口红利减弱的时期，上海通过人口质量和结构提升塑造新的人口和发展关系与经济社会模式的实践探索，能够为国家其他地区发展带来启示。这符合上海率先发展的要求，上海也应该率先构造出一个人口质量和结构提升优化的内涵型发展模式。

客观来看，当前上海城市人口质量和结构状况与建设全球城市的要求还有很大差距。作为全球城市，上海的国际移民和国际人才比重也显著不足。同时，人口的空间结构和城市运行的不匹配性也非常显著，人口空间分布和公共服务均等化的压力、人口空间分布和城市运行效率的压力、职住分离的失衡压力日益严重。人口结构变动所衍生的各种社会问题和社会利益的分化，使城市治理面临更加复杂的局面。

上海严格控制人口总量，其核心是移民和国内的非户籍人口导入问题，未来的上海城市发展应该重视从人口总量、结构和质量三者的关系来讨论问题，更加重视人口质量和结构的提升。城市的发展只是强调总量控制会带来人口结构的恶化、移民限制和人才短缺。同时，人口结构问题很大程度上又是人口质量问题，人口结构压力的根本对策则在于提高人口质量和提高劳动生产率。

人口质量和结构提升优化是对上海常住人口总体的教育、健康促进和人才移民政策等综合问题的管理和发展策略，包括更加全面的公共政策和居民发展，涉及人口和城市发展更丰富和更密切的互动。人口质量和结构的提升是增强上海城市卓越性和竞争力的重要组成部分，应该构成上海未来人口和城市的主体性发展战略。

2017 年 5 月 20 日

（发表于上海观察网）

高密度城市的精细化管理

一、高密度城市和城市病

在世界各地的超大城市，有成功的，也有失败的，中小城市也有成功的，失败的，所以超大城市和“城市病”并非必然关联。超大城市的高密度往往被认为是发展的困境，而实际上它却恰恰是超大城市发展优势的体现。高密度带来成本的降低和集聚效应，扩展了生产服务产业链条，创造了经济繁荣，通过强化城市的多样性增强城市的创新，同时深化人群之间的经济分工和社会交往，创造出富有活力和更加安全的城市生活。

即使在上海，我们也看到所谓“城市病”不是发生在高密度的中心城区，而是在相对低密度的城郊接合部，这也说明高密度并不会造成“城市病”。高密度某种意义上是更加繁荣和良好的城市治理，真实的情况是城市发展的成功才导致了高密度的人口增长和聚集。超大城市中存在的贫困、拥挤、安全等问题不是因为高密度。高密度的城市能够通过公共投资的增加改变拥挤，通过管理和服务水平的增强提高城市的效率。因此，超大城市成长过程中表现出的各种“城市病”不是由高密度带来的，而是由于城市生活偏离于城市发展的内在机理。同时，我们还看到，城市发展内在地具有不断提高密度的趋势，一些取得成功的高密度全球城市，甚至还在进一步高密度化。

总之，高密度的超大城市并非就会带来“城市病”。从人口的角度看，“城市病”的本质在于人口的快速增长与城市的管理和服务能力不足的矛盾。因此，对高密度的超大城市实现有效治理，需要加强城市公共服务供给的水平，需要提升城市的管理能力。高密度城市的城市管理和服务，应该实行一种精细化的模式。

二、扩展人口信息化的能力

人口是城市管理和服务的基础，高密度城市的精细化管理需要切实认识人口，把握人口状况和变动，基于人口的现实需求提供多样性和适应性的管理服务。因此精细化管理首先要求可以获得人口数量结构分布和动态的精细化信息，基于人口的多样性提供有针对性的服务。

城市管理和服务首先需要做到“心中有数”，因为人口数量是公共服务配置的基础。人口总量和多样化的人口状况的准确信息，是城市管理和服务首先需要获得的资料。例如上海有着400万的流动儿童，有着460万的户籍老年人口，或者是接近500万的常住老年人口，这些城市的基本人口学特征决定了城市管理和服务的基本任务。我们也看到城市郊区的入学难，实际上不是由于人口多，而是由于教育资源的配置和人口的增长相脱节，这些都说明把握好人口总量和多样性的人口结构对精细化城市管理非常重要。

在加强城市管理服务的过程中，尤其需要重视人口的结构和人口分布。社区人口的差别性塑造出社区的不同特点，即使在两个人口数量类似的社区，如果一个社区老龄化程度较高而另外一个社区少年儿童人口的比重更高，所需要的公共设施的配置也完全不同。对于超大城市来说，由于人口密度的提高带来人口的多样性，不同的人口分别有着不同的具体需求，这些需求包括从怀孕、生育到围产，从0—3岁的托育托幼到人口的老年和死亡的整个人口生命过程。不同教育程度、不同性别、收入不同的人口的需求也有所不同。更有针对性地把握人口特点，满足人口的具体需求才能实现精细化的管理。

与此同时，超大城市的人口又在不断地发生变动。城市中的人口迁移流动具有动态性，不断有人口进入城市沉淀下来，并且发生着多期动态的家庭型迁移，迁移流动人口也逐步地离开城市。而在城市不同空间的人的活动又有着相当的实时性，职业和居住的分离决定了人口的空间动态，构成了城市的脉动。城市人口的就业通勤、休闲娱乐、生活消费和健康服务等生活需求所引发的空间动态性，决定了城市各种公共设施的规划配置和服务效率。因此，在不同空间范围内针对人口的基本生活需求决定居民生活圈的社会服务配置是必要的，而根据服务的可及性也有助于配置交通，实现区域和更大范围内公共设施的服务效率。人口的空间变动也内生出城市运行的风险，例如在元旦晚上人口娱乐的聚集是一种空间变化的临时性动态，而这种人口动态也要求实施相适应的及时的城市管理。城市的管理如果不能适应人口的动态性进行及时把握和预警，就可能给城市的生活带来灾害。对高密度城市进行有效治理，要求及时把握人口的动态性，这样才能及时判断人口动态性所产生的需求和社会问题，从而提供应对策略。

正是因为人口数据的基础性意义，不断扩展人口信息化的能力构成超大城市精细化管理的重要部分。实有人口信息和实有住房信息等数据整合在一起，对于城市的精细化管理非常必要。实际上，就人口信息化与城市管理服务来说，依靠十年一次的普查或者五年一次的小普查，其数据固然准确(当然普查数据是否准确仍然是值得评估的)，但对于精细化的城市管理却未必足够。城市人口信息系统需要提高动态性和及时性，并通过人口信息系统和相联系的公共管理信息系统的匹配衔接，通过人口信息系统和社会信用信息系统的良好衔接，通过人口信息系统和住房系统的有效衔接，通过人口信息系统和交通监控信息系统的有限衔接，提高各种信息系统的信息共享和信息服务水平。这些对于城市精细化管理实现至关重要。在人口信息化建设的过程中，除了要继续发展政府部门的登记信息系统的信息服务能力，使其更加精细化、动态化，城市也应该适应人口大数据的开发利用，从而加强管理和服务能力。在人口老龄化、人口少子女化以及人口结构和空间优化过程中，人口信息化应用的扩展对于强化城市管理和服务的潜力是空前巨大的。这也进一步说明了技术在城市治理中具有突出的作用，高密度城市更高效率的管理和服务是可能而且可行的。在人类活动的过程中产生大量数字化的印迹，这些数字性的记录对于城市管理和服务能力而言是重要的资源。基于人口信息化的智慧城市建设，对接人口的需求，使得精细化并不断精细化的城市管理有可能实现。

三、人口对城市管理服务过程的参与

对人口要素的把握有利于加强对超大城市的管理和服务，而城市实现精细化管理的关键在于，并不能将人口仅仅作为管理和服务的对象，更主要的是地区的人口自身要参与并表达其利益和需求。

人口群体的多样性衍生出丰富的需求，难以通过整齐划一的基于人口数量的供给得到解决。实现精细化管理，需要基于城市人口的主体地位，通过他们需求的充分展现、通过他们在城市生活的充分展开，发现科学和系统的管理和服务的对策方案。只有城市中不同个体的需求得到充分的表达，人口因素才能转变为城市治理，并使得城市治理能够适应城市的人口状况，满足不同人口群体的需求。因此，单纯从数字上了解城市中有多少儿童、多少妇女、多少老人、多少失能人口并不够，这些人口群体的利益需求要得到表达并进入公共政策议程,城市的精细化管理才能实现。如果城市的公共管理和福利制度排斥了城市中部分人口的话语权,忽略和拒绝了某些人口群体在城市中的具体生活和市民权利,城市的管理和服务则难以实现精细化和有效性,甚至有可能转变为背离于人口需求、控制人口需求的公共政策。

四、人口本身是城市管理服务的提供者

人的积极参与所汇聚的社会力量构成不断提升城市管理与服务的积极力量,从而和政府与市场力量结合在一起,共同为城市人口提供必须和必要的服务。

从这个意义来说,城市人口不仅是城市管理和服务的需求者,同时是城市管理和服务的供给力量。突出的例子是城市中的老年人口。我们往往将老年人口作为城市中服务和抚养的对象,但是老年人口中的相当部分也是有劳动能力的人力资源,能够为社会和社区创造服务和财富。城市的财富创造离不开人口的增长和参与,而人口增长过程中所产生的管理和服务的需要,归根到底仍然是由人口的参与和贡献满足的。人口的经济参与、社会服务和志愿参与,都是在人口增长和高密度城市中推进管理和服务的主动力量。

城市人口在管理和服务领域的就业和劳动力参与以及社会参与,使得自身成为城市管理和服务的供给者,并因此促进了城市的经济社会繁荣。因此,人口增长造成管理服务供给不足的困境实际上不应该存在,因为人口本身为城市不断创造财富,构成了不断提供管理服务供给的能动主体。在这个意义上看,超大城市和高密度城市的人口增长,固然构成城市管理服务的需求者,也是推动城市管理服务发展的供给力量。城市部门只需要合理分配城市作为增长机器所创造的财富,通

过制度手段引导人口活力转化为管理和服务的供给，自然能够促进实现更优质、更丰富和更高效率的管理和服务供给。

长期以来，我们在城市的管理和服务中总是强调由上到下的政府供给。政府供给需要基于人们的需求，在人口增长、人口密度增加和人口日益多样性的城市治理中，政府的直接管控能力总是有限的。精细化的城市管理需要动员人口对其城市生活过程的参与和贡献，动员各种社会力量，才能提供有针对性的服务和更为丰富的服务，并因此形成政府与社会力量的协同治理实践和机制建设。人口不仅是服务的对象，同时构成服务的主体。通过服务于人口以及充分发挥蕴藏在人口多样性中的社会力量，才能更好地实现高密度城市的精细化管理，才能够在一个高密度城市中根本上消除“城市病”。

超大城市在人口增长过程中，通过更密集的、多样的和包容的管理和服务体系建设，才能更好地实现精密化的城市发展和治理。城市的高密度化是城市生命力和发展进步的表现，超大城市的人口集聚和高密度性是上海发展成就的结果，也构成上海全球城市建设的重要人力资源。超大城市的不断发展不是要通过降低人口密度来加以限制，而是要更加支持高密度城市的发展和治理，基于人口状况和变动，动员人口的参与和人力资源作用的发挥，通过精细化的城市管理和服务塑造出卓越和成功的城市，并促进城市中所有成员生活福祉的提高。

2017年9月29日

（发表于澎湃新闻网，系在上海市社会科学界第十五届学术年会“超大城市主题专场”的发言）

确定一个科学的人口规划

在城市人口增长的过程中实现科学的规划和治理,面临的一个问题是如何能够确定一个科学的人口规划作为城市各项公共服务的基础。之所以将人口规划作为城市各项公共服务的基础,是因为各项基础设施和公共服务的配置,实际上都受到人口因素的影响,并相当大程度上依据人口数量和人均指标来加以配置。

因此如何为城市未来确定合理和科学的人口规划,是城市管理和规划者反复加以考虑的问题。关于确立合理的人口规划,往往基于如下几个主要的讨论:一是人口向城市不断集聚是否超过了城市的承载力;二是对于某个城市发展来说,是否存在一个理想的人口规模;三是对城市人口未来变动态势的总体判断。对于城市总体规划的人口规划来说,需要综合衡量这些基本判断,从而能够得到一个科学的指导性的发展指南。

实际上对于具体城市而言,人口承载力基本上是没有意义的。地球作为一个封闭体系存在承载力的问题。一个国家出于实现发展的安全,人口承载力一定程度上具有意义。但城市本身是开放性的系统,能源、粮食等要素资源可以通过贸易途径得到解决,而且几乎没有一个城市是通过城市自身承载其人口和发展。即使一些要素(如土地)是不能转移的,但是考虑到城市本身在空间演化过程中具有动态性,而且城市的空间能够从立体层面向上或向下发展，空间因素实际上也并不对城市的人口集聚造成压力。

对于城市的理想的人口规模来说，或者说是适度人口规模，一般的经济学模型认为城市人口集聚的初期会带来规模经济，而当人口增长到一定程度会带来累进的管理和技术成本，因此出现边际效益为零的顶点，构成城市最优规模的上限。这个理想的人口规模，是坎南所提出的一种在静态体系下的最大收益点的最优人口规模。而索维所提出的理想人口规模，则是包括财富、就业、国家实力、健康、教育、资源环境等人均福祉水平最大化的人口规模。但是，正如索维在“动态适度人口规模”的概念中提出的，理想的人口规模在一个长期尺度来看是不断变化的。城市的物质环境的变化、要素供给水平本身的变化、技术水平的进步、社会运行能力的提高、城市社会生活形态的变化等将会扩展最优人口规模的约束条件，并提高城市人口规模边际福利收益的上限。

也就是说，在静态观察及技术和要素约束下确实存在一个适度的规模，但是如果考虑到技术和管理能力的不断进步，城市适度人口规模的上限是在不断提升的。因此，如果我们能够实现稳定持续的技术进步，能够使城市的运行的物质交换体系和系统得到持续提升，城市的远期发展在理论上并不存在最优规模的上限。这也告诉我们在一个动态变化的过程中，不存在一个僵化的理想的人口规模。

以上海为例来考虑城市的适度人口规模，到目前为止，人口增长带来的边际经济产出和边际福利进步仍然是正向的。这也就意味着，城市人口在不断增长，而各项人均福利指标仍然在进步，那么上海仍然具有对人口继续吸纳的内在需求，劳动力市场需求中的“民工荒”和“招工难”一定程度上可以表现出城市发展对于劳动力的需求。当然，不同的福利要素和人口数量增长的关系表现出不同的函数形态，但总体上看城市人口在增长，人口增长的边际效用(或者说是边际福利)也在增长，城市未来的理想人口规模数量还应该继续增长。

城市的理想的人口规模具有动态的特点，往往随着技术进步不断提升。因此城市远期规划所判断的理想人口规模，实际上也只是一个参考性概念，并没有多大的应用意义。正如桑德斯所说，人口有自发地实现适度人口规模的趋势。或者说城市的人口会不断增长，直到达到静态的要素条件所规定的限度为止。这也意味着，城市的人口增长在带来福利净损失时，会内生地产出限制人口增长的机制。

需要强调的是，虽然从远期来看城市的适度人口规模是不存在限制的，但是并不是说在某个具体时点上城市的人口规模越大越好。因为城市虽然能够不断地突破自身约束条件的上限，但是在任何具体时点上，却始终面临技术、管理能力和城市生活方式的约束。城市的人口如果过度集聚，超越了其约束条件的上限，会真实地制约当前城市的发展运行。这自然要求城市在人口集聚过程中应该积极地促进管理和服务能力的提高。同时说明，在任何时期，如果静态地来判断城市理想的人口规模，都不会是无限的。需要结合具体情况来实施平衡人口集聚与城市发展和福利的关系的公共政策。

在城市总体发展规划中确立合理的人口规划，另一个需要考虑的重要因素是城市未来会达到多少人口。城市的总体规划应该基于对未来人口动态的判断，确定城市资源的规划和配置。

对城市未来人口发展态势进行预测具有很大的不确定性，人口的生育、死亡和迁移都受到综合因素的影响，近期的人口变动预测相对比较有把握，而较远时期的人口动态变动预测则是非常不可靠的。例如，对于 2040 年上海人口将达到多少，基本还没有一个相对稳定的判断。实际上，按照首位城市将达到国家总人口的百分之多少来预测上海人口，是缺乏严谨的道理的，但是各种所谓科学的人口预测，对于城市未来人口数量的判断也有巨大的差异。例如，在对上海 2040 年城市总体规划开展的前期研究中,复旦大学的某项研究基于经济增长的人口规模预测对三次产业的比重变化进行了线性回归估算,再以该估算值对外来人口进行线性回归,结合人口自身的自然再生产变动,推算出上海2040年人口总量估计在3 300万—5 100万。上海社科院研究组依据城市的不同功能,认为城市人口将基本在2 500万—3 000万。同济大学课题组的研究判断2040年城市人口在2 600万—3 600万。上海市规划设计研究院的研究结果是2040年人口总量会在2 800—3 100万。

综合这些研究,可以判断到2040年上海的人口基本处于2 500万—5 000万,这个概率性的范围是如此之大,以至于对于规划的实施影响实际并不显著。但是,如果说2 500万是城市最低也会超过的人口数,那么对城市未来以2 500万来进行发展规划定位、配置相应的管理和服务则是非常保守的。正如在2005年左右,上海希望将2010年城市的人口控制在1 900万,而城市人口在2010年实际达到的是2 300万。因此,试图在一个1 900万人口的城市规划框架下容纳2 300万的城市人口,城市发展管理出现各种各样的"城市病"就是必然的。对于特大城市的人口规划来说,应该具有更高的锚,而不是更低的锚,这才有利于增强城市应对人口增长的能力,有利于提高城市民众的福利。

合理的人口规划应该是在区域空间的人口承载、理想的人口规模和人口增长的未来态势间寻找合理的平衡。对于一个开放性城市的人口规划来说,人口承载力并没有意义。人口规划需要在动态的适度人口规模和人口增长态势中确定其发展的方位。如果我们看到中国城镇化过程仍然在继续推进、城市的经济将继续进步、技术和资源利用效率在不断提高、新的资源和能源得到应用,将会发现我国东部地区主要的特大城市仍然有吸纳人口增长推动城市经济社会发展的内在需求。因此过低的城市人口规划可能不能适应人口继续增长的发展态势,并可能导致公共服务低配,同时不利于城市人口和发展服务的协调,增加城市运行的脆弱性，不利于城市总体发展的最优化。人口规划、城市发展和公共服务配置的内在失衡，可能会破坏城市的内在机理，在土地利用、公共服务配置和相关移民政策方面带来一系列不利的后果。

2018 年 1 月 8 日

（发表于澎湃新闻网）

全球城市的人口特征和建设人人共享的城市

一、主要全球城市呈现出不同的人口状况

全球城市是具有最高城市发展能级的领先城市，具有资本、信息和产业的管控能力，在全球城市体系中处于枢纽性的地位。对全球城市的关照，往往重视其经济产业、科技创新、资本信息流动、城市竞争力等方面，而城市的人口状况和居民的活动，似乎并没有引起足够的关注。如果对这些城市人口状况进行比较，能发现全球城市之间存在着相当大的差别。

从全球城市人口总量和空间结构来看，往往可以将城市的空间分为都市的核心区、中心城区、都市区、都市圈或者联合都市区，以及更为扩展的城市群和城市连绵地带。我们可以看到东京和上海的人口空间形态更加密集，而纽约的城市空间则更加大一些。世界主要全球城市都有广阔的大都市圈或者联合都市区，范围大约在1万—1.5万平方公里，而上海大都市圈尚未有实质性的形成，其大都市区域只有6 300平方公里。因此，从中心城区和城市的市区来看，上海和东京一样都是世界上人口密度极高的城市，但是在联合都市区和城市群的尺度看，上海

的人口密度还是相对不高的，比不上日本的首都圈和英国的伦敦—伯明翰联合都市地区的人口集聚程度。

再从城市人口的生育和死亡的角度看，全球城市确实都进入了更替水平之下的低生育率。东亚的东京、上海、香港生育率极低，纽约的总和生育率还在更替水平附近，大约是1.9—2.0，城市人口的出生率水平在15‰左右，约是其他全球城市的两倍。上海的人口出生率近十年来略有提高，大约达到了9‰。而在20世纪90年代后期和21世纪初，上海出生率曾低至4‰—5‰。即使目前上海的人口出生率有所提高，但总和生育率仍然只有1左右，说明出生率提高主要是受到年龄结构的影响。上海的人口生育率水平在主要全球城市中基本是最低的。

全球城市总体上死亡率低，但世界主要全球城市的死亡率和国家整体的死亡率相比，差距并不大，预期寿命并非明显更高。但是上海的死亡率则显著更低，预期寿命83岁，高于全国平均水平的77岁，且已经超过了世界主要全球城市。上海死亡率的下降和预期寿命的提高，显示出城市卫生健康领域的巨大进步。

不同全球城市在年龄结构上也有差异。例如纽约的少年儿童比重更高，超过20%；65岁以上的老年人口比重较低，约有12.9%。东京则老龄化程度更高，并出现少子化带来的更低的少年儿童比重。2010年，东京老龄化程度达到20.6%，少年儿童比重大约在12%左右。因此，在人口结构方面，一定程度上，上海更类似东京，甚至少年儿童人口比重比东京还低，只有9%，出现少年儿童在城市中不合理的消失。不过城市65岁以上的老年人口比重实际上也很低，在2010年只有10.9%。当然，如果按照户籍人口来衡量，上海65岁以上老年人口的比重则要高得多，2015年达到19.6%，接近东京的数据。因此，如果不考虑外来移民，上海的人口结构和东京类似。但是，大量的移民改造了上海的人口结构，使人口老龄化水平下降，劳动适龄人口比重提高。在大规模人口迁移的背景下，上海劳动适龄人口比重极高，接近80%，远远超过几乎所有其他的全球城市。

二、全球城市的人口特征

由此可见，世界主要全球城市人口状况和人口结构存在相当大的差别，很难设计一个类似全球城市人口发展指数的标准。不少学者在关于全球城市人口特征的论述中，往往只能宽泛地讨论城市的人口。例如弗里德曼在论述世界城市的主要特征时，提到了几百万人口的巨型城市。而沈金箴和周一星等在最初引进世界城市、全球城市的概念时，也只强调全球城市具有巨大规模人口。显然，随着全球城市带来巨大的发展机会和经济产业的集聚性，人口集聚和人口数量的增长是全球城市最直接的特征。

因此，如果我们来归纳全球城市的人口特征，首先是人口集聚和人口高度密集。虽然在不同国家的国情背景下，不同全球城市的人口密度有所不同，但是全球城市往往都是一个国家人口最为集中的地区。实际上，城市人口集聚和密度增长，正是城市运转良好的结果，因为城市更高的发展能力吸纳了人口的集中。全球城市本身就支撑着人口的高密度。从这个内在关系来看，既要建设全球城市，又要限制人口集聚性和严格控制人口规模，是自相矛盾、逻辑不通的，不利于全球城市发展。

而当前发展中，从大都市圈和城市区域的视角看，全球城市的人口增长和密度提高并没有终止。例如在纽约和伦敦，虽然经历过中心城区本身的郊区化和人口密度下降的过程，但是在大都市圈或者是在联合都市区范围内的人口是继续集聚的，人口总量持续增长。随着中心城区出现新一轮的绅士化和城市更新，全球城市的城市中心还出现了进一步的高密度化。

第二个特征是人口的高流动性。全球城市主要是低生育和低人口自然增长的城市，人口总量增长和高人口密度的形成主要是由于人口迁移。移民成为全球城市最主要的人口变动。全球城市本身是移民城市，是大量国内移民和国际迁移的目的地和枢纽地区。例如纽约 60% 以上的人口不是出生在本地，其中 20%的人口出生于纽约之外的美国其他地区，40%的人口来源于世界其他国家和地区。

全球城市处于全球商贸和经济社会活动的结点，城市的连接性带来商务人口和旅游休闲人口的短期流动性。全球城市还具有公路、铁路和航空连接带来的城市和外部城市体系之间的巨大流动性，例如上海的空港客运量 2017 年已经达到 1.12 亿人次。另外，全球城市内部的复杂功能和通勤带来城市内部的流动性。

正是全球城市的人口迁移流动和空间动态性，产生出城市发展的活力和创造精神。因为总体上移民是年龄结构相对年轻的人口，所以迁移过程实际上降低了城市的老龄化程度。

人口流动性改善城市人口结构的另一个原因是全球城市往往具有更高的地价，人口进入老年以后会自行离开城市到风景更好的地区进行度假和养老，从而进一步降低城市的老龄化程度。上海当前的城市老龄化程度还略高于全国的平均水平，但从常住人口数据来看，上海的老龄化程度最近以来并没有很快增长，甚至还是下降的。这充分说明了开放的城市迁移对于城市人口结构具有积极作用，在迁移过程中降低了城市的老龄化压力。

人口迁移也使得全球城市成为优秀人才集聚的地区。全球城市不仅通过其教育资源提升了地区的人口素质，更通过高新技术产业和高级服务业集聚了国家乃至全球的优秀人力资本。因此，全球城市的人口流动性是改善城市人口结构的根本原因，发挥了积极的替代性迁移的效果。

第三个特征是全球城市在人口大量集聚的过程中呈现出人口的多样性。大规模的国内人口迁移和国际移民，使得全球城市集聚了来自全国各地和世界各地的人口。人口的族群构成非常丰富，也在不同的城市空间中形成不同族群的人口居住区。全球城市产业活动的丰富性和社会经济活动的多样性带来对劳动力需求的多样性，带来职业构成的多样性。

人口构成的多样性有的时候表现为城市社会的分化，正如萨森提出的，全球生产部门和地方服务部门的分离，加剧了城市内部的社会分化。但是和萨森所看到的对全球城市分化和对弱势群体的驱离的悲观图景不同，我认为全球城市具有积极的意义：在全球城市的人口多样性下，也出现了相当大数量的新兴中产阶层。

总之，全球城市的人口状况虽然有着相当大的差别，但是仍然表现出一些共性的人口特征，即人口的高密度性、高流动性和人口多样性。而这些人口特征的核心机制是人口的迁移和流动性。全球城市在移民过程中构造了移民城市，影响城市的年龄结构、族群结构和社会结构，使得自身成为最具活力和最具动态性的人口地区。

三、卓越全球城市的综合性和建设人人共享社会

对于全球城市的发展，有必要促进大规模高密度城市的发展和治理，完善适应人口流动性的运行和管理，以及提供适应人口多样性的针对性服务。全球城市的发展需要根植于人口的状况、结构以及动态，服务于不同人群的具体特点和需求，提供增强包容性的发展策略，以推动不同人群共享全球城市发展的成果和机会，共同致力于城市的发展和创新，从而构造出一种包容、共享的城市发展格局。

第一，全球城市要建设“不分来源、人人共享”的城市。

移民城市是全球城市的典型特征，这些移民是城市的建设者，也是城市创新和活力的主要动力，促进了城市人口结构和人口素质的提升。因此世界不同的全球城市，都面临着增强对移民的包容、促进社会整合的任务。这个问题处理不好，则会带来城市内部的分裂和冲突。

全球城市需要实现本地人口和迁移人口的共享发展，全球城市是本地人口的城市，也是移民作为城市主体的城市。从根本来看，既然移民是全球城市发展的重要特点和主要动力，那么，鼓励移民就是鼓励全球城市的发展，限制移民就是限制全球城市的发展。移民不是城市发展的负担，而是城市活力和竞争性的来源，通过文化多元主义的包容和吸纳创造多样性，也进一步增强了城市的创新能力。

积极地建设移民城市，不仅包括来自本国的移民，也包括来自世界其他地区的国际移民。上海在第五次人口普查的时候，国际人口的比重只有 0.3%，第六次人口普查数据表明在 2010 年左右增加到了 0.7%。最近几年特别是在“一带一路”倡议的影响下，上海的国际移民数量有显著增长。最近数据表明浦东新区 2017 年底的境外人口总数为 8.83 万，增加了 1.85 万，增长了 26.5%，占实有人口比重的 1.6%。到 2035 年，上海的境外人口的规划目标将达到 3%。这表现出上海离世界意义的全球城市还有相当大的差距，也说明在建设全球城市的过程中，上海的国际人口比重增加会较快。

但是，现在的基本情况是，在全球城市目标的牵引下，城市对国际移民比对国内移民更加友善和包容，这不仅难以理解，而且从城市的发展道德来看也不健康。在中国快速城镇化的过程中，上海的国内移民管理和服务问题首先需要积极推进，不能产生国内移民管理和国际移民管理的错位。

第二，全球城市要建设“不分年龄、人人共享”的城市。

全球城市除了劳动力市场政策和人才政策，还需要考虑包括婴幼儿、儿童、妇女、老年等所有人口群体的生活和福利。全球城市不仅要建设老年友好型城市，同时也需要建设妇女友好型城市、儿童友好型城市，重视城市生活空间和社会服务空间的打造。

第三，全球城市要建设“不分贫富、人人共享”的城市。

全球城市人口的多样性未必就意味着城市的分化性。但是显然，全球城市面临着社会结构分化和驱离贫困人口的巨大风险。为了应对这些挑战，全球城市需要积极应对扩大的不平等，对于弱势群体提供保障，并促进中产阶层的形成，建设强大的中产阶层社会。

因此，要建设出更加卓越的全球城市，需要根植于人口状况和人的生活，而不仅是从资本运作和产业发展的角度来理解全球城市。需要结合人的发展、人口活力的提高、人口主观能动性的提高和生活福利水平的提高，构造全球城市的建设内容。城市需要提供有利于人口生活和发展的空间安排和公共政策，实现以人为本的发展，从而实现卓越的全球城市发展目标。

2018 年 6 月 28 日

（发表于澎湃新闻网）

避免陷入“人口决定论”的思维陷阱

中国人口发展从1949年的5.4亿增加到现在的13.9亿,七十年来经历了人口快速增长和人口增长的减速。对人口发展历程作历史的考察,基本的主线可以认为是中国已完成了人口转变,即从“高出生率、高死亡率”的传统人口再生产模式,过渡到了“低出生率、低死亡率”的现代人口再生产模式。

人口转变可以分为几个阶段:一是20世纪70年代之前中国人口基本上是死亡率驱动的人口转变时期,这个过程实际上从民国时期就已经开始;二是20世纪70年代到2000年左右,中国人口转变是生育率下降驱动的人口转变时期;三是2000年以后进入后人口转变的时期。当前出现了第二次人口转变的很多特征,同时迁移率已经成为影响人口变动的更重要的力量。

一、人口研究的“惑”与“不惑”

人口发展过程中出现的新现象和新问题,往往会引起我们的困惑和思考,乃至我们原来认为比较确定的知识都会重新被批判和考量。例如计划生育过去被认为是利国利民的基本国策,但是却在一定的发展环境中被重新再评价。知识和真理总是在一定的社会经济具体环境下，显示出其相对性。同时知识研究也将随着社会经济的变化而不断深化，从而扩充对知识和真理加以认识的边界。

但是学术探索的进步，也总是会致力于对问题本质的思考，从而促进在动荡的观念表象下的理性认识，实现对于规律性和真理的了解，努力达到对不惑的知识的追求。在长期人口发展历史中，对不少历史问题存在相当大的困惑，有些也被认为是未解之谜，例如在 20 世纪 90 年代至 21 世纪初（乃至目前）中国生育率的真实水平。这些困惑和未知，实际上通过长期的细致研究都能够或多或少得到解答，从而揭示出人口变动的真实面貌。从 20 世纪 90 年代到现在，关于不同时期生育率的真实水平在学界中有着丰富的反复论证，而这些论证总是有利于促进对真实情况的更准确把握。

通过对七十年长期历史经验的观察和考察，以及对于数百年上千年来在世界整体视野下人口与发展关系的知识探索，有助于把握各种相对性知识背后的真实状况，努力实现对于人口变动和发展内在规律性的不惑。至少这种对不惑的探索，使学科发展和人口科学不至于被现象和对策研究牵着鼻子行进，是不断进步的根本动力。

二、人口决定论

人口是人类社会生存和发展的一项重要支柱。对于人类社会来说，人口的极端重要性是毋庸置疑的。但是对于人口发展为什么极端重要，人口如何影响发展，在人类社会发展中人口和发展的内在机理是什么，却未必没有疑惑。

人口构成了国家发展的基本国情，作为发展的基本因素往往被过度解读为决定性的力量。在一些相对人口中心主义的论者看来，往往会把发展过程中的困境归结于人口过多，也会将中国 20 世纪 70 年代以后的经济奇迹归因于人口红利。“人口决定论”往往也很容易调动起社会的情绪。无论是发展出现困难，或者是发展过程表现出积极的成就，社会普遍地会在人口要素的变动上寻找到一些相互的关联。

因此人口对发展的影响性或者相关性，往往被放大而成为因果性和决定性。例如人口众多在相当长时期内被认为是贫穷的原因，是大国的困难。同样的道理，当前也有不少表象上的研究认为，人口的低生育率和老龄化造成中国经济增长放缓，并且会对未来发展带来挑战。

这样认为人口对于发展具有强大的乃至决定性的影响的想法，甚至渗透在对于城市的理解中。城市化当然是人口在城市部门的增长和集聚，而一个显然的错觉是认为人口超大规模的集聚是贫困、道路拥挤、不平等扩大、犯罪率提高和环境污染的原因。因此虽然真实的情况是城镇化和城市繁荣带来人口增长和密度增加，但是人们却反而将人口增长和密度增加作为“城市病”的原因，在这种思路下对于超大规模城市的人口规模进行严格控制。这种想法，实际上与马尔萨斯认为人口的快速增长总是会超过发展体系所能容纳的上限，从而带来发展崩溃的想法具有内在的一致性。但是，这如果不是因为过高地估计了人口对于发展的决定作用，那么实际上就是人口在历史上往往扮演着发展失败的借口而已。

实际上，至少在短期的发展来说，并没有充分的经验证据说明，人口变动对于发展具有决定性影响。低生育率或者老龄化乃至劳动适龄人口下降对于经济发展具有阻碍作用的想法，和存在着积极关联关系的实证研究，实际上是同时存在的。例如，即使在常识上认为老龄化会抑制经济增长，但是数据上看中国的经济发展实际上是和老龄化同时增长的，在整个世界历史上老龄化和经济增长也是持续正相关的。同时，至少最近几年的研究表明，我国劳动适龄人口总量和比重在持续下降，但是经济总量却仍在提高，这也说明人力资源的具体配置实际上比单纯人口结构的变动更加重要。

对于著名的人口红利的看法也实际上是“根据结果来论证原因”的自我强化。虽然中国从20世纪60年代以来就出现了劳动适龄人口比重逐步增长、社会抚养系数下降的“好的人口”，但是直到70年代后期才出现了所谓的“人口红利”。对于经济增长的解释截取出20世纪70年代后期以后的成功故事，说明人口对于发展具有积极贡献，实际上是片面性地证明人口变动对于发展的影响。在积极强调少生快富推动经济增长的同时，却可能忽略了中国经济奇迹背后的制度因素。

对于人口与发展的关系来说，究竟是人口决定发展，还是发展决定人口。实际上，不是人口决定发展，而是人口变动本身是由发展所决定的。人口的生育、死亡和迁移实际上是发展的结果，人口变动是内生于经济发展的，人口发展本身则构成社会经济发展的衡量尺度，例如预期寿命的提高、教育的进步和人均GDP的提高。

生育率下降、死亡率下降和迁移率的上升以及伴随着的人口结构变化和老龄化，引起我们担心的各种“人口危机”，实际上正是经济社会发展的结果，因此在相当大意义上都是发展进步的积极表现。从这样的角度来看，所谓的“低生育率陷阱”“老龄化危机”“移民危机”，其实都是臆想的危机，而实际上应该认为是现代性的结果、发展的成就。

人口变动实际上是内生于发展过程的，忽略了这样的理解，将人口从发展过程中孤立出来，而片面强调人口对于发展的作用，可能遮蔽人口与发展关系的真实机制和相互作用的关联。

三、人口变动对于发展的影响

在讨论人口变动对于发展的内生性中，实际上我们也不能完全忽视人口过程一旦形成，对于发展具有反作用和切实影响。而且由于人口过程实际上具有相当的客观性，人口变动对于发展具有影响实际上是真实存在和不容忽视的。人口同时构成发展的外生性的因素。人口变动产生着历史惯性的影响，产生着长期动态性的影响。否认人口对发展的影响，实际上是抽去了人类社会发展的人口支柱，这对于理解人口和发展的关系并不有利。因为人口是发展要素的重要来源，人口作为劳动力的供给、作为消费者的需求影响经济过程，而人口的结构性也对发展体系具有结构性的影响。

人口对于发展过程并不是没有作用的，但是正如上文所言，如果人口变动本身是内生于发展过程和由发展过程塑造，那么人口对于发展的作用实际上不能超越经济社会发展对于人口变动的决定性影响。

在人口变动对发展的影响中，人口因素往往表现为一个较弱的变量。人口对发展的作用受到其他社会经济因素的共同影响，这些作用放大或者抵消了人口的作用，使得人口对于发展的外生作用显得并非明显也并非明确。例如，如果我们认为当前城市中房价的迅速上涨是由于人口的增长和迁移者进入城市，固然不能完全排除这种因素，但显然这样的想法过于天真，忽略了资本力量在房价增长中的巨大作用。但是，虽然我们几乎可以认为人口变动和当下住房市场价格是完全无关的，但从长远的视角来看，在研究住房市场的影响因素中，人口和家庭的变化仍然是首先需要考虑的。

这也告诉我们，固然不能完全否认短期内的经济社会波动与人口因素存在关联，但是对这种关系的显著性仍然要非常谨慎。这也进一步使我们相信，人口变动对于当下发展的影响，实际上远远不是决定性的，不能将其他社会经济变化和制度因素对于发展的不利影响，错误地归于人口因素。或者过度自信地认为存在一个“人口红利”，而夸大了人口变动对于短期经济波动的影响。

人口对发展更主要是发挥远期作用。人口的生产和再生产本身持续了较长的历史时间，而且人口的过程更加表现代际影响，使得人口对于发展的作用更多的是一个长远性和趋势性的影响，是一个长波性的影响。而远期人口变动具有显著的非确定性，也使得人口对于发展的长期影响产生了不确定性。在考虑人口对于发展所具有的作用时，人口变动本身是非确定性的，诸如资源环境、经济发展方式、产业结构、技术革命、市场机制等其他因素，也影响人口因素对于发展的作用。

人口要素对发展的作用在某些条件下是积极的，但是在另外一些条件下却是消极的，或者不起作用。重视人口影响在具体社会经济外部约束下的整体作用，才是了解人口变动对于发展产生影响的正确考量。例如随着生育率下降，将会在劳动力数量和人力资源上对发展产生负面的贡献率，但是会内生地带来人力资本的提高，从而对发展产生积极作用。这种人口过程本身的内生性和复合性，使得简单地认为人口越多越好或者人口越少越好的争论显得幼稚和片面。

因此，过度解读人口对发展的决定性影响，实际上是简单化了发展的过程，并错误地将人口变动归结为发展的根本原因。从马尔萨斯到马寅初再到当前不少争论，不管是自信地认为少生了 4 亿人从而促进了国民经济和社会发展目标的实现，还是高谈阔论人口危机影响发展，都是或多或少有着“人口决定论”的简单思维。需要对“人口决定论”加以祛魅，才能有助于理解人口和发展的真实关系，在人口和发展的复杂性关联中，发现发展遭遇挑战的根源，并找寻出路。

2018 年 11 月 13 日

（发表于澎湃新闻网）

第二部分
低生育率的时代

人口政策改革的方向

近年来，随着中国中长期人口变化呈现出新的态势，人口政策也引起了日益广泛的讨论。本文从一个历史动态的视角对人口政策进行反思，提出人口政策应该应时而变，并对人口政策改革的方向和步骤提出思考。

一、人口政策历来应时而变

关于我国生育政策的历史，新中国成立以后到20世纪50年代中期，出现一个婴儿潮时期，当时实施“光荣妈妈”的政策，这个阶段以鼓励生育为主。

从20世纪50年代中期以后，马寅初就开始意识到人口增长过快的问题。到了20世纪60年代，国家发展出现了极度的贫穷。这固然有自然灾害和制度因素的原因，也说明当时人口与生产力的矛盾已经出现，而且日益严重。这更说明，在20世纪50年代末期以后，我国的人口政策在很长一段时期滞后于人口变动格局和社会经济的实际状况，从而加剧了60年代的社会经济贫困。

所以，我国从20世纪70年代以后开始被迫实施以人口控制为导向的人口政策，最初的政策实施采取了比较和缓的方式。1973年12

月，中国第一次计划生育汇报会上提出计划生育要提倡实行“晚、稀、少”政策。“晚”是指男 25 周岁、女 23 周岁才结婚；“稀”是指延长生育间隔；“少”是指只生两个孩子。

这段时间也被认为是中国生育率下降的“黄金十年”，人口政策的执行以鼓励、号召为主。从历史上来评价这段时期的人口政策，执行效果是非常良好的。甚至有人认为，“晚、稀、少”的政策可能比严格行政的计划生育政策更为良好。

但是历史地看问题，在 20 世纪 70 年代中国的人口和经济社会发展的冲突表现得十分严峻，过快的人口增长和较低的生产力水平构成了突出的矛盾，在这样的背景下，生育政策逐步转向为计划生育这样一种强硬的生育控制政策，应该说是历史强迫下的一种选择。实施计划生育政策，确实让人口与生产力的矛盾关系在相对较短的时间内得到了缓解，也使中国的人口格局较快地发生了转变，但政策的实施同时带来了不少副作用，突出表现为干群矛盾加剧，民众福利受损以及民意反弹的日渐增强。

从 20 世纪 80 年代以来，我们也逐步进行了一些生育政策的调整。这包括两种调整：一是执行方式的调整。在 20 世纪 90 年代，为适应社会主义市场经济体制，计划生育的执行方式也从此前的行政控制为主，过渡到了重视利益导向政策，而且也更加重视宣传教育在其中的作用。当时提出了“三为主”，即人口和计划生育工作要以宣传教育为主、避孕节育为主和经常性工作为主，力求减少行政性、强制性的手段。在 20 世纪 90 年代末期和 21 世纪初期，也开始讨论将生育政策导向进一步推广，提出“三结合”，将计划生育与生产、生活和保障相结合，提倡社区发展和人口控制的一体化。2000 年后，为适应人口流动性增强，推动计划生育综合改革等。

第二种政策调整是政策规定的调整，例如山西翼城的二胎试点、甘肃酒泉的取消生育间隔试点。20 世纪 90 年代以来，我国不同省份都陆续实行了“双独两胎”政策。2005 年以后，我国开始对生育政策改革方案进行广泛研究，有单独二胎方案、晚婚晚育二胎方案，有的讨论从育龄妇女比重开始下降的时候逐步放开生育政策，有的提出按照高年龄到低年龄逐步放开生育政策，也有的提倡小步快走、一点一点放松政策。

二、人口政策改革又出现了滞后

应该说学界和政府一直在思考如何进行生育政策改革，但总体上改革步伐缓慢，现在又一次出现了人口政策改革滞后于人口变动格局和社会经济形势的情况。而这样的改革滞后，一方面倒逼经济发展方式转变，另一方面也加剧了对经济社会发展的压力。到目前为止，我国人口政策改革还基本原地不动，没有任何实质性的改革出台，事实上，我们的人口政策改革是相对滞后的。

在这里必须强调的是，所有的政策都是一定历史时期、具体人口背景和一定社会经济条件下的公共政策，不存在什么“祖宗之法不可变”的教条。从 1980 年中共中央公开信发表以来，已经过去了三十多年，国家完成了人口转变，人口格局和人口发展态势发生了很大变化，我国的生产力水平和社会经济发展状况也发生了巨大的变化。计划生育政策的意义和作用也需要重新加以评估，不能把提倡生育一个孩子和实行计划生育当作一个一成不变、永久坚持的政策。

在当前这个时点来看，人口政策改革的必要性和紧迫性是在增加的。这不仅仅是因为社会公众对它的关注增加了，更因为人口变动和国家发展的关系本身已经发生了变化。

人口政策改革十分必要，第一个原因在于，这样一个政策最初是在人口与生产力的关系严重不平衡的情况下执行的。这主要表现在 20 世纪 60 年代后期出现的极端贫穷，人口增长的速度远远快于经济生产的增长速度。因此在这种情况下，采取了一种紧急刹车的办法来进行硬着陆，这是适应了当时的人口与生产力关系的格局。但是过了三十年之后，我国生产力水平得到了非常大的进步，我国的经济总量已经达到世界第二，人均 GDP 超过 5 000 美元，按照购买力评价法达到 9 000 美元。因此，作为人口和生产力水平严重不平衡时期的一个过渡性政策，计划生育已经基本完成了其历史使命。

第二个原因是，我国的人口格局在未来将发生显著的变化，这种变化和 20 世纪 70 年代以来的人口变动格局在很多方面是恰恰相反的。例如，从 1970 年以来我国的劳动适龄人口比重是持续增加的，从 50%增加到现在的 70%多；社会抚养水平则逐年下降，从 60%下降到现在 40%左右的最低点。当前我国的人口变动正处于一个转折点，我们看到劳动适龄人口比重已经开始下降。社会抚养水平也马上开始上升，到了 2030 年将会上升到 60%左右。人口内在的自然增长率已经是负向，我国人口总量从 2030 年以后将快速下降。人口老龄化程度将快速上升，在最近的十五年至二十年内，会从现在的 13.26%上升到 30%。从中长期人口变动看，继续坚持低生育率导向的计划生育政策将进一步加剧人口结构的变动和人口总量的长期萎缩。

如果说改革开放以来的人口格局变动为中国经济增长带来了人口红利，那么中长期人口变动的态势将转而对中长期经济社会发展带来一系列不利的影响。人口政策调整未必是解决这些问题的根本办法，但至少对于解决这些问题具有正向性，可以使人口结构和总量变动对国家发展的不利影响表现得不那么剧烈。

计划生育的人口政策迫切需要改革的更为根本的原因在于，我们必须看到生育权利属于家庭和个人，由政府剥夺或者不尊重公民的生育权利的计划生育政策，其合法性和合理性都受到质疑。不同个人和家庭根据自身福利和需求，有的希望多生育几个子女，有的保持单身或者不生育，这都是公民的自主选择和自我权利。目前民意对于计划生育的强烈反对，并不是人们比以前更希望生育了，因为实际上社会群体的生育意愿是下降了，其更主要的原因是公民对生育权利意识的增长。随着社会公共理性的成长，人们更加重视法治，更加重视自身权利。及时推动计划生育政策改革，使生育政策回归公共政策的基本定位是必要的，也是合理的。

三、区域渐进、大步改革

关于当前进行人口政策改革合理的路径，我认为还是应该采取逐步的、渐进式的改革。渐进改革是我们国家改革成功的重要经验。但是我并不特别赞成从双独两胎到单独两胎，再到全面放开两胎的渐进改革，或者按照年龄从大到小慢慢放开的政策改革实施，这样的改革策略似乎过于渐进、过于碎片化了。改革步子过小可能会带来流程设置的复杂性，带来改革推动的执行成本过高。特别是如果我们看到，当前的人口政策已经滞后于人口变动态势和社会经济发展水平，就会明白已经没有太多的时间来慢慢改革，对于人口政策改革的步子需要更大一些。

基本上看，在经济水平发达、人类发展指数水平更高的地区率先进行生育政策的调整改革，应该是更加妥当的，因为这些地方的实际生育水平和意愿生育水平都已经降到了很低的水平，这些地区也能够构成人口政策改革的先行试点地区。所以我觉得人口政策改革，可以在一些东部发达城市和发达地区先试点，步子可以更大一些，例如可以直接实施“允许两胎化”的改革。当然推进生育政策改革也需要综合政策的配套，用一系列的经济社会政策来引导和调节人口的生育行为，慢慢地将人口政策从计划生育直接控制生育，过渡到利用综合的社会经济机制来间接引导生育的状态。

我认为通过这种试点推开的方式实现区域渐进，从现在开始“允许二胎”的改革，用十年至十五年的时间在全国普遍实现两胎化；然后在2025—2030年我国人口变动在总量到顶并开始出现负增长时，就可以逐步废止对生育的行政管制，转为家庭计划服务，实现在社会经济政策间接引导下的人民群众自主生育。

之所以可以采取这样的区域渐进的方式，是因为我们看到，在一些发达的城市，例如上海，城市的实际生育水平已经远远低于意愿生育水平，而意愿生育水平还低于政策生育水平，这意味着即便放松政策，人口的生育意愿也决定了生育水平不会出现较大反弹。在操作中，我们也可以设计一些门槛性指标，例如人均GDP、人均受教育程度、女性就业率等，达到这些标准以后的省份，就能够开始设置放开两胎的试点，而这些社会经济指标，能够较好地保证生育政策松动以后不会带来人口数量和结构的剧烈波动以及人口动态不可控制的结果。

当前积极推动计划生育政策改革已经具有相对良好的条件，因为我国已经从计划生育政策控制生育水平的时期，逐步过渡到社会经济发展控制生育水平的时期。城市化的发展、生活成本和土地价格的提高、教育水平的提高等等，已经成为控制生育率的更主要的因素。中国的人口转变是快速的人口转变和超前的人口转变，这种超前性的原因，初期在于通过政策强制降低了生育率。但是当前我国社会经济发展水平已经有很大提高，城市化水平已经超过了50%并继续快速城市化，社会经济已经成为影响生育水平的更主要的因素。因此，计划生育政策因素在宏观上对生育水平的约束作用逐步减弱和失效，反而在微观上成为部分希望生育的夫妇和家庭的制度性束缚。这也进一步说明计划生育政策已经逐步失效，可以逐步地加以废止。

必须看到，分地域渐进推动生育政策改革可能像教育、医疗改革一样造成新的社会公平问题，但是我们必须去衡量哪一种的风险更大。逐步改革带来的社会不同群体间的不平衡与全面放开生育政策所带来的不可控制的风险相比，从理性的判断来说，还是逐步到位的改革的风险较小，而且渐进式改革也是我们之前很多项改革的经验。而区域渐进改革所带来不同地区进度不平衡和利益不平衡的风险，和不改革所带来的社会民意风险及对社会经济发展的不利影响增强的风险相比，从理性的判断看，大力推进改革才是根本的出路。

针对改革会带来新的问题和矛盾，我们可以使政策的推进更灵活，用一些动态的评估手段去考察各地区的发展水平，逐步放开，重视改革过程中的利益协调和利益平衡。同时，只有在不断改革中才能应对和解决改革中不断出现的新问题，而因为担忧出现新问题、新挑战不敢改革，是一种故步自封的做法。

四、让人口政策回归本源

如果我们回顾人口政策和国家发展的关系，可以从中总结一些基本的经验和启示。

第一，人口政策必须及时调整并且有一定前瞻性地去匹配当时和未来的人口格局变动，我们的人口政策调整需要有动态性，它不能完全静止不动，否则就变成了刻舟求剑的政策。因为人口本身是在动态发展的。而且，如果人口政策过分滞后于人口格局变动和社会经济发展，将会给国家发展带来不利的困难和压力。

第二，人口与社会经济发展要达成一种平衡，出现显著不平衡的时候，一方面要推动发展方式的转变，也需要通过人口政策努力实现人口和发展的平衡与和谐。无论是适度人口、全面适度人口，还是人口均衡，都是表达了这个意思，即人口与发展要实现外部均衡，人口内部也需要实现结构均衡。人口和发展的均衡关系在于，我们需要统筹解决人口问题，不能就人口看人口，也不能只看人口的数量，要兼顾数量、结构、质量等之间的平衡，兼顾人口和发展的整体协调。人口政策的实施要有利于促进人口和发展的平衡关系。

第三，人口政策是国家整体发展的重要政策工具，但我们不能将人口政策作为应对国家发展的唯一政策工具，甚至不能作为最核心的政策工具。是经济改革开放而非人口控制，推动了改革开放三十多年来的经济增长，而与此同时，计划生育政策是为国家发展奠定了良好的人口环境。同样，希望通过人口政策改革来推动国家发展也并非是一个根本性的出路。单纯依靠人口政策不能解决老龄化问题，不能解决劳动适龄人口下降问题，人口政策只是解决国家发展所面临问题的一种政策工具。我们现在可能给人口政策赋予了太多的责任和压力，但将很多问题归于人口是病急乱投医，也不一定能够对症下药。未来国家发展的许多挑战和问题，不一定是人口政策可以解决的，但显然人口政策改革是国家未来综合改革的一个非常重要的环节，同时未来的社会经济发展也仍然要适应人口格局的变化。

我们为什么要在当前时期积极改革人口政策，其根本原因在于要让人口政策回归到其作为公共政策的本来含义。我们当时制定行政主导的计划生育政策，是为了跨过人口和生产力严重不平衡的发展之坎，等过了这一道坎之后，我们就应该考虑使人口政策回归到公共政策的基本属性。

第一，人口政策需要努力满足不同群体多样化的生育需求。不同人群有不同的生育需求，有的人愿意生一个，有的人愿意生两个，有的人愿意生三个，也有的人不愿意生，我们的政策的根本职责，是能够尽量满足社会绝大多数人的多种需求。不同个人、不同群体对于生育意愿有着多样化的需求，生育政策应该能够支持人们多样化的生育需求和生育选择，并以促进人民群众的家庭发展和幸福为目标。实施人口政策的根本目的是要满足人们生存和发展的需求，提高人民群众的福利，使人口政策真正成为一种促进公共福利的公共政策。一旦人口政策脱离了人民的利益和需求，也就不能够得到人民的拥护。

第二，作为公共政策的人口政策，其制定和修改应尊重人民群众自身的自主选择和公共决策。我们的政策制定需要以人民群众的生育权利为基础，需要更多的公共参与，使不同的人群能够对政策有多样化的表达，避免单纯行政性地制定政策。

第三，生育政策的管理执行也应该从行政管控机制过渡到一个为人民利益服务的机制，使政府机构能够为整个社会提供生育与健康的服务。计划生育管理部门不应该是决定个人是否生育、何时生、生多少的部门，它更多的要为人口群体提供健康服务、提供信息和咨询服务、减少社会的出生缺陷率，等等。同时，作为在社会主义市场经济体制下的公共政策的执行手段和方式，也应避免国家直接的行政控制，而更应通过引导现代生育文化的建立，通过完善的社会配套体制的支持和利益引导机制，引导个人和家庭生育的行为，并更好地适应国家的长远发展。

2012 年 11 月 22 日

（发表于人民网）

极低生育率的上海需要更为开放的人口战略

统计数据表明，尽管上海的总和生育率已经降至0.8左右，但上海常住人口的总量仍然在迅速地增长。第六次全国人口普查公布的数据显示，与2000年第五次全国人口普查的结果相比，上海常住人口增加628.14万人，年均增长率为3.24%，几乎是全国平均水平的5.68倍。

社会经济是限制生育的主因

《21世纪经济报道》：在您看来，目前上海生育率极低的主要原因是什么？

任远：目前，计划生育政策实际上已经不构成对上海生育率的限制了。我们可以看到，城市人口的婚姻模式在发生变化，例如“剩女”问题是女性晚婚率的增加，同时丁克家庭增加、离婚率提高、平均初婚年龄提高等等都影响生育率，在这背后的社会经济因素已经成了限制生育的主要因素。

比如女性就业率的提高使得女性有更多的时间在劳动市场上工作，减少了她们家庭生育的可能性。这样的社会经济因素，说明了现代化过程中生育率的下降。但我们也要看到的是一些不正常的社会经济因素对生育率的影响,比如房价过高、入托难带来小孩的抚养成本提高。这一系列的社会支持体系不足使得生小孩的机会成本增大,并限制生育水平。

《21世纪经济报道》:针对这些因素,应该用怎样的生育政策来回应?

任远:我不认为生育政策是上海人口政策的核心,可以说原来的计划生育政策在上海已经无效了。因为目前上海的生育意愿已经低于计划生育的政策生育率,而人们的实际生育水平还低于意愿生育率,也意味着生育政策已经对人们的生育行为基本不发挥作用。

如果单从生育政策这方面讲,现在我们提出鼓励按照政策生育,其实已经带来生育政策导向的变化。比如,不再鼓励大家领取独生子女证,而是鼓励符合二胎生育条件的双独生子女的夫妻按政策生育二胎。这种生育政策的理念转型,其实代表的是现代城市的生育政策已经在必然地而且悄悄地转型。

社会经济是影响生育率水平的主要原因,所以上海人口政策导向的调整是推动支持家庭的社会经济政策。这样的政策要降低家庭的再生产成本,从而支持婚姻家庭、支持人口的生育。

比如一些企业在办公场所附近提供更为人性化的幼托服务,使哺乳的母亲不必因为带孩子而过分影响工作,这样的社会生活方式和社会生活环境体系的构造,就有利于增加对家庭生育和子女抚育的社会支持,这也是通过社会力量来支持家庭的发展。现在很多舆论和政策重新导向回归家庭,其实是在做无用功。在现代化的发展背景下,无论对于养老还是养小,想回归传统家庭都不可能。而且过分强调家庭养老,强调家庭责任,道义上是对的,但如果没有社会机制的配套,其后果是南辕北辙，反而会进一步恶化家庭的能力。

生育率低至0.8

《21世纪经济报道》：上海生育率过低，但同时人口增长却很快，这是怎样发生的？

任远：城市人口增长很快，主要是近年来外来人口的快速增加带来的。一般来讲，无论是缓解低生育率，还是增强城市劳动力供给，大量吸引移民能够发挥替代性迁移的积极作用。但是我们可以看到，即使考虑到外来人口，上海仍然维持极低的生育率。这说明外来人口生育率没有我们想象的那么高。不仅本地人口生育率水平极低，而且实际上外来人口的生育率水平也很低。

《21世纪经济报道》：外来人口的到来从一定程度上还是缓解了低生育率带来的压力，但是这样的方式是否具有可持续性？

任远：上海的总和生育率低到0.8，本地居民的生育率更低，具有大学以上的人口的总和生育率甚至低到难以想象的0.3—0.4的水平。这显然是一种人口发展的极度扭曲。因为上海的人口发展格局是，城市人口在不断地膨胀，这种膨胀对城市的经济生产能力和养老能力的需求极大地增加，但是城市的生育率不断地下降，使得城市未来发展的造血能力萎缩，使得家庭的支撑能力萎缩。这样的人口发展格局必然是不可持续的。

你可能会说，如果一直能有外来人口补充进来，城市低生育率所面临的危机就可以一直得到解决。但是未来的移民也并不是无限的，根据预测，整个中国的人口会在2030年左右出现由正增长转为负增长的转折。随着宏观上人口总量见顶、城市化程度到达稳定期，上海通过替代性迁移支持低生育率的城市发展模式也不能够长期延续。现在担心城市的人口太多，未来则会出现城市人口缺乏，没有地方可以吸引人来上海的局面。

因此，上海要及时地重视增强家庭的作用，要重视解决扭曲的房价问题、社会支持不足问题等社会经济原因，从而降低家庭再生产的成本，发挥支持家庭和一定程度上鼓励生育的政策。实际上，考虑到现在政策生育水平远高于意愿生育率，也高于实际生育率，我们提倡"按政策生育"，其实质和效果就已经从一种限制生育的政策导向，过渡到了鼓励生育的政策导向。

加强对外来人口家庭支持

《21世纪经济报道》：从解决低生育率这个问题的角度上讲，在对待外来人口的问题上，上海应该怎么做？

任远：我们看到虽然大量流动人口进入上海，确实给城市发展和管理带来很大挑战，但是移民对支撑上海城市的可持续发展也具有积极作用。上海应该把城市移民吸纳成为城市的有机部分，鼓励移民能够家庭性地进入城市，并让他们能够稳定地居留在城市。

极低生育率的扭曲性的状态的实质，是城市家庭再生产的功能萎缩，家庭作为社会生活基础的功能和能力萎缩。因此，从外来移民和城市生育率的关系看，我们要意识到，促进外来人口进入城市和融入城市，不仅在经济上具有提供劳动力的积极作用，也有利于支持流动人口补充成为城市家庭再生产的社会基础的一部分。

此外，需要加强对外来人口婚姻生育与家庭生活的服务。也就是说，我们不仅应该关注移民对城市经济的影响，也要关注流动人口的家庭生活和家庭再生产本身。一直以来，我们对流动人口计划生育管理的思维陈旧，考虑的都是抓“超生游击队”的思路。我们看到的是对外来人口计划生育上的管理难度，换一个角度看，这其实恰恰暴露了城市管理对这些人的婚姻生育与家庭生活的服务是非常薄弱的。以关心流动人口健康和家庭生活的服务需求为着眼点，提高流动人口的生活质量，促进流动人口家庭生活，这也有利于缓解城市生育严重扭曲的情况，有利于城市内形成健康和谐的社会生活，有利于为城市长远发展培养后续能力。

2013年1月2日

（发表于《21世纪经济报道》）

再论计划生育政策改革必须尽快进行

计划生育政策是我国的基本国策。近年来对于这一基本国策的争论比其他各项政策改革都更加激烈。对于计划生育政策进行调整还是坚持不变，是需要讨论的第一个问题；如果要调整计划生育政策应该采取什么步骤，是需要讨论的第二个问题。

第六次人口普查数据和最新的统计局公布数据说明人口变动的速度比预想的要快，人口总量比国家人口发展战略预测的要少，生育率水平下降比预测的更低。相对于中长期人口变动态势，人口政策的调整显得相对滞后于人口变动和社会经济发展。根据最新的统计局公布数据，2012 年中国劳动年龄人口总量为 9.37 亿，开始出现下降。因此不仅劳动适龄人口比重下降，而且劳动适龄人口总量也开始下降，以 60 岁口径计算的劳动适龄人口，到 2021 年以后将下降更快。新出生人口需要十五年才能成为劳动力，教育程度提高使新增劳动力市场参与的年龄进一步推后。因此，从劳动力市场长期平衡的角度看，我国生育政策调整相对较慢。计划生育政策的调整已经错过了应该改革的历史窗口。

计划生育政策改革的必要性，还在于长期来看我国面临的快速老龄化和高度老龄化，需要通过人口政策的改变对长期人口变动进行必要的协调，从而为面向 2050 年和 21 世纪后期的国家复兴创造良好人口环境。另外，当前的生育意愿已经下降到较低水平，而从国际经验看，生育意愿真实下降了以后，也更难再回升上来。

因此与20世纪50年代后期马寅初提出需要进行人口控制的情况类似，我国又一次出现人口政策调整滞后于人口变动和社会经济长期发展，也同样会对国家长远发展带来新的不利影响。总之，人口改革已经错过了最佳的改革时期，但推动亡羊补牢的改革仍然非常必要。否则，未来的政策调整也会被迫以非常剧烈的方式进行。

曾经看到一个网络民意调查，有80%多的人民群众认为需要调整计划生育政策。民意本身是推动改革的风向标。现在计划生育政策改革还不仅仅是需不需要调整、何时进行调整的问题，而是需要反思我国人口政策的根本目的和核心任务的问题。

计划生育政策是在计划经济体制下的制度安排，是在人口数量过多、增长过快和生产力水平低下的严峻矛盾下实施的紧急性的政策措施。而当生育率水平已经降到低生育率和极低生育率，人口压迫生产力的局面已经改变，计划生育政策则已经完成了其历史使命，需要回归到公共政策理念，需要逐步回归到尊重人民自主选择的制度安排。

需要重视人民利益和计划生育政策的关系，确保人口政策始终为人民群众利益服务，这也要求推动计划生育政策的定位和任务实现根本性改革。在20世纪60—70年代，缺乏有效办法进行避孕节育和合理控制“期望之外的生育”，缺乏必要的卫生健康和生育服务，计划生育政策的立足点在于保障人民的幸福，特别是保障妇女的健康和妇女的权益。现在计划生育政策则日益成为带来更大生活风险与影响社会居民家庭和生活福利的政策。随着计划生育政策实施所带来的计划生育家庭养老问题、失独问题、家庭功能弱化等新的风险，而健康服务和公共卫生水平本身得到很大提高，人口的知情选择日益普及，其对于人民福利的负面影响正日益强化。因此，需要及时改变计划生育政策的性质，使计划生育政策向尊重人口生育权利，服务于人口的生育、健康和家庭生活幸福的计划转变，这也要求计划生育政策的使命和目的发生脱胎换骨的改革。

计划生育政策的改革当然会影响到人口和计划生育管理部门的部门定位和职能规划，但是人口和计划生育委员会及时地和更积极地进行职能转型，不仅有利于这个部门更好地发挥为人民服务的积极作用，有利于在新时期更好地为家庭和居民提供生殖健康、优生优育等基本公共服务，有利于适应人口的动态性提供公共服务和发展规划，也能够承担妥善应对和解决计划生育政策带来各种问题的政府责任。

即使从政府自身的角度看，计划生育政策改革也有利于政府自身的可持续发展。随着“人口红利”转变为“人口债务”，计划生育政策所带来的财政压力正呈指数型增加，不仅包括独生子女奖励扶助的财政开支，也包括计划生育家庭的养老补贴开支、日益增加的失独家庭的补贴和社会管理开支、家庭功能弱化以后的社会事业和社会支持体系建设，等等。计划生育政策早一些调整，则能够更早地减轻人口债务对政府的压力，并能够将这些债务性福利开支转变成为经济投资和社会进步。

因此，人口变动和国家发展的关系正随着时间变化而不断变化，计划生育政策的改革显得必要和迫切。按照世界银行关于人均 GDP 和生育率水平的数据显示，当前人均 GDP 达到 5 000—10 000 美元的国家，不管什么口径，社会经济水平所决定的总和生育率也就是在 1.5—2.0。随着政策生育率和意愿生育率水平越来越接近，政策作用对于生育率水平的影响越来越小。因此调整计划生育政策可能出现一定的补偿性生育的反弹，但不会出现长期性的生育率大幅反弹。退一步讲，如果担心政策反弹，可以通过逐步放松、渐进改革的方式。因此，至少翼城的例子告诉我们，允许二胎制不会出现大幅反弹。再退一步，如果觉得翼城一个地方的实践不可靠，可以在更大区域进行试点。

计划生育改革当然要实施一个稳妥渐进的方案。我仍然认为，需要从现在开始“允许二胎”，用十年至十五年的时间在全国普遍实现二胎化；然后2025—2030年我国人口变动在总量到顶并开始出现负增长时，就可以逐步废止计划生育政策，转为家庭计划服务，实现在社会经济政策间接引导下的人民群众自主生育。计划生育政策改革如果太慢，必然就会在未来需要更快和更剧烈的政策调整，而更快和更剧烈的政策调整会带来人口结构的急剧变动，引发新的问题。“计生政策放松造成生育率反弹论”不是阻碍推动计划生育政策改革的借口，及时面对和推动计划生育政策改革以及实施稳妥可控的改革设计，才是实现良好的人口和发展的正确战略。

2013年3月6日

调整生育政策方能“保卫家庭”

今年以来，浙江、江西、安徽、天津、北京等地已逐步施行“单独二孩”政策，上海也通过了新的《上海市人口与计划生育条例》，从3月1日开始实施“单独二孩”政策。

实施“单独二孩”政策，被认为有利于改善人口结构，保持合理的劳动力规模，延缓人口老龄化速度，增强经济的活力。具体到上海这样的特大城市来说，它面临长期的低生育率和快速的人口老龄化以及户籍人口的劳动力供给不足等问题，要应对和解决这些人口结构问题，实施“单独二孩”政策的效果，实际上是有限的。作为特大城市，上海的人口结构调整，根本上还是需要通过强化移民城市的积极作用以吸纳优秀人才，增强城市的活力和创新力。希望通过“单独二孩”政策来调整城市人口结构，且不说其作用杯水车薪，而且会在短期内加剧城市发展的压力。

但上海的“单独二孩”政策仍然是非常必要的。因为上海是人口转型最早的地区，城市居民的生育意愿已经非常之低，实施“单独二孩”政策，对人口波动的冲击力相对较小，所以上海的人口政策调整能够为全国其他地区的生育政策改革提供借鉴。这是这一政策实施的正面效应之一。

正面效应之二是放开生育政策对部分人群差别化生育意愿的束缚

和限制。在一个社会中,有的家庭希望生育一个子女,有的希望生育两个,有的希望生育三个,也有家庭选择不生育,都是非常正常的。第六次全国人口普查数据表明,上海平均每个育龄妇女生育子女数只有0.8人。近年来的调查表明,上海人口的意愿生育水平在1.1人左右。总体上看,现有生育政策对人口生育行为和生育意愿不构成约束。但仍有部分家庭由于各自不同的情况,希望生育,但不符合政策的要求。因此,更加放松的生育政策能确保稳定的低生育率水平,并更好地满足不同人口群体的生育需求。尊重群众的生育意愿本身,有助于提高具体个人的利益和福利。

对上海来说,实施“单独二孩”政策并继续推动生育政策改革的更重要作用在于,应对长期低生育率背景下家庭功能削弱所导致的诸多问题,缓解低生育率和独生子女化带来的家庭生活风险,并通过强化家庭来为城市的可持续发展提供支撑。

家庭是人口再生产的基本单位,是经济活动和社会生活的细胞。只有有了稳定和健康的家庭,包括子女培养和教育的劳动力再生产本身,才能得以维持,经济消费的扩张和产业发展的基础才能得到保证。同时,在家庭生活的基础上,丰富的邻里社区关系,健康的生活方式以及广泛的社会生活,才得以创造出来。家庭的稳定是社会稳定的基础,而长期低生育率的真正威胁,是弱化了家庭并毁坏了城市经济社会可持续发展的前提。并因为家庭功能的弱化,进一步弱化了家庭的子女抚养功能,扭曲了独生子女的培养和成长方式,且不利于照料老人和建设社会支持网络。家庭功能的削弱,是长时期生育控制政策造成的极大负面效应。从这个意义上来说,“保卫家庭”已经成为现代城市的突出任务。

之所以要强调“保卫家庭”,背景是长期低生育率和独生子女化带来的家庭生活风险扩大。长期执行严格计划生育政策带来的失独家庭、残独家庭、独生子女家庭养老、计划生育女性的身体健康等问题以及由上述问题引发的各种家庭和社会问题逐步呈现，并日益严峻。现在一般认为，上海的失独家庭总量为 7 000 户，该数字缘于上海市计生委对于特别扶助家庭发放补贴的统计口径。但特别扶助家庭只包含父母双方一方在 49 周岁以上的家庭，而严格意义上的失独家庭还包括失去子女但父母年龄没有到 50 岁的家庭，同时部分家庭符合条件却没有申请特别扶助补贴，因此上述数字很大程度上低估了上海市失独家庭的规模。随着 20 世纪 80 年代以后独生子女一代人的比重越来越大，失独家庭和残独家庭等家庭风险滚动积累，通过调整生育政策来缓解计划生育政策所积累起来的政策型家庭风险，就越来越有必要。

实施“单独二孩”政策后，由于生育水平会提高，母婴保健和健康服务方面的需求、生产床位的需求以及幼托、早教和教育服务等需求势必增加，城市政府应提前进行必要的准备，以改进生育二胎家庭的福利。

2014 年 3 月 4 日

（发表于《东方早报》）

生育政策不是解决人口极低生育率问题的关键

根据国家统计局最新公布的数据，在 2015 年我国出生人口总数为 1 655 万，比 2014 年减少了 32 万人口。这个数据出乎我的意料在于两点：第一是 1986—1990 年人口出生高峰并没有推移性地带来这两年人口出生的显著增加；第二是 2014 年开始实施“单独二孩”生育政策所带来的补偿性生育反弹并没有如期出现。综合这些情况，说明当前的人口生育水平比预想的可能还要更低一些。人口接近极低生育水平，人口格局的变动引发比预想情况更快的老龄化、更快的劳动适龄人口下降，严重的人口内在萎缩和长期下降等等，对于国家发展带来的压力是令人担忧和需要警惕的。

但是在意料之内并进一步得到证实的判断是，如果说生育政策对于生育水平下降的作用越来越小，在 21 世纪以后并不显著地发挥制约生育率的作用，那么它的调整也不会带来生育水平的显著反弹。可以说，生育政策只是在微观上对若干希望有更多生育的家庭有管控的限制，但是在宏观上对整体的人口生育水平影响并不大。因此从放松生育政策到逐步实现家庭自主生育，有助于更切实地满足家庭的生育意愿和生育选择，但在宏观上并不对生育水平产生很大影响。

同时，因为“单独二孩”“全面二孩”，乃至全面放开生育等政策管控对于宏观生育水平的影响并不突出，所以寄希望通过生育政策调整来对宏观生育水平进行调控，是找错了问题的药方。如果我们看到生育率水平的决定性因素已经不是生育政策而是社会经济，则更需要在社会经济发展中构造有利于家庭人口再生产的良好环境。

从促进人口和发展长期均衡的角度看，提高人口生育水平是有必要的。而其根本性的对策在于加强与家庭生育相联系的福利保障和社会服务体系的建设，加强对育龄妇女的就业发展和孕产假的协调，加强对婴幼儿托管的社会支持，通过对家庭的支持使其能够有更多的时间用于休闲和生活，减少教育、医疗、住房等生活成本，完善养老和医疗社会保障制度。这些社会福利政策对于生育水平的影响，会比生育政策调整本身更加重要、更加有效。另外，从提高人口生育水平实现人口和发展的长期均衡来看，也有必要加强生育和生殖健康服务来满足民众需求，提高他们的健康福利，并提高生育水平。例如当前育龄人口不孕不育的水平已经超过了10%，如果能够通过技术提供生殖健康服务和生育支持，就能够满足部分群体的生育需求，也能够切实地增加部分生育。

作为人口大国出现极低生育率的现象是令人担心的，但是片面在二孩政策上转圈圈，是偏离了问题的实质。觉得生育率太高，就要控制生育；然后觉得生育率太低，所以要放开二孩，在生育政策上这样转变实际上是“头痛医头、脚痛医脚”的办法。生育政策本身已不是解决人口极低生育率问题的关键，推动社会福利和社会服务体系建设，增强家庭的功能和提高家庭的福利，才是创造幸福的家庭生活和创造可持续的国家发展未来的关键。

2016年1月20日

（发表于光明网）

“全面二孩”政策的实施效果和计划生育制度的发展转型

“全面二孩”政策可以看作是从“单独二孩”向“政策放开、自主生育”过渡的政策安排。作为一个过渡性政策，其在政策执行的尺度上就内生出一些困难。例如一方面，推进“全面二孩”要求缓解对家庭生育的社会经济约束，通过政策配套和社会服务支持家庭生育；在另外一方面，又需要继续限制生育，对不符合政策或者未得到计划准许的家庭生育行为进行控制，对违反计划生育的家庭，仍然要通过社会抚养费等方式进行惩罚。一方面，“全面二孩”强调“多一点生育”对于国家人口和发展长期均衡是有积极作用的；而在另一方面，“多一点生育”仍然被认为不利于国家人口大局和长远发展。一方面，“全面二孩”强调家庭夫妇具有生育二孩的权利；而另一方面，家庭夫妇的生育权利仍然是有数量限制的。

在这样两面性的生育政策下，基层政府对于生育政策的定位和执行就出现了模糊的意识形态。在一些低生育率和超低生育率的城市地区、在一些劳动力资源已经开始出现紧缺的地区，已经逐步认为“全面二孩”的目的是支持生育和提高生育率；而在一些传统的较高生育率的地区、在一些就业和经济发展水平相对落后的地区，则认为仍然需要继续控制人口的快速增长和避免人口增长的压力，因此继续坚持“一票否决”和征收违规生育的社会抚养费是必要的。如果我们对“全面二孩”政策的实施效果进行评估，虽然政策施行的效果在2016年10月以后才开始陆续表现出来，还需要一些时间才会有更充分的数据来确认“全面二孩”对增加生育的具体影响，但参考“单独二孩”的实施以及按照国家卫计委预估2016年出生人口是超过1 750万来判断，政策放松后新增长的补偿性生育比学界同行估算的增加的生育还是要低一些。按照一些同行估算的“全面二孩”后的增加生育，基本是在300万—500万不等，当然还有更高的判断。而从2016年出生人口状况来看，“全面二孩”政策后增加的生育似乎也低于国家卫计委提出的五年中新增1 700万的预测。根据我在2014年发表的文章，当时我推算“全面二孩”政策实施后，2015—2020年每年将新增补偿性生育约150万，即使我现在相对自满地认为这一估算结果勉强比较准确，但是实际新增生育仍然比我当时预想的新增生育水平略低一些。与“单独二孩”政策一样，“全面二孩”政策实施的生育效果仍然是遇冷的。

“全面二孩”政策实施以后极低的生育水平，也说明人们的生育观念确实是变化了，人们的生育意愿本身是低生育水平了。在长期低生育率文化和社会经济发展的外部环境影响下，“独生子女文化”已经被认为是“现代的”，而且现代性所支持的个人主义进一步强化低生育乃至不生育的生活方式。

贝克尔所说的生育的成本效益分析能够很好地解释低生育率的现象，例如极高的教育成本、托幼托育的成本、家庭养老的压力、女性劳动力市场参与率对生育的挤压作用，等等。而“全面二孩”政策后的低生育水平可能还有另外一个原因，就是伊斯特林所说的相对收入假设。考虑到近年来的经济增长放缓、生活成本的迅速提高(特别是住房成本)，相对于20世纪50—70年代出生人口在改革过程中的财富膨胀效应,2010年后青年人口财富积累困难以及对未来发展出现不明确的预期,可能也会进一步削弱人口的生育意愿和生育行为。

对"全面二孩"政策的执行效果进行讨论,与其说这样的公共政策对生育水平有多大的影响,不如说它的施行极大地释放了人民群众对生育行为行政管控的不满和压力。我们可以看到,由于实施了"全面二孩"政策,之前那种日益紧张的对生育政策调整的社会压力立刻就得到了释放,社会矛盾得到了缓解,网络上的压力和抗争也显然立刻松弛了下来。这也说明了社会压力是推动改革的动力,通过改革能够更好地满足人民的需求,并构建和谐良好的社会环境。

基本的结论是,"全面二孩"政策以后补偿性的生育增长并没有带来较大幅度的人口出生反弹,而"全面二孩"政策后的出生数量增长对于医疗和公共服务体系的压力也比预想的要低。生育政策调整后仍然继续保持着人口低生育率,也说明以数量管控为尺度的生育政策本身对国家生育水平的影响已经非常之低,甚至可以说是不存在了。那么国家的计划生育政策就有必要着手考虑取消行政性的生育数量管控,加快为生育政策的全面放开、自主生育进行准备,包括舆论准备、社会抚养费制度执行方向和执行力度的调整及对相关计划生育法规制度进行调整等等。

"全面二孩"政策相对于"独生子女""双独二孩"和"单独二孩",是一个更加开放的生育政策,而相对于"政策放开"和"自主生育",则是一个相对限制的生育政策。如果我们认为国家当前总和生育率大约是1.54的水平,"全面二孩"政策总体上还是一个以提高生育水平为导向的公共政策。

随着对于生育数量进行行政调控的计划生育政策和生育数量管控逐步退出历史舞台,迫切要求国家的计划生育制度和工作内容加快发展转型。计划生育制度需要从以严格控制人口规模为核心的行政管理制度，逐步转变成为对家庭夫妇的生育进行服务和支持的公共服务体制，包括对青年人口和家庭夫妇提供避孕节育服务以避免“未期望的怀孕”，也包括对希望生育的家庭夫妇乃至未结婚和婚外的期望生育的人口提供生育和生殖健康的支持。计划生育制度的发展转型还包括需要对家庭生育过程提供托幼托育、早期教育和健康服务，推动家庭发展能力建设。这也就是说，计划生育制度需要从数量控制和行政管制的计划生育转变成为对家庭生育和健康提供支持服务的家庭计划。

“全面二孩”政策实施效果的遇冷，意味着需要继续推动生育政策的改革，也意味着要加快计划生育制度的发展转型，从而使国家的生育和家庭公共管理能够更好地保证人口的健康和福利，增强对家庭发展能力的支持。

2017年1月17日

（发表于《探索与争鸣》（电子刊））

先要"全面放开",再谈"鼓励生育"

"全面二孩"政策也是计划生育政策的一种政策安排。从 20 世纪 80 年代以来,中国实行以独生子女为核心的行政强制的计划生育政策,政策的主要调整,是在 21 世纪以后,特别是 2010 年以后开始的。

计划生育政策调整的根本原因有二:一是计划生育的是为了应对人口增长过快而经济生产力水平较低的矛盾,通过对生育的"刹车"和控制人口来缓解人口和发展的关系。而随着改革开放以后中国经济快速增长,人口和发展的不平衡关系已经逐步缓解,通过计划生育控制人口增长已经显得不再必要。二是在经济社会发展的过程中,伴随着政策的干预,我国很快完成了人口转变,进入低出生、低死亡的人口状态。以独生子女为核心的生育控制和人口总量控制的任务已经完成了,需要探讨生育政策的转变,从而适应后人口转变时期。我国逐步改革计划生育政策,推动从"双独二孩"到"单独二孩",到 2016 年以后开始实行"全面二孩"。

如果说在"人口转变"时期考虑的是降低生育率来控制人口增长、收获人口结构红利;在"后人口转变时期",人口变动的态势和人口问题的特点都发生了变化,则需要担心长期低生育率带来的社会经济问题。

对"全面二孩"政策的执行效果进行讨论,与其说这样的公共政策对生育水平有多大的影响,不如说它的施行极大地释放了人民群众对生育行为行政管控的不满和压力。我们可以看到，由于实施了“全面二孩”政策，之前那种日益紧张的对生育政策调整的社会压力立刻就得到了释放，社会矛盾得到了缓解。这也说明了社会力量是推动改革的根本动力，通过改革能够更好地满足人民的需求，并构建和谐良好的社会环境。

从“单独二孩”“全面二孩”政策的效果来看，卫生部门的数据显示2016年出生人口数量是1 846万，统计部门根据千分之一人口抽样调查数据推算，2016年我国出生人口数为1 789万，生育政策改变对于生育增长的效果实际上是不大的。人们的生育意愿已经客观降低了，生育政策因素已经不对人口的生育率下降产生影响，同样生育政策放松对于人口的生育水平上升也不会产生多大的影响。社会经济因素已经日益构成影响家庭生育意愿和生育行为的主要因素。

当我们思考如何落实“全面二孩”政策的时候，需要正确定位这个政策的本质。当前我国人口的总和生育率水平是1.5左右，“全面二孩”政策总体上是一个有助于提高生育率的政策，但是将“全面二孩”政策放在进入后人口转变时期计划生育政策变化的历程中来看，其本质并不是一个鼓励生育的政策。一方面通过“全面二孩”政策鼓励人口生育，另一方面对生育三孩及以上的家庭还视为违反计划生育政策，要限制其生育，征收社会抚养费，这就构成了自相矛盾的局面。因此，“全面二孩”政策的根本性质不是鼓励生育，而是将生育从行政性控制生育的政策回归到家庭生育常态，也就是将生育的决定权利回归家庭的过渡性政策。

以“全面二孩”为标志的生育政策改革未来方向，是着眼于人口的长期均衡发展，逐步改变对生育的行政性控制，同时逐步将生育权利回归到家庭夫妇。一方面控制着三孩及以上生育，另一方面讨论积极采取各种措施鼓励大家生育二孩，这在逻辑上是说不通的。“全面二孩”

并没有出现原来预期的补偿性生育的巨大反弹，国家和地区的公共服务供给能力也基本能够支撑“全面二孩”后的生育的增加。因此，“全面二孩”政策后迫切需要的相关政策调整，应该首先考虑取消行政性的生育数量管控，加快推进生育政策的全面放开、自主生育，包括对社会抚养费制度执行方向和执行力度的调整及对相关计划生育法规制度进行调整，等等。在生育政策改革问题上，应先考虑全面开放和自主生育，然后再加强和完善家庭的生育服务。关于鼓励生育的政策措施，应该首先废除对居民生育的行政限制，否则就会出现生育政策“内部打架”的局面。

2017 年 3 月 14 日

（发表于《探索与争鸣》(电子刊)）

一孩率下降折射出低生育率固化和强化的趋势

2017年的出生人口数比2016年小幅度下降，其中生育子女的二孩率继续有所上升。二孩率的上升有两种原因，一种是受到育龄妇女年龄结构老化的影响，也就是育龄妇女的年龄相对更大，所以带来二孩率的上升；另一种则是"全面二孩"政策的实施效应带来了二孩率的上升。因此，二孩率的上升说明了"全面二孩"政策有一定的效果。但是出生人口数仍然较少，预期的补偿性生育的水平比预先估算得更低，说明人口生育率状况已经固化在很低的水平。这也说明"全面二孩"政策对于提高生育水平的作用其实并不显著。正如我曾经多次说过的，如果生育政策对于降低生育率的作用已经微乎其微，那么生育政策调整对于提高总体生育水平的作用也会是微乎其微的。

而出生人口的一孩率的下降却更加值得引起关注。出生人口一孩率的下降当然也受到育龄妇女年龄结构的影响，同时也说明夫妇本身生育一孩的水平在下降。简单地说，就是夫妇连第一个孩子都不想生了，更谈不上让他们去生第二个孩子。生育一孩的水平下降更大，即使是生育的二孩数的上升和二孩率的提高，仍然不能弥补。因此相比于2016年，人口的出生数和出生率在下降，一方面是"全面二孩"政策对于提高生育率的作用不大，另一方面是影响家庭夫妇生育率水平走低的内在力量仍然在强化。

人口出生中的一孩率的下降，折射出另一方面的问题，就是育龄妇女中连一个孩子也不生育的人口是在增加了。不同年龄组的妇女中不生育的人口比重可能在增加，当然这也受到了育龄妇女结婚年龄推迟的影响。也就是说，如果 25—34 岁年龄组的妇女处于未婚的比重提高了，也就是通常所感受到的“剩女”在增加，那么她们的生育当然就相应地减少了。而且，提高着的离婚率对于降低生育的作用，和人口结婚年龄的提高有着叠加性的影响。进一步地看一孩率的下降，结婚的妇女的不生育也可能是在增加的，例如日益增加的丁克家庭，就是结婚了在继续工作但是没有孩子、不生孩子的状态。即使结婚了，也不生育的人口增多了，这倒显出他们真正进入了家庭“计划着生育”的状态，是家庭夫妇的内在理性。而这种内在理性，说明了我国低生育率的核心问题，实际上不是“全面二孩”的政策问题，甚至不是三孩、四孩和自主生育的问题，低生育率的内在强化机制真的出现了，“低生育率陷阱”的危险真的来了。

“全面二孩”政策对于人口生育水平的影响已经微乎其微，这也意味着以生育数量管制为主的生育政策，对于人口总体的生育率水平已经并无影响。然而从微观个体来看，“全面二孩”政策对那些希望生育三孩和三孩以上的人口却形成制度的限制。如果说“全面二孩”的政策实际是鼓励人口生育的水平比人们的意愿生育更高一些，并且其效果实际并不明显，那么再对那些希望生育三孩、四孩的人口限制生育就显得逻辑不通了。因此，放弃对于生育数量的行政管控，其时机已经日渐成熟。从当前开始立刻“全面放开”和“自主生育”，也不会产生什么负面的影响。我曾在几年前的研究中，提出可以从 2019 年进行“全面放开，自主生育”，现在看来生育率萎缩的情况比原来估计的还要严重一些，生育政策调整后的补偿性生育比预先判断的还要单薄一些，现在开始实现全面放开和自主生育，也不会出现显著的补偿性生育的波动，而恰恰能够契合鼓励人口生育水平的方向，所以是到了放弃生育数量的行政管制，全面放开自主生育的时机了。不过沿着原来的话说，即使全面放开自主生育，对于人口生育水平的提高实际上也并没有太大作用。

人口生育的一孩率的下降的警示意义在于，低生育率固化的机制、低生育率不断走低的机制是如此的强，中国的“低生育率陷阱”的风险，已经很显著地呈现了出来。

长期生育率下降使育龄妇女数量特别是生育高峰期的育龄妇女数量萎缩的速度加快。同时，在现代化和城镇化的发展过程中，妇女结婚年龄仍然在提高。不想要孩子所以不愿意结婚，或者即使结婚也不想要孩子的人口会进一步增加，因为数据显示女性终身未婚和终身未生育的情况将会更显著地增加。

长期计划生育政策执行的另一个后果是“少生”，每家每户只有一个孩子已经成为社会常态。而某个家庭如果有两个孩子，反而容易引起人们异样的眼光。在这样的情况下，“子孙满堂”的生活，倒成了需要重新激发的生活理想了。

更加主要的问题还不在于社会文化已经接纳了少子女化，而在于经济体制的竞争如此激烈，社会生活节奏是如此之快，以至于在办公室和家庭中已经容纳不下一个增加出来的新生命了，更何况增加出两个生命。对于新生婴儿托育和养育的社会机制是如此薄弱，更制约了家庭抚育子女的能力。在当下的社会生活中，低生育率已经发生显著的内化、固化和强化，在可见的未来时期，生育率将长期固化在低生育率的陷阱中，应该是一个相当大的概率趋势。

一方面生育政策失灵，另一方面低生育率在继续强化和固化。这暴露出社会经济发展和家庭生活的巨大撕裂，在这个过程中通过社会经济配套政策的完善保护家庭，是重要的和必要的。只有有了健康的家庭，才有健康的家庭生育决策。家庭也才能根据其意愿和需求实现恰当的生育。中国快速的社会转型将会继续表现出生育模式的低生育率固化、强化，在此背景下生育文化、婚姻文化、社会经济体制和福利制度需要快速转向，才能适应这快速变动的社会生活。

2018 年 1 月 25 日

（发表于《探索与争鸣》（电子刊））

不赞成“鼓励生育”

中国进入了低生育率陷阱

《陆家嘴》：有经济学家认为“生孩子是最好的资产配置”，普通百姓则更多认为“孩子是花钱机器”，您怎么看？

任远：两种说法都有道理，前者认为生育是劳动力再生产的要素投入，后者认为生育作为耐用消费品具有很高成本。按经济学分析框架，生育行为可以认为是衡量生育家庭收益和成本后作的决策。孩子固然是“花钱机器”，如果通过生育得到的感情效应和“生产回报”大于成本，决策就是可行的。这种经济学思维的生育分析能解决一些问题，例如通过社会配套政策降低生育关联的成本，可能有助于提高生育意愿。另外，如果经济增长预期带来长远的劳动力需求，大家也愿意生。

实际上这两种观点意味着两种财富流的方向。生孩子作为“资产配置”，是将子女作为劳动力和家庭保障机制，提供了向上的财富流动。生孩子作为“花钱机器”，是因为子女消费和对子女投资需要花钱，是财富向下的流动。现代社会中财富流越来越向下，可以预见，生育意愿总体是下降的。只有财富极大增长后，收入效应才会刺激家庭生育意愿，并通过增加生育提高感情慰藉和家庭幸福。

当然，过于经济学的生育分析虽然能解释生育“理性”，但偏离人性。

人类进化的过程就是通过文化和制度安排来保障生育。我们可以观察到，物欲瓦解家庭和婚姻制度的进程中，人们的生育行为会降低，但同时也会因为福利制度的建立而拥有更好的生育基础，这在北欧已有迹象。

《陆家嘴》：2015年、2017年分别是“单独二孩”与“全面二孩”的出生高峰年，但生育率也只有1.04、1.2，远低于主流人口学家2012年所预期的2.4、4.4，也低于国家卫计委后面所预期的1.8、2.1。很多人戏说，生娃是“为国生娃”，您怎么看？

任远：生育率提醒我们，“二孩政策”没有产生显著效果。进入21世纪后，生育政策对于生育率的下降并不产生影响，那么政策本身的放松或放弃，对生育率提高也不会有影响。由此推论，即使“全面放开、自主生育”，对人口生育水平也不会有太大影响。以生育数量管制为内容的生育政策实际上失灵了，生育率更多受社会经济政策影响，包括女性地位的提升、需要平衡家庭工作关系等。所以，重视生育配套政策和家庭政策，对于生育率影响会更显著。

总和生育率（也称总生育率，指一个国家或地区的妇女在育龄期间，平均的生育子女数）在1.04—1.2的水平上，说明低生育意愿和低生育行为已经根深蒂固，也说明晚婚、不婚在继续降低生育率。前几年还在争论我国会不会陷入“低生育率陷阱”，现在看起来，我们确实进入了“低生育率陷阱”。

《陆家嘴》：为了摆脱“低生育率陷阱”，有专家提出设立生育基金制度，您怎么看？

任远：这个建议很荒唐。“基金”概念本身就是混乱的。现收现付机制的实质是保险机制，现在有不少城市有生育保险，其目的是提供对女性职工生育的健康保障和经济补贴。这个生育基金是以生育二孩补贴自我运转为目的的资金池，其本身不是保险。而基金是资本市场投资工具，是可定价和可赎回的，所以这个资金池又不是基金。

本质上这个“生育基金”是一种与“未生育”相关连的税费，和“社会抚养费”是一个东西。区别在于社会抚养费是出生子女的父母交，现在是让丁克家庭交或者未婚青年交，不过是一种新的“社会抚养费”而已。让家庭先交一部分钱存起来交给国家，生育孩子的时候申请使用，怎么看都是多此一举。这个生育基金的坏处还在于，费用预缴实际上减少了居民的可支配收入，在收入效应下，其后果可能会降低家庭生育，而不是支持家庭生育。

人口政策调整对经济发展的影响被高估了

《陆家嘴》：我国目前人口情况、人口结构、人口数量如何？

任远：中国人口增长在2025—2030年到达顶部并出现下降趋势是大概率事件。这在中国人口发展史上将是一个显著的转折。中国人口结构变动的老龄化趋势也是相当确定的，即使进行了政策调整，生育率水平反弹的效果也不显著。

人口问题最近似乎成为中国发展面临的许多问题的“背锅侠”，好像中国特别需要通过人口政策特别是生育政策调整来应对挑战。个人觉得，这实际上高估了人口问题对于经济发展问题的阻碍，同时也高估了人口政策的调整对于国家发展的影响。

如果我们意识到人口变动的确定性，需要考虑的就不是改变人口格局，而是适应人口变动来实现良好的社会经济发展，适应人口老龄化构建老龄社会的经济社会制度安排，这些应该是人口政策的着力点。人口政策应该适应人口变动的内在规律，为即将出现的老龄化社会、已经出现的低生育率社会和人口迁移增长的社会作好准备，而不是违反规律试图对人口数量、结构和分布进行僵硬的调节。

实际上,中国的人口总量、结构和空间分布的变化,在相当大程度上是内生于经济发展的,是经济社会发展的结果,人口变动对于国家发展并不具有决定性作用。应该说,人口变动对国家发展确实产生着影响,但对于生育率下降、老龄化上升和劳动适龄人口比重下降本身,并不需要过分担忧。

《陆家嘴》:中国男女法定结婚最低年龄是否需要改变?

任远:婚姻制度与人口的生育水平存在密切关联。初婚年龄推迟、生育年龄推迟会降低生育率。结婚法定年龄在20世纪80年代时曾经有所降低,并因此带来80年代生育水平的反弹。之后为了实现低生育率,提倡晚婚晚育,法定结婚年龄又有所提高。

我个人认为法定最低结婚年龄可以提前到18岁,而且男女一样。改变的目的不主要是为了提高生育水平。个人认为,作为成年人,生理已经成熟,就应有独立行为能力,有权决定自己的身体和民事财产权,能够自主决定婚姻。但是法定的最低结婚年龄提前,并不会改变当前实际的结婚年龄还会继续提高的趋势。因此现实的结果仍然是生育率水平将难以因为婚姻制度的调整而提高。

《陆家嘴》:女性是人口生产的主要承担者,是否应享受到一些"差异化"优惠待遇?

任远:我认为"女性是人口生产主要承担者"这个观点是完全错误的。女人和男人都是人口生产的主要承担者。这不仅是说男性也决定了新生命产生,更是说男性应该同样地投入于家庭人口生产。只有这样,才能构造性别平等,才能支持女性平衡家庭和工作。这对于女性的发展很重要,也是影响生育率的重要因素。

公共政策不应该考虑让女性享受“差异化”待遇，更应该要考虑性别平等。在生育假、哺乳假、产假和退休年龄上的性别差异不是对于女性的“优惠”，实际上不利于性别平等，片面在“二孩政策”等方面强调对女性的优惠会进一步给其带来劳动力市场的竞争弱势，削弱其发展能力，这是需要警惕的。

《陆家嘴》：国家是否应该出台鼓励生育政策？

任远：我并不认为“鼓励生育”是正确的公共政策。虽然从“全面二孩”到未来可能的“全面放开、自主生育”意味着鼓励生育，但生育本身应该由家庭根据自身需求来决定，不需要由国家鼓励。一个家庭希望多生育子女，那么政府应尽可能提供支持；一个家庭如果不希望生孩子，政府也应该支持。生育是自主行为，政府没必要对生育进行鼓励。

实际上当前所认为的国家鼓励生育的理由未必站得住脚。政府应该做的是“支持家庭”，应该对生殖健康、母婴保健、托育托幼加强服务供给，通过政策提高家庭可支配收入，促进家庭工作平衡等等，对希望生育而不孕不育的家庭提供服务和技术支持，对不希望生育的夫妇提供避孕节育的服务和技术支持。政府要做的就是支持生育和服务生育，提高家庭福利水平，没有必要刻意强调“鼓励生育”。

经济发展水平越高的国家，由于家庭生活得到更充分的支持和福利，其生育率水平将会变得越高。也就是生活更幸福的家庭更愿意生孩子。鼓励生育和限制生育一样，都是超越了公共服务和管理的边界。政府应该通过社会经济政策提高人民生活的幸福感，而不用去操心大家是否愿意生孩子。

2018 年 9 月

（发表于《陆家嘴》杂志）

第三部分
应对老龄化的挑战

重视老年人利益和需求，着力建设和谐老龄社会

老龄化作为人口年龄结构的变化，给可持续的社会经济运行带来新的挑战。同时需要注意的是，在城市化进程不断加快、经济增长、家庭结构变化和生活模式变化的背景下，人口老龄化给我国经济社会发展带来了一系列的问题。我们要提倡健康老龄化、积极老龄化，也需要提出和谐老龄化的概念，把建设和谐老龄社会作为应对老龄化的基本战略。

一、建设和谐老龄社会应重视经济增长背景下老年人口的民生福利和公共服务

和谐社会的一个重要内涵，就是要在经济增长和民生福利之间保持一定的平衡。人口老龄化的现实状况，决定了我们需要加强对老年人口的公共服务，经济增长所带来的财富的增加也需要返还于和投资于老年群体，需要在公共财政、卫生健康、住房和生活、社会服务等公共品的供给上重视向老年人口倾斜。

如果说我们现在正在享受人口转变期所带来的“高劳动力、低抚养

率”的人口红利,那么超额的人口红利可能将会通过更快的人口负债来加以偿还。如果不出现巨大的劳动生产率的提高和经济运行模式的改进,经济增长所带来的资本积累速度将会减弱,而老年人口的不断增加,则不断强化对公共服务供给的需求。在人口老龄化的进程中,我们已经需要开始考虑“后人口红利”期的经济增长和社会问题。一方面我们需要妥善利用人口红利,重视把人口红利收益转变为对未来人口发展的投资和人口公共服务的供给,而不是浪费性使用和消耗性使用掉这些红利收益。另一方面,可以通过经济制度的改革来延长和放大“人口红利”,例如我们可以通过延迟退休年龄来降低老年抚养比例,也可以通过提高劳动生产率来使人口年龄结构所产生的红利更大地释放出来。和谐老龄社会要努力实现更持续的经济增长和老年福利不断改善的共赢,实现更有利于老年人的经济发展,通过公共服务让更广泛的老年人口享有经济发展的成果。

二、建设和谐老龄社会要重视城市化背景下的老年人口城乡和谐问题

据有关专家的预测,中国的城市化水平将很快地由当前的43%上升到2020年的60%左右,在21世纪前期中国将从一个以农村为主的社会过渡到一个以城市为主的社会。这种人口城市化的过程是通过大量农村人口进入城市来实现的。因此城市化将对人口老龄化带来双重性的影响。一是城市化直接作用于老年人口群体,农村的老人失去土地进入城市,需要对生存的依托、生活方式、社会网络和交往方式重新塑造。第二,城市化也间接作用于老年人口群体,因为农村人口进城更主要是以青年人口为主体的城市化,大量农村人口进入城市,使农村老人成为子女不在身边的空巢老人。农村社会保障并不健全,家庭和子

女在农村养老中承担着相当大的责任，子女进城的城市化对农村老人的间接性影响，不仅会加速提高农村的老龄化比重，也会使农村养老问题更加突出。

我们往往对农村抱着一个田园般的理想，认为农村是人情脉脉、守望相助的适合老年社会的家乡，而认为城市是钢筋水泥的森林，是人们相互冷漠以待的“隔离的世界”，而实际上城市化本身带动着经济社会的发展，是有利于老龄社会整体福利的。城市中的老年人口在城市化、工业化的过程中生活质量和社会福利也会得到不断提高。但在这种过程中，城乡的老龄人口生活的差距可能会进一步扩大，农村老年人口的绝对贫困和相对贫困都会更加突出。城市化是否会不断抛弃农村中的老人，是城乡统筹发展和建设和谐城乡关系的突出命题。

三、建设和谐老龄社会要重视家庭结构变化背景下的人口代际和谐问题

无论是城市还是农村，家庭的功能、家庭生活的形态和家庭内部的关系模式都发生着巨大的变化。家庭规模在日益小型化，独生子女日益普遍，年轻子女外出就业的情形不断增加，激烈的市场竞争和日渐加大的生活压力迫使子女和他们的配偶都必须就业，这便会带来家庭照料能力的下降，家庭养老的能力相对弱化。

独生子女在家庭中具有越来越突出的地位，家庭生活的重心日益下移。对子女教育的投资主体日益以家庭为主，父母对未来发展的期望使家庭的财富逐步向子女倾斜，甚至由于青年父母的工作压力和家庭照料能力薄弱，也需要老年人口以老养小。在这样的家庭运行模式下，家庭财富投入的方向越来越往下。相对而言，老年人口群体在家庭中的地位和被照料的程度都存在相对弱化的可能。

代际和谐问题的另一方面则在于，随着年龄的不同、文化观点的不同，不同代际人口对代际关系的认识、对家庭和社会生活方式的认知、对养老的安排都是不同的，这就是所谓的“代沟”。代沟所造成的相互隔离会破坏代际和谐，加剧家庭内部的割裂，甚至使老年人口群体被排斥到家庭结构之外。

四、建设和谐老龄社会要重视经济增长背景下的老年人口贫富和谐问题

整个社会收入差距的扩大也会在老年人口和年轻人口之间、在老年人口内部之间表现出来。老年人口群体是社会的弱势群体，老年人口的贫困发生率更高。他们缺乏劳动能力，社会保障水平较低。他们应对生活风险的能力不足，生活脆弱性较高，疾病、自然灾害、家庭变故、生活意外等风险，往往使其陷于更贫困的处境。同时老年人口的疾病率、伤残率也相对较高，进一步加剧老年人口群体的贫困化。因此需要对老年人口提供更为全面的社会保障和社会救助，实现国民收入在年轻劳动者和老年群体之间的统筹分配。

另外，老年人口群体内部的贫富分化也在拉大。高档次的养老机构供不应求，越来越多富裕的老年人口希望获得并愿意支付市场化的、高标准的养老服务，但也有越来越多的老年人口群体陷入贫困之中。老年群体中的部分群体，如生病的老人、农村的老人、残疾的老人，可能更容易陷入贫困和弱势。和谐社会是人人共享的社会，需要关爱处于社会弱势的老年群体，对这些特殊困难的群体提供更有针对性的公共服务和社会保护，这不仅仅是为弱势老年群体提供基本的生存和生活条件，也是建设和谐社会所必需的社会支持体系的重要环节。

五、建设和谐老龄社会要重视生活方式变化下的老年人口心理和谐问题

老年人口心理的健康与身体的健康、生活的保障同样重要，是和谐老龄社会的重要方面。心理和谐问题指老年群体是积极乐观还是消极悲观，是孤独隔离还是充满活力，是自我发展还是自我淘汰，是幸福满足还是苦闷痛苦。因此“老有所乐”某种意义上是和谐老年社会的最高阶段，老年人口对生活的满意度如何，是衡量老年生活质量和心理健康的最核心的标尺。老年人口的心理健康受到各种因素的影响。老年人口的社会经济状况、健康状况、家庭状况、得到的服务和受重视的状况，都会在心理上得到反映。

特别需要强调的是，老年社会心理的变化是与老年人口生活方式变化及整个社会对老年群体的态度和容纳程度相联系的。老龄化对于老年群体意味着生活方式的变化，是从以单位为核心的生活方式转变为以个体、家庭和社区为依托的生活模式。老龄化很大程度上意味着老年群体从社会经济公共事务中的逐步退出，老年人被隔离在生活社区和社会体系之外，可能会进一步强化老年人的孤独感和颓废情绪。老年人对社会生活的参与就成为影响其心理健康的关键因素。建设和谐老年社会的意义在于，不仅我们的经济制度要适应老龄化，我们的社会生活形态也要重新组织适应老龄社会，不能把老年群体作为退离出社会生活的一个群体，而应该把老年人口作为整个社会体系的参与者和活动主体来看待。和谐老年社会不仅要将老年人作为被照顾的群体加以保障、救助和关爱，更需要重新塑造老年社会生活的形态，需要建设老年人的社会生活网络和自我发展的舞台，打造老年人生活在其中的共有、共享和共建的场景。

可见，作为人口老龄化的结果，各种资源、利益、服务、公共产品在不同人口群体之间、在城乡老年人口群体之间、在不同代际之间、在投资积累和增进民生福利之间，在家庭财富的上端和下端之间，产生了各种矛盾和冲突。这便为建设和谐老龄社会提出了新的命题和新的挑战。

实现和谐老龄化和建设和谐老龄社会，就是要在发展的过程中保障老年人口群体的利益和满足老年人口群体的需求，充分协调不同老年人口群体的利益和需求，实现老有所养、老有所医、老有所乐、老有所为。不仅在经济制度和社会制度上要适应老龄化社会，在社会生活的运行模式上也要适应老龄化以后的生活形态，实现老年人口自由、充分的发展。人口年龄结构将不可避免地逐步老龄化，经济社会运行也要随之相应地进行调整，才能实现更加和谐的老龄社会，实现更可持续的社会发展和经济发展。

2017 年 5 月 17 日

（发表于人民网）

市场的新机遇、社会的新挑战：人口老龄化和老年护理服务

人口老龄化是影响我国未来发展的重要的人口结构的变化。由于长期执行低生育的政策以及人口预期寿命的提高，人口老龄化程度日益加深，老年人口总量和比重都将经历一个快速增加的时期。当前我国 60 岁以上的老年人口约占 12%，老年人口总数约为 1.6 亿。预计到 2020 年全国老年人口数将达到 2.45 亿，占总人口数的 16.6%；而到了 2030 年预计将增长到 3.55 亿，占总人口比重增加到 23.3%；2050 年达到 4.38 亿人口，比重增加到 28.8%，这也意味着在未来的二十年中我国将增加约 2 亿老年人口，每年老年人口数量都将净增加约 1 000万。

老龄化对国家经济和社会的持续发展会产生深刻的影响。其中，我国的劳动力优势可能会相对弱化；对老年社会保障基金的压力是持续增加的，例如上海养老金给付在 1993 年时是 550 亿元人民币，而到 2008 年已经达到 6 500 亿元，上海从 1992 年开始每年的养老金账户的赤字超过 40 亿元，而到 2008 年养老金账户的赤字已经达到 100 亿元；不断提高的抚养水平，意味着对提高劳动生产率的要求是持续增加的；人口老龄化的同时，也意味着对老年人口生活和社会服务的量和质的

需求也是持续增加的；在完善退休制度、社会保障制度等经济制度的同时，也需要加强老年社会支持体系和社会制度。

我们也发现，老龄化对有关市场和产业具有积极的作用，带来市场的新机遇。这不仅仅是因为老年人口数量增加带来消费需求的增加，更主要是因为改革开放以来老年人口的收入有显著增加。改革开放以后城市化和工业化的推进，使不少老年人口能够在退休以后获得养老金收入的支持，老年人口养老保障覆盖率日益提高也使老年消费倾向得到增强。根据中国老龄科学研究中心的调查，当前城市老年人口中有42.8%的人拥有储蓄存款，到2010年我国退休金将增加到8 383亿元，届时老年人口消费规模将超过1.4万亿元，这都意味着老年消费和服务市场及相关产业的发展潜力是巨大的。在另一个方面，老年消费和市场的发展从老年人口生活方式来进行研究的还不多见，现代社会的老年生活方式也在现代化，这种反映在老年社会的现代性同样推动着相应市场需求和服务的提高。

本文观察在人口老龄化背景下老年护理和服务产业的发展，将主要讨论两个观点：一是从市场的新机遇的角度，分析老年人口的护理和服务所具有的市场和产业的价值；二是讨论适应老年护理和服务的迅速发展，在政策框架和社会制度建设上需要有所设计、有所推进，这一定程度上构成对社会部门相应发展的新的挑战和新的动力。

一、市场的新机遇

可以将老年护理和服务产业分为三个不同层次的产业。第一，随着老年护理服务的社会化和市场化，老年护理和服务本身形成巨大的经济产业；第二，老年护理服务产业链的不同环节，扩展出一系列的关联性的产业；第三，老年护理服务融资衍生出资本市场的发展。这几个层次的市场和产业规模是递进性地扩大的。

（一）老年护理和服务本身是巨大的经济产业

我们先来观察作为本体性的老年护理和服务产业。随着老年化的过程，老人的疾病率和生活自理能力都会下降，对老年护理和服务的需求都有很大增加。根据最近我对上海的老龄化和老年护理服务进行的分析，一个60岁的老人平均预期可以继续存活的年数为22.09，而其健康存活的预期年数为10.22，也就是其将有约十二年完全不能自理或者只能半自理。结合人口老龄化的趋势，假设完全不能自理的每天护理时间定义为15小时，处于半自理状态的每天护理时间为5小时，我们可以推算目前上海市老年护理服务每天需求总量为222万小时，而到2040年老年人口长期护理服务每天需求总量将增加到670万小时。如果我们作第一个假设，使老年人口长期护理完全实现社会化，当前在老年护理服务上能解决约30万人全职的就业，到2040年将能解决85万人全职的就业。我们还可以作第二个假设，假如每一个护理小时的费用为5元，老年人口长期护理完全实现市场化，目前长期护理服务的年产值将达到40.5亿元，到2040年将达到120亿元。

需要说明的是，我们称老年护理服务市场规模年产值有40.5亿元，并不是说现实市场中就有这么大的规模。因为多数的护理和服务都是看不见的服务产业，是在家庭中由家庭成员承担着的。真正社会化和市场化的养老护理服务只是其中的一部分。但随着家庭功能在逐步减弱，空巢家庭数量增加，老年的护理和服务日益社会化和市场化，老年护理和服务产业将具有很大的市场空间。并且客观来看，家庭护理服务虽然并未直接显示为GDP，但这并不能掩盖其对社会总福利的巨大价值，即使是由家庭来承担着非市场化的老年护理服务，其影子的市场价值仍然是非场巨大的。

（二）老年护理服务的关联性产业

养老服务从家庭养老转向社会化和专业化养老是一个普遍存在的趋势，根据老年人口的护理服务的巨大需求，从老年护理服务产业链的不同环节上，会扩展出一系列老年护理服务的关联性产业。

1. 在这个老年护理和服务的产业链上，养老机构和设施建设的需求将是重要的一块，例如上海提出“9073”的养老格局，即未来90%的老年人口由家庭自我照顾，7%享受社区居家养老服务，3%享受机构养老服务。在2006年底，上海养老床位数一共是59 735张，到2010年，即使我们不考虑外来人口，按照1 400万户籍人口和25%的老龄化率，上海在机构养老的床位数也需要10.5万张，意味着有4.5万张的床位数缺口。2010—2020年，即使不考虑外来人口市民化的因素，机构养老床位数的需求也将增加到12.6万，即继续要增加2万张床位数。在人口老龄化的背景下，老年机构的设施建设将进入一个高峰时期。上海已经迫切地面临这一问题，并且在其他城市和地区将逐步地展现出来。老年机构和设施，不仅包括养老院、护理院，同时也包括老年疾病的专业性医院、社区性的老年活动中心、托老所与社区性老年活动场地和器械。仅以养老院为例，根据介绍，如果经营中等规模的养老院，投资约在500万元左右；如果是小型养老院，约需50万元以上；如果是一般的社区托老中心，大约20万元即可。也就是每个养老床位大约平均要投资50万元。那么对于上海来说，即使不考虑土地的价值，只是养老院建设在未来十年多内可能就将达到500多亿元的投资市场和巨大的消费市场。

2. 老年护理服务人员的培训市场和劳务派遣是养老服务产业链的另一个重要环节。当前来说，专业化的养老服务队伍非常短缺。养老护理（以及月嫂、医院护理）多数依靠外来人口和失业人口，提供的服务非专业化而且非技能化，很难满足老龄化社会中老年疾病和老年特殊情况所引发的专业护理需求。一方面社会上对专业养老护理服务的需求很高，而专业化的护理培训服务机构严重不足，这为老年护理的培训市场以及对培训机构的评估市场都带来很大发展空间。另一方面，对于养老护理服务培训的市场还不仅仅局限在本地，在整个中国迅速老龄化以及亚洲国家快速进入老龄社会的背景下，老年护理服务的劳务输出也有巨大需求。菲佣某种程度上可以看作菲律宾抓住了亚洲工业化国家和新兴工业化国家中的市场机遇，以劳动力密集为特点的中国也可以应对我国快速老龄化和亚洲老龄化的背景，适应和建立老年市场。在当前时期，发展专业护理的劳务出口也是应对我国就业困难的一种路径选择。

3. 另一个老年护理和服务的重要关联性市场是护理服务下游配套的各种产品市场和服务市场。对老年护理、治疗康复的产品需求会不断扩大。对于居家养老来说，各种社区性服务，如盒饭、家庭生活设施的改造修理以及各种专业咨询服务等都将成为护理服务衍生出的巨大市场空间。同时，护理服务各个环节的深度挖掘也能扩展市场，例如一些老年机构探索将老年护理服务信息化，在房间中建立完善的信息监控和应急呼叫体系，包括专业化的护理咨询服务、心理咨询服务。护理服务产业链的展开和根据不同群体需求提供多样化的护理服务，能使老年护理服务模式具有多样性，极大地扩展市场潜力。

（三）老年护理服务融资所衍生出的资本市场

养老护理服务本身以及护理服务产业链相关联的各个环节都意味着巨大的市场机遇。另一个问题则是，老年人口如何能够积累起足够的能力来获得社会化的护理服务。除了老年人口自身的储蓄，针对老年护理服务也发展出各种金融资本市场的产品。以老年护理服务为主体的长期护理保险在不少国家都得到发展，如日本和德国已经实施了社会化的长期护理保险，而美国等更多的国家则发展起广泛的商业性长期护理保险产品。人口在年轻时购买护理保险，而在丧失自理能力时可以得到必要的护理服务。其他与老年护理服务有关的资本市场产品还包括老年房地产的倒按揭、寿险产品的证券化产权市场、通过会员制进行老年事业发展融资，等等，这些丰富的老年护理金融产品和老年服务的资本市场，在我国才刚刚起步，或者说还没有起步。这些金融产品和资本市场，在西方国家有不少良好的实践，值得我们加以借鉴，这也是现代金融服务渗透到老龄化社会中的必然趋势。

二、社会的新挑战

在老龄化背景下，老年护理服务的本体产业、关联性市场产品和相关产业以及衍生性资本市场和金融产品的发展，能够带来巨大的经济市场和服务产业机遇。完全依靠政府难以承担这些老年护理服务供给，如何能吸引社会投资、发展社会性部门来推动老年护理服务，是老龄社会以后面临的任务。老年护理服务市场和经济产业有一部分可以依靠以营利为主的企业经营，更可以依靠社会性非营利部门的参与，包括养老院、养老机构、培训机构、社会服务和社会工作机构等等。以老年护理服务为目标的社会性非营利组织的兴起，能够促进护理服务产业的规范发展，提高老年人口福利，但也为探索建立老龄化社会的运行机制带来新的挑战。

老年护理服务的社会运作机制所面临的第一个挑战是社会性非营利企业的注册和融资。当前我国对类似的社会组织的注册还有一定的限制。当前非营利社会组织按照企业类注册，多数不享受特别的政策优惠，而政策优惠对于老年护理服务机构的发展是非常重要的。如果能够对老年护理的社会非营利机构在用地、用水、用电等方面提供优惠，将有利于护理服务机构的运营；如果能够对社会服务所得税进行减免，对护理性的社会非营利的养老机构的床位提供补贴，允许社会性非营利组织具有更灵活的融资手段，将推动老年护理服务相关市场的发展。

如何实现老年护理服务机构的标准化运营，如何对老年事业和服务机进行规范化的管理和评估是第二个面临的挑战。老年护理服务的标准的制定，包括机构建设、各类物业服务、餐饮食品、健康保健服务等，需要有行业的认可以及科学化的管理方式。国际标准对于我国老年护理服务事业发展有借鉴作用，同时这些管理标准也要适应我国的特点有所本土化。社会性企业的运作和管理有和一般企业经营管理的共性，也有自身的非营利性管理和公益性管理的特点，特别是老年护理服务专业机构往往和当地社区存在紧密的互动网络。这些都使老年养老护理本身形成专业化和规范化的运行模式。

养老护理服务市场化所带来的第三个挑战，是护理服务的差别化影响社会事业的公平性。高收入阶层通过市场机制获得比较高水平的养老服务的同时，低端贫困老年人口则有可能难以获得必要的护理服务。为了维护社会公平，需要政府对老年护理服务提供一个托底性的救助机制，对不同社会群体的老年护理服务提供基础性的保障。同时，利用市场的力量提高资源配置和资源使用的效率，鼓励不同人口群体获得差异性的养老服务满足自身需求。追求公平和效率的统一，也将成为未来老年护理服务市场发展的重要原则。

2009 年 5 月

（在“2009 中国养老产业高峰论坛”上的讲稿）

老年护理服务业发展的机遇与挑战

人口老龄化是影响我国未来发展的重要的人口结构变化。当前我国60岁以上的老年人口约占总人口的12%。预计到2020年全国老年人口数将达到2.45亿,占总人口的16.6%;而到2030年预计老年人口将增长到3.55亿,占总人口的比重提高到23.3%,这也意味着在未来的二十年中我国将增加2亿老年人口,每年老年人口数量都将净增约1 000万。

人口老龄化对我国经济社会发展会产生深刻的影响。其中包括:我国的劳动力优势可能会相对弱化,社会保障保障压力增加;要求不断提高劳动生产率;老年人口生活和社会服务需求不断增加;在完善退休制度、社会保障制度等的同时,也需要加强老年社会支持体系建设。同时我们也发现,人口老龄化对有关市场和产业具有积极的作用,人口老龄化带来了新的市场机遇。根据中国老龄科学研究中心的调查,当前城市老年人口中有42.8%的人拥有储蓄存款,到2010年老年人口消费规模将超过1万亿元,这意味着老年消费和服务市场及相关产业的发展潜力是巨大的。

可以将老年护理服务业分为三个不同层次的产业。第一,随着老年护理服务的社会化和市场化,老年护理服务本身形成的产业。第二,在老年护理服务产业链的不同环节扩展出一系列的关联性产业。第三，老年护理产业融资衍生出的金融市场的发展。这几个层次的市场和产业规模是递进扩大的。

老年护理服务本身形成的产业。随着年龄增加，老年人生活自理能力会下降，对老年护理服务的需求增加。根据我最近对某地的调查研究，一个60岁的老年人平均预期可以继续存活年数为22.09，而他(或她)的健康预期寿命年数为10.22，也就是他(或她)将有约十二年处于完全不能自理或者半自理状态。随着人口老龄化和家庭功能逐步减弱，空巢家庭数量增加，老年护理服务将日益社会化和市场化，具有很大的市场空间。

老年护理服务关联性产业。家庭养老向社会化和专业化养老转变是一个普遍的趋势，依据老年人口对护理服务的巨大需求，在老年护理服务产业链的不同环节上，会扩展出一系列老年护理服务关联性产业。(1)养老机构和设施建设。例如，上海提出"9073"的养老格局，即未来90%老年人口由家庭照顾，7%的老年人口享受社区居家养老服务，3%的老年人口享受机构养老服务。到2020年，即使不考虑外来人口市民化的因素，上海对机构养老床位的需求也将增加到12.6万个。在人口老龄化的背景下，养老机构和设施建设将进入一个高峰时期。养老机构和设施，不仅包括养老院、护理院，同时也包括老年专业性医院、社区性的老年活动中心、托老所和社区性老年活动场地和器械。仅以养老院为例，据介绍，建设一个中等规模的养老院约需500万元；建设一个小型养老院约需50万元。(2)老年护理服务人员的培训和劳务派遣。当前，老年护理服务人员多数为外来人口和失业人口，老年疾病和老年护理服务人员培训机构严重不足，这给其市场带来很大的发展空间。另外，当前发展专业老年护理劳务输出也是应对就业困难的一种路径选择。(3)与护理服务配套的各种产品市场和服务市场。同时，对老年护理服务各个环节的深度挖掘也能扩展出新的市场。老年护理服务产业链的展开和根据不同群体需求提供多样化的护理服务,能使老年护理服务模式具有多样性,能够极大地挖掘市场潜力。

老年护理服务融资所衍生出的金融市场。老年护理服务本身以及老年护理服务产业链关联的各个环节都意味着巨大的市场机遇。而老年人口如何能获得社会化的护理服务呢?除了老年人口自身的储蓄,围绕老年护理服务也会发展出各种金融产品。以老年护理服务为主体的长期护理保险在不少国家都得到了发展,如日本和德国已经实施了社会化的长期护理保险,而美国等国家则可以得到必要的护理服务。其他与老年护理服务有关的金融产品还包括老年房地产的倒按揭等。这些金融产品值得我们加以借鉴,也是现代金融服务适应老龄社会的重要体现。

在老龄化背景下,老年护理服务的本体产业、关联性产业以及衍生性金融产品的发展,能够带来巨大的市场和产业发展机遇。完全依靠政府难以保证老年护理服务供给,如何能吸引社会投资、发展社会性非营利组织来推动老年护理服务业发展,是老龄化社会面临的挑战。社会性非营利组织的兴起以及这些专业服务机构为老年护理服务业带来的规范发展,能够有效增加老年人口的福利。

发展老年护理服务业面临的第一个挑战是社会性非营利组织的注册和融资问题。目前,一部分老年护理服务可以由营利性企业来提供,而大部分老年护理服务需要由包括养老院、养老机构、培训机构、社会服务和社会工作机构在内的社会性非营利组织来提供。在我国,当前社会性非营利组织按照企业类注册,多数不享受特别的政策优惠,而政策优惠对于老年护理服务机构的发展是非常重要的。如果能够对从事老年护理服务的社会性非营利组织在用地、用水、用电等方面提供优惠,并减免其所得税,为养老机构提供补贴,允许社会性非营利组织具有更灵活的融资手段,将会推动老年护理服务业及相关产业的发展。

第二个挑战是如何实现老年护理服务机构的规范化运营以及如何对老年护理服务机构进行规范化的管理和评估。老年护理服务机构建设、各类物业服务、健康保健服务等需要行业公认的标准以及科学化的管理方式。国际相关标准对于发展我国老年护理服务业有借鉴作用，但同时引入这些标准也要考虑我国的国情。

第三个挑战是如何维护老年护理服务的公平性。在高收入阶层老年人口通过市场机制获得较高水平的老年护理服务的同时，贫困老年人口则有可能难以获得必要的护理服务。为了维护社会公平，需要政府对老年护理服务提供一个托底性的救助机制，对不同社会群体在老年护理服务方面提供基础性的保障。同时，应利用市场的力量提高资源配置和资源使用的效率，鼓励不同人口群体获得差异性的老年护理服务满足自身需求。追求公平和效率的统一，将成为未来老年护理服务业发展的重要原则。

2009 年 8 月 10 日

（发表于《中国人口报》）

老龄化，是压力更是机遇

换一种积极的态度看待人口老龄化

《新沪商》：当前我国正在经历迅速的老龄化，对于老龄化和经济增长普遍具有一种悲观和负面的看法。在您看来，这样的看法是否全面？

任远：当前我国人口发展具有一些突出的特点，这些特点对国家宏观发展和家庭微观结构都将产生全面和深远的影响。例如持续的低生育率和独生子女一代人的成长、劳动适龄人口比重很快将开始下降、快速的人口老龄化、加快的城乡人口迁移和城市化以及人口空间结构的重新分布，等等。

人口老龄化无疑是值得重视的人口变动过程。其产生的原因在于人口预期寿命的延长，以及长期执行生育控制政策带来的低生育率。当前我国 60 岁以上的老年人口比重约为 12%，老年人口总数约为 1.6 亿。和西方国家的老龄化过程不同，我国的老龄化速度很快。预计到 2020 年全国老年人口数将达到 2.45 亿，占总人口数的 16.6%；到 2030 年预计将增长到 3.55 亿，占总人口比重增加到 23.3%；2050 年达到 4.38 亿人口，比重增加到 28.8%，这也意味着在未来的二十年中我国将增加约 2 亿老年人口，每年老年人口数量都将净增加约 1 000 万。我国不仅是一个超大人口规模的国家，很快也将成为世界上一个超大规模的老龄社会国家。

老龄化对国家经济和社会的持续发展会产生深刻的影响。目前对老龄化的经济发展关系的认识还相对比较“悲观”,甚至认为老龄化将会形成中国发展的危机。支持这样的看法的主要理由是,老龄化背景下我国的劳动力优势可能会相对弱化;对老年社会保障基金的压力会持续增加,例如上海养老金给付在1993年时是550亿元,而到2008年已经达到6 500亿元,上海从1992年开始每年的养老金账户的赤字超过40亿元,而到2008年养老金账户的赤字已经达到100亿元;现在国家的社会抚养水平是下降的,而人口机会窗口将很快关闭,社会抚养水平很快会调头向上,这意味着需要加快提高劳动生产率,社会抚养水平的提高也意味着投资的减少,意味着劳动力更多地配置于老年服务而减少生产性投入,等等。

这些看法都有其合理性。但是,虽然人口老龄化不可避免,我们也不能被这把悬挂着的“达摩克利斯之剑”吓住了。国家发展应该积极应对人口老龄化的危机,解决人口老龄化带来的各种问题。我们发现,老龄化对经济增长有不利的方面,但对相关市场和产业的发展也具有积极作用。当我们换一种眼光看待老龄化,它其实也能够带来市场的新机遇。

包括养老、健康、老年社区开发等等老年产业将会形成巨大市场。这不仅仅是因为老年人口数量增加带来消费需求的增加,更主要的原因在于,我国改革开放以来老年人口的收入和储蓄有了显著增加。改革开放以后城市化和工业化带来的就业,使不少老年人口能够在退休以后获得养老金收入的支持,老年人口养老保障覆盖率日益提高也使老年消费倾向得到增强。根据中国老龄科学研究中心的调查,当前城市老年人口中有42.8%的人拥有储蓄存款,到2010年我国退休金将增加到8 383亿元,届时老年人口消费规模将超过1.4万亿元。例如在日本,个人金融资产的60%以上都是由老年人口拥有,我国老年人口所拥有的金融资产也会不断增加。这些都意味着老年消费和服务市场及相关产业的发展潜力是巨大的。同时,城市化下的老年人口生活方式也在现代化,老年人口对社会服务的需求不断增加,老龄消费的质量也在不断提升,老龄社会随着现代化的过程而"同步现代化",推动着相应市场需求和服务的提高。这样的一个老龄社会所蕴藏的发展机遇可能超出我们当前对老年生活的现实观察,超出我们对老龄社会持有的"悲观"想象。

养老护理和服务的社会化和市场化

《新沪商》:老年人口的身体健康水平不断下降,养老需求将会很快增加,同时家庭的养老功能有所弱化,那么这是否意味着老年护理和服务具有巨大的市场需求和发展空间?

任远:确实如你所说,随着护理服务的社会化和市场化,老年护理服务具有很大的发展空间。随着老年化的过程,老人的健康率和生活自理能力都将下降,对老年护理和服务的需求会有很大增加。我曾经在2003年对上海的老龄化和老年护理服务进行过分析,一个60岁的老人平均预期可以继续存活年数为22.09,而其健康存活的预期寿命年数为10.22,也就是其将有约十二年不能完全自理或者只能半自理。结合人口老龄化的趋势,假设每天完全不能自理的护理时间为15小时,每天处于半自理状态的护理时间为5小时,我们可以推算目前上海市老年护理服务每天需求总量为222万小时,而到2040年老年人口长期护理服务每天需求总量将增加到670万小时。如果我们作第一个假设:老年人口长期护理完全实现社会化,当前在劳动力市场上能解决约30万人全职的就业,到2040年将能解决85万人全职的就业。我们还可以作第二个假设，如果每一个护理小时的费用为5元，老年人口长期护理完全实现市场化，目前长期护理服务的年经济产值将达到40.5亿元，到2040年将达到120亿元。

需要说明的是，我们说老年护理服务市场规模年产值有40.5亿元，并不是说现实市场中就有这么大的规模。因为多数的护理和服务都是看不见的产业，主要是在家庭中由家庭成员承担着的。目前真正社会化和市场化的养老护理服务只是其中的一部分。但随着家庭功能逐步减弱，空巢家庭数量增加，老年的护理和服务将日益社会化和市场化，老年护理和服务产业将具有很大的市场空间。并且客观来看，家庭护理服务虽然并未直接显示为GDP，但这并不能掩盖其对社会总福利的巨大价值。经济发展的目的是提高人的生活福利，即使是由家庭来承担着非市场化的老年护理服务，其影子的市场价值仍然是非常巨大的。

养老产业的广阔发展空间

《新沪商》：在养老护理和服务日益社会化和市场化的过程中，养老产业的发展具有多大的发展潜力呢？

任远：养老产业的发展空间实际上远远超过老年人口的护理服务本身。我们正是要服务于老年人口日益增长的护理和服务需求，服务于老年人口对更高质量的护理和服务的需求，通过密切联系的产业链体系带动经济发展，推动养老产业的发展。

在这个老年护理和服务产业链上，养老机构和设施建设的需求是重要的一块。以上海为例，上海提出"9073"的养老格局，即未来90%的老年人口由家庭自我照顾，7%享受社区居家养老服务，3%享受机构养老服务。在2006年底，上海养老床位数一共有6万张，到2010年，即使我们不考虑外来人口，按照1 400万户籍人口和25%的老龄化率，上海在机构养老的床位数也需要10.5万张，这意味着有4.5万张的床位数缺口。2010—2020年，即使不考虑外来人口市民化的因素，机构养老床位数的需求也将增加到12.6万，即要继续增加2万张床位数。在人口老龄化的背景下，老年机构的设施建设将进入一个高峰时期。老龄化程度最高的上海，已经迫切地面临着这一问题。在其他城市和地区这一问题也将逐步地展现出来。仅以养老院建设为例，根据介绍，如果经营中等规模的养老院，投资约在500万元左右；如果是小型养老院，约需50万元以上；如果是一般的社区托老中心，大约20万元即可。也就是每个养老床位大约平均要投资50万元。对于上海这一个城市，即使不考虑土地的价值，只是养老院建设在未来十年多内可能就将达到500多亿元的投资市场和巨大的消费市场。老年机构和设施，不仅包括养老院、护理院，同时也包括老年疾病的专业性医院、社区性的老年活动中心、托老所和社区性老年活动场地和器械以及家庭内部设计的老年化改造，因此光养老产业的“硬件建设”就是非常巨大的市场。

老年护理服务人员的培训市场和劳务派遣是养老产业链的另一个重要环节。当前来说，专业化的养老服务队伍非常短缺。养老护理（以及月嫂、医院护理）多数依靠外来人口和失业人口，提供的服务非专业化而且非技能化，很难满足老龄化社会中老年疾病和老年特殊情况所引发的专业护理需求。一方面社会上对专业养老护理服务的需求很高，而专业化的护理培训服务机构严重不足，这为老年护理的培训市场、培训机构的评估市场都带来很大发展空间。另外，养老护理服务培训的市场还不仅仅局限在本地，在整个中国迅速老龄化以及亚洲国家快速进入老龄社会的背景下，老年护理服务的劳务输出也有巨大需求。菲佣某种程度上可以看作菲律宾抓住了亚洲工业化国家和新兴工业化国家中的市场机遇，以劳动力密集为特点的中国也可以应对我国快速老龄化和亚洲老龄化的背景，适应和建立老年市场。在当前时期，发展专业护理的劳务出口也是应对我国就业困难的一种路径选择。

养老服务相关联的产业还包括护理服务下游配套的各种产品市场、技术创新市场和服务市场。对老年护理、治疗康复的产品需求会不断扩大。例如，对于居家养老来说，各种社区性服务，如盒饭、家庭生活设施的改造修理以及各种专业咨询服务等都将成为护理服务衍生出的巨大市场空间。同时，老年生活方式的现代化也在深化养老服务，现在信息技术在养老机构、社区和家庭中开始得到应用，包括建立完善的信息监控和应急呼叫体系，提供专业化的护理咨询服务、心理咨询服务。养老产业链的展开和根据不同群体需求提供多样化的护理服务，能使老年护理服务模式具有多样性，极大地扩展市场潜力。

进一步地看养老产业的发展，还包括养老服务所衍生出的资本市场发展。养老金融产品随着人口老龄化的发展将具有广阔市场机遇。除了老年人口储蓄的基金产品以及养老保险基金的资本化运作，针对老年护理服务也发展出各种金融市场产品。以老年护理服务为主体的长期护理保险在不少国家都得到发展，如日本和德国已经实施了社会化的长期护理保险，而美国等更多的国家则发展起广泛的商业性长期护理保险产品。人口在年轻时购买护理保险，而在丧失自理能力时可以得到必要的护理服务。其他与养老有关的金融产品和服务还包括老年房地产的倒按揭、寿险产品的证券化产权市场、通过会员制来进行老年事业发展融资，等等。养老产业和金融市场结合起来，是现代金融服务渗透到老龄化社会的必然趋势。这些与养老相关的资本市场和金融产品，在我国才刚刚起步或者说还没有起步，但在西方国家已经有不少良好的实践，值得我们加以借鉴。

因此综合起来看，老年人口护理和服务日益社会化和市场化，将给养老产业的发展带来极大空间。我们有理由相信，养老产业是经济发展的一个“富矿”，当然这个富矿的“富”归根到底还是建立在老年人口收入水平和消费水平提高的基础上。

适应人口老龄化调整城市的经济结构

《新沪商》：从养老产业的例子，我们看到即使在老龄社会中，经济发展仍然能够寻找到新的发展动力，可以将老龄化压力转变为经济发展的推动力。而要实现这样的转变，存在什么困难，有什么特别需要重视的方面？

任远：将老龄化压力转变为经济发展的推动力，意味着我们的经济产业要适应人口老龄化进行调整。在应对老龄化的研究中，我们已经重视社会保障制度、退休制度等经济制度要应对老龄化，社会组织的发育和社会养老体系等社会制度要适应老龄化。而对于经济发展来说，产业的发展也要适应人口结构的变动，适应人口老龄化的人口变动趋势，这个题目现在认识得还不够。同时，老龄社会的经济发展的一个重要目的，也就是要满足老年人口的需求，提高老龄人口的生活质量。

城市的经济结构要适应人口老龄化来进行调整，促进老年产业的发展，离不开推动相关的产品创新、技术创新、服务创新、产业组织形式创新等等。这些创新都需要有一定的研发投入，也需要培养老年产业发展的各类专业人才。例如专业性护理人才和社会工作者，是养老产业发展的必要条件；老年健康产品的研发和推广，需要熟悉的专业人才；而老年地产的开发和规划，也需要在城市规划中增加对于老龄化和老年需求的专业知识培训，等等。因此我们的教育培训体系也应该适应老龄社会进行调整。不仅要发展老年大学，更要让教育培训体系的知识结构适应老龄社会的需要。

老年产业是一种新兴发展性产业，甚至能够在未来成为城市发展的支柱性产业。因此首先还应该对老年产业发展进行规划。老年产业是一个新的概念和领域，对此进行系统研究和完整规划，才有利于推动其逐步发展。

产业发展的标准化建设是市场发展的前提。而目前老年市场还相当混乱，迫切需要在老年产业发展过程中推动标准化，在加强标准化过程中推动老年产业发展。例如老年护理服务的标准的制定，包括机构建设、各类物业服务、餐饮食品、健康保健服务等需要行业公认的标准以及科学化的管理方式。国际标准对于我国老年护理服务事业发展有借鉴作用，同时这些产品标准和服务标准也要适应我国的特点有所本土化。

同时需要强调的是，与教育和卫生产业发展类似，老年产业在具有产业性的同时，也具有很强的公益性。高收入阶层通过市场机制获得比较高水平的养老服务的同时，低端贫困老年人口则有可能难以获得必要的护理服务。在老年产业发展的过程中，还需要努力维护老年人口社会福利的公平性。需要政府对老年护理服务提供一个托底性的救助机制，对不同社会群体的老年护理服务提供基础性的保障。同时，利用市场的力量提高资源配置和资源使用的效率，鼓励不同人口群体获得差异性的养老服务满足自身需求。为老年社会性组织的建设创造良好环境也很重要。追求公平和效率的统一，应该成为未来老年护理服务市场发展的重要原则。这是另一个话题，是我们应对老龄社会，推动老年产业发展过程中不能忽视的另一方面。

2010年1月

（发表于《新沪商》）

老龄化挑战与城市户籍改革

老龄化问题已成为世界主要国家和主要城市所面临的共同挑战，老龄化程度较低的城市可以从老龄化程度较高的城市中学习应对的经验。同时，不同国家和不同城市又各有其具体的、富有特殊性的老龄化问题。当下中国老龄化的基本背景是相对于较低的人均经济收入水平具有较高的老龄化水平，相对于较高的老龄化水平具有较低的社会保障水平。中国正经历着快速的人口老龄化和人口城市化。与此同时，中国是在城乡二元结构限制着人口城市化的背景下出现的人口老龄化。

城乡二元结构限制下的人口城市化带来的现象，就是大量农村劳动力进入城市，但大量在城市中长期居住和稳定工作的外来移民无法获得当地城市的户籍。这样也就带来了两种口径的老龄化：一是用户籍人口来衡量的老龄化；二是用常住人口来衡量的老龄化。考察中国城市的老龄化问题，必须以此为出发点。

一、老龄化问题在城市化进程中的特殊表现

由于城乡之间、地区之间存在的户籍壁垒，在中国出现户籍人口老龄化和常住人口老龄化有所差别的现象，成为研究中国城市老龄化问

题的一个独特观察视角。

户籍人口老龄化是有本地户籍的老龄人口占所有本地户籍总人口数的比重，而常住人口老龄化是在本地区常住的老龄人口总数占在本地的所有常住人口的比重。按照最近几年人口普查的口径，常住人口是居住在城市半年及半年以上的人口。

从全国来看，户籍人口老龄化和常住人口老龄化的数值应该是一致的，2009 年底我国 60 岁以上老年人口占总人口的比重为 12.5%。但是具体到城乡、地域，户籍人口老龄化和常住人口的老龄化就会不一样。例如，上海是中国老龄化水平较高的城市。在 2009 年底，上海的户籍人口有 1 400 万，户籍人口中 60 岁以上的老年人口有 315.7 万，占户籍人口比重的 22.5%；而如果包括常住在上海半年及以上的外来人口，上海的常住人口数量为 1 921 万，常住老年人口约 331.3 万，以常住人口口径衡量的上海老龄化水平为 17%左右。

上海的常住人口老龄化水平远低于户籍人口老龄化的水平。与此相应，我国还有一些地区是人口流出远大于流入的净流出地区，其常住人口口径的老龄化则大于户籍人口口径的老龄化；还有一些地区流出人口和流入人口数量都很多，其常住人口老龄化和户籍人口老龄化也表现出另外的特点。

我们一般总觉得大城市的老龄化问题更加严重，这对理解中国当前老龄化的实际情况来说，其实是一个似是而非的结论。按照户籍人口的老龄化来统计，中国大城市的老龄化程度确实比中小城市和农村地区更高。因为相对来说，大城市具有更低的生育率水平，也具有更高的人口预期寿命。从 20 世纪 70 年代以来，城市地区实施了比农村更为严格的生育控制，基本上都采取了一胎化政策，农村的政策生育水平和实际生育水平一直都高于城市地区。在这个背景下，城市的人口转变发生得更早，也比全国更早地完成了人口转变。例如，我国是在 20

世纪 90 年代后期基本完成了向“低生育率、低死亡率”的人口转变，上海在 70 年代后期就已经完成了这一过程。同时，由于城市部门在健康与医疗领域的公共投资水平远高于农村地区，城市地区的预期寿命又显著高于农村地区，例如上海的人口预期寿命已经达到 82 岁左右，女性的预期寿命甚至超过了 84 岁，而全国平均的出生人口预期寿命为 73 岁左右。城市地区具有更低的生育水平和更高的预期寿命，使以户籍人口来衡量的大城市地区老龄化水平比农村地区更高。

但是，以常住人口口径来观察，中国大城市的老龄化问题相比于中小城市和农村地区就没有那么严重了。中国城市化水平从 20 世纪 70 年代末的 15%左右增长到现在的 46.6%，主要是大量年轻劳动力从农村地区进入城市，其中约有 1.5 亿的人口并没有获得所在城市的户籍，但他们实际上长期居住甚至是永久居住在城市地区。因此，以常住人口口径衡量，城市地区的老龄化程度实际上不是高于农村的老龄化程度，而是低于中小城市和农村地区的老龄化程度。目前我国 60 岁以上人口占总人口的比重为 12.5%，以常住人口口径推算，城市地区的老龄化水平为 11%，农村地区则达到 14%。并且，对不同城市之间的老龄化程度加以比较，也基本上是城市经济发展水平越高，用户籍人口来衡量的人口老龄化程度就越高，但由于这些经济发展城市所吸纳的移民数量更多，以常住人口衡量的老龄化程度反而更低。以第五次人口普查结果为例，长三角所有城市 65 岁以上人口比重的平均水平为 10%，南京、苏州、杭州和宁波等经济发达城市的老龄化程度都低于区域城市的平均水平，而经济发展水平相对较低的城市如泰州等，其老龄化程度反而高于区域水平。

中国以常住人口口径衡量的大城市老龄化程度是低于中小城市的，也是低于农村地区的。同时应该看到，大城市作为充满发展机会和发展活力的地区，集聚了投资，集聚了富有生产力的人力资源。城市地区的生产力更高，使其具有更大的能力加强老年服务和社会保障以解决老龄化问题。大城市老年人口的退休金和社会保障水平相对更高，其平均收入水平远高于农村地区；大城市的健康、医疗、文化等公共服务水平也更高，老年人口的预期寿命更长、健康水平更高，相对具有更加稳定和更有保障的生活。而农村地区的养老保障还没有得到完全覆盖，社会保障的标准也比较低。不少农村地区的老年人口还主要以土地和子女来作为自身生活的保障。农村老年人口的贫困率更高，其健康指标和医疗服务获得状况更差，在生活中所面临的各种风险更高。这些都说明中国在快速城市化过程中，大城市的老龄化问题相对于农村地区，其实不那么严重。

中国的城市化将继续快速推进，目前我国的城市化水平为46%，预计在2030年增长到70%，也就是在未来三十年内，继续有4亿—5亿的农村劳动力进入城市，其中多数是年轻的劳动适龄人口。根据预测，我国城市和农村的老龄化程度都将不断提高。随着城市化的迅速推进，在2030年以前农村地区的老龄化增长速度将更快。现在我国的老龄化程度为12.5%，预计在2030年左右将达到25%，届时城市的老龄化程度为21%，农村的老龄化程度将达到29%。而在2030年以后，由于中国城市化的速度将开始减慢，进入城市的青年移民数量也将相对减少，同时，当前在城市中居住的外来移民群体将逐步进入老年。如果我们考虑中国户籍制度改革的推进，会使当前在城市长期居住的外来移民有更大的机会成为拥有城市户籍的定居居民。即使不考虑户籍制度改革，利用当前的移民模式做出一个初步预测，可以发现，在2030—2040年，以常住人口口径计算的中国农村的老龄化程度虽然仍然高于城市地区，但二者的差距将逐步减少；到2040年以后，城市老龄化程度将快速提高，并超过农村地区的老龄化程度。而且，如果城市户籍改革的步伐更快，以常住人口口径来衡量的城市老龄化水平超过农村老龄化的时间也将更早。

因此，从常住人口角度看，在2030年以前的城市老龄化，固然是一个重要的问题，但从国家层面上看，农村地区的老龄化问题其实更加严峻。而在2030年以后，城市老龄化问题会以更快速度和更为显著的压力表现出来，城市特别是大城市的老龄化问题将成为中国发展的严峻挑战。老龄化问题的这一转变，也使在应对人口老龄化挑战的城市发展过程中，相应具有了一个二十年左右的机会窗口。从目前到2030年，中国总体的老龄化速度将快速提升，而城市的老龄化速度将稳步提升；21世纪30年代、40年代以后，中国总体上的人口老龄化速度将放缓增长，但城市老龄化速度将高速增加。2010—2030年，中国的大城市发展不仅要重视解决当前已经面临的日益严重的老龄化问题，更需要为2030年以后快速加剧的老龄社会做好准备。中国需要充分利用高速城市化所带来的人口红利，加强社会保障体系建设，加强老年社会服务体系建设，为21世纪30年代以后常住人口老龄化的快速提高积累应对经验。

二、城市化与家庭养老

对人口结构进行宏观分析，我们可以发现，大量城乡迁移的年轻劳动力发挥了替代性迁移的作用，降低了城市地区常住人口老龄化的水平。而从微观家庭角度分析，大量外来人口进入城市也对家庭养老产生了相应影响。

一种观点认为，移民群体中年轻人口的比重较高，在降低城市整体老龄化程度的同时，并不能直接地解决本地户籍家庭的养老问题。因为本地户籍人口的养老主要还是以家庭为单位，通过子女来实现的。因此，移民对宏观人口结构的调节作用并不能从微观上解决本地居民家庭养老的具体困难。如果我们观察户籍人口家庭结构的变化，可以发现本地人口家庭日益小型化、子女和父母共同居住的比重逐步减少、夫妻双方都是独生子女的家庭养老压力更大、拥有一个子女的家庭中老人生活风险更高。这些发生在家庭生活中的变化，都需要由本地人口家庭中的子女来适应，并切实承担老龄化的压力。在宏观人口结构中常住人口青年数量的增加对微观家庭养老并没有直接的帮助，城市户籍人口家庭养老面临严峻挑战。

同样，从微观家庭的角度进行分析，我们可以发现，当流动人口从农村进入城市并在城市中长期居住，更加剧了农村留守的老年人口的生活困境。由于年轻子女离开父母到城市就业和生活，农村家庭中子女和老人共同居住的比重随之下降了，农村老年家庭的空巢数量也在同时增加，统计数据表明，我国农村的留守老人数量约有 4 000 万，占农村老年人口的 37%左右。考虑到农村老年群体很大程度上还缺乏完善的养老保障，更大程度地依靠子女养老，那么迁徙到城市中的移民不仅不能直接解决城市家庭中的养老问题，并且对农村家庭中的养老本身带来了更加剧烈的冲击。

我们也应该看到，城市化过程中的大量移民对微观家庭的养老服务可以间接地发挥积极作用。正是由于大量农村人口进入城市并在城市长期居住，才能够为城市解决老年服务问题提供充足的劳动力供给。本地家庭养老功能的弱化正是通过移民群体所提供的社会服务来加以弥补的。养老服务的日益社会化和专业化，能够缓解城市户籍人口家庭养老的压力。而这些家庭养老服务社会化和专业化的主要承担者是外来移民。养老服务社会化和专业化的发展趋势将不可避免，机构养老和社区养老服务将不断发展。充分利用移民的劳动力，加强对养老服务社会工作者的职业培训，将为中国大城市应对严峻的老龄化挑战提供重要的人力资源。

三、应对老龄社会挑战，呼唤推进户籍改革

中国城市户籍人口老龄化和常住人口老龄化存在差别的根本原因在于，虽然有大量移民从农村地区进入城市并在城市长期居住，但是户籍制度限制了外来常住人口转变为本地市民。这也折射出当前城市户籍制度改革滞后于大量外来人口在城市长期居住和稳定生活的实际情况。已经有多项研究说明了户籍制度改革对城乡发展所造成的不利影响，我们可以进一步来讨论户籍改革滞后同样不利于解决日益严峻的老龄化问题。

第一，如前所述，由于户籍制度改革滞后，中国城市老龄化将在2030年以后出现一个快速加剧的局面，增加了届时应对老龄化挑战的难度。

第二，滞后的户籍制度改革扩大了人口(居住)和户口的分离，特别是削弱了家庭养老的能力。

第三，户籍制度改革滞后背景下，外来人口具有相对较低水平的公共服务和社会福利，似乎在当前一定程度地减少了城市公共财政的压力，但其实只是推迟了养老的风险。外来人口缴纳社会保障不足或者不缴纳社会保障的情况，使其在进入老年以后难以积累起足够的养老保障维持自身的老年生活，这样一来，他们就更加难以在城市中长期生活。同时，如果外来人口回到农村，在当前体制下，他们的社会保障难以进行转移和衔接，返乡的农民工单纯依靠土地也难以支持其长期的生活。特别是，如果农村人口在移民过程中已经失去了农村的土地，他们的老年保障将变得更加困难。因此，户籍制度改革滞后使移民群体在老年将面临更加脆弱的生活保障。户籍壁垒同时将养老风险转移到经济更加不发达的农村地区。

第四，滞后的户籍制度改革阻碍了人力资源的流动，不利于提高城市的生产力。对人口迁移和城市化过程中流动性的限制，阻碍了企业对劳动者的人力资本投资，也削弱了流动人口自身进行人力资本投资的愿望和能力，并因此不能为城市发展提供更高素质的劳动力，阻碍了大城市的产业升级。对流动性限制的另一面是，大城市的中高年龄技术工人由于产业结构调整而面临失业，但他们不能转移到其他新兴工业化城市中去继续就业，这既限制了劳动力的充分使用，又增加了城市的养老负担。因此，滞后的户籍制度是不适应市场经济要求的，对流动性的限制带来的是人力资源配置效率的下降，带来的是对移民群体人力资本投资的限制，不利于城市最大化地提高劳动生产力，并因此弱化了城市应对老龄化挑战的能力。

第五，滞后的户籍制度改革某种程度上也进一步强化了户籍人口更高的老龄化水平。国外大城市市区的老龄化程度比农村地区和小城市更低，这是因为城市地区伴有更高的土地价格、更高的生活成本，也更缺乏自然风光景色，人口在进入老年退休时期以后，往往形成一个迁移的高峰。但是在中国的大城市中，却出现城市的户籍老龄化程度高于农村，甚至出现在土地价格非常昂贵的CBD地区的老龄化程度更高的离奇现象。这种状况有卫生健康服务资源分布的原因，户籍制度的限制是另外的原因。因为依托户籍的社会保障、医疗服务难以转移和衔接，老年人口难以迁移到农村和其他城市。因此，在不少大城市中，一方面出现中心城区的养老机构供不应求，要排几年的队才能得到养老床位；另一方面，郊区和农村的养老机构却出现了床位的空余。这一现象说明户籍制度限制了老年人口的流动，加剧了城市的养老问题。

因此，日益突出的老龄社会的挑战，要求我们加快推动城市户籍制度改革的步伐。

第一，户籍制度改革推动移民和城市化。通过发挥替代性迁移的作用，有利于调节大城市的人口结构，增强大城市的竞争性和生产力，有利于为城市发展提供更加充足的劳动力资源，从而有利于解决城市中的老龄化问题。

第二，户籍制度改革以后，城市需要对更多的城市人口提供更加均等化的公共服务，这样似乎增加了城市公共财政的压力，但我们同时也应该看到，外来人口主要是生产力较高的年轻人口，移民本身是有利于城市公共财政积累的，更多的年轻人进入城市社会保障体系，本身有利于城市社会保障基金的平衡。当前那些没有户籍的外来劳动者在大城市基本不缴纳社会保障费用，或者只缴纳很少的社会保障费用，对于缓解城市当前的社会保障基金赤字作用不大。例如，当前上海每年的养老保障基金的赤字约有100亿元，随着老龄化程度的加深，赤字仍然会继续扩大。而促进非户籍人口加入城市保障体系，有利于加强对社会保障基金的积累，也有利于加强对劳动者的权益保障，增加对劳动者的回报率，并在推动城市化过程中促进和提高内需，实现长期的经济增长，促进城市经济发展方式的转型。

第三，需要强调的是，城市化本身是有利于提高老年人口生活质量和社会福利的。城市化往往意味着更良好的卫生、健康、文化、娱乐等公共服务，带来老年人口的经济收入、健康水平和预期寿命等各方面的改善。城市化并不是人们想象中的冷冰冰的“水泥森林”，它本身能促进解决老龄化的问题，并成为老年人口福利增长的源泉。从这个意义上说，通过户籍制度改革推动城市化进程，就是促进老年人过上更美好的生活。

在推动中国城市化和引导人口迁移过程中，户籍制度改革已经得到了较多的关注和研究。从应对老龄社会挑战的角度看，我们也发现，城市的户籍制度改革势在必行，必须加快推进。通过推动移民和城市化，促进城市常住人口向本地市民转变，逐步为外来人口实施均等化的养老保障和养老服务，不仅有利于缓解其所在城市的社会保障基金的缺口压力，也有利于实现更加具有包容性的经济增长，并有利于不断提高城市流动性来激发城市的活力与城市的生产力，这样才能从根本上积极地应对老龄社会的挑战，以促进解决大城市的老龄化问题。

在未来十年至二十年，中国整体的人口发展机会窗口将逐步消失，城市老龄化的速度在2030年以后也将进入加快提高的时期。因此，未来的十年至二十年是中国城市部门应对老龄化挑战的重要机遇期和准备期。在这一不长的发展机遇期中，户籍制度改革越早越有利，或者说，户籍制度改革越早压力越小。加快完成户籍制度改革，加快吸纳外来人口群体进入城市体系，在城市化过程中重视加强养老保障体系建设和社会支持体系建设，成为中国应对日益严峻的城市老龄社会挑战必须完成的任务。

2011年2月28日

（发表于《文汇报》）

老龄化倒逼中国经济发展方式转型

解决老龄化过程中养老保险基金的压力，更为核心的是提高整个社会的劳动生产率。通过提高劳动生产率，每个劳动者能够创造出更多财富，更少的人口能够抚养更多的老年人口。因此整个社会老龄化程度的快速提高，倒逼经济发展方式的转变。经济发展要从依靠劳动密集和简单劳动投入的经济发展方式，转变到更多依靠人力资本的发展方式，通过经济结构的提升提高劳动生产率，建设更具生产性的老龄社会，这才是解决老龄化社会面临的养老压力和经济发展动力不足的关键。

欧美国家经历的是比较慢的老龄化过程，它们伴随着缓慢的工业化、缓慢的老龄化逐步用一百多年的时间完善其社会保障体系，因此也有比较充分的时间增强其社会保险基金的积累，形成相对整体性的运行体系。

中国这样的发展中国家，固然是取得了科学技术的进步和卫生医疗条件的改善，也获得了更快的经济增长速度，但也同时出现了更快的老龄化速度。

当前，整个世界的新兴国家的老龄化程度都很高，这是普遍性的现象。但中国的情况是在农业社会快速工业化过程中的快速老龄化，是社会保险体系低起点起步的快速老龄化，因此老龄化对国家发展的压力就表现得更加明显，而且中国还受制于计划生育政策。例如中国的老龄化速度和韩国一样快，但因为其大国的背景及其经济社会结构转型过程中所形成的巨大内部压力，老龄化问题就更加显著。

因此，老龄化对中国发展的挑战，还不是未来老龄化程度太高的问题，而是我国的老龄化速度太快的问题。由于老龄化速度太快，经济发展方式的转变不能以足够的速度调整跟上，同时社会福利体系又不能在经济积累的支持上及时建构起来。因此老龄化快于经济转型，快于社会福利转型，老龄化社会对于人民福利和经济持续发展，就会形成负面的因素。

因此，人口转变必须和经济转变、社会转变同时进行，如果人口转变速度快于经济转变，就要求经济和社会福利体系的转变加快，要求经济增长更好地将增长收益转变为社会福利体系。人口长期增长和人口结构转变具有内在规律性，从现在到 2030 年，我们必然会经历非常快速的人口老龄化过程，这只能反过来要求经济结构转变和社会福利体系的建设加快，适应人口转变。

社会保障体系的压力说明社会保障建设相对滞后，而社会保障的相对滞后或者说明生产力水平有待提升，或者说明经济增长的收益不能及时地转变为公民福利。

从这个意义上说，在人口结构快速老龄化背景下，推动经济发展方式转变和推动社会福利体系建设的任务都非常紧迫。

中国的人口格局到了 2030 年将会发生整体性的反转，不仅人口总量会下降，劳动适龄人口总量也会下降，老龄化将在快速提高以后达到一个比较高的平台，社会抚养系数将超过 50%。中国人口中长期转变的速度将非常快，而现在已经没有漫长的时间来等待经济结构的转变。

中国未来十年发展的结构性压力巨大，如何促进经济转变，促进把经济增长转化为社会福利，是一个困难的过程，也是一个迫切的过程。

老龄化过程对经济社会的压力也会很突出，但只能朝着加快经济生产方式转变和积极建设社会福利体系这个方向去寻找突破口。

总之，如果经济转型过慢，就难以适应快速的人口结构转变。对于上海来说，目前还可以利用大量的移民来缓解老龄社会的压力，促进移民和将移民吸纳到城市社会保障体系中去。但对全国来说，人口快速老龄化和社会保险体系很不健全叠加起来，就可能成为经济发展和人民生活改善的巨大阻碍。

人口快速老龄化将会制约中国未来发展，给全国型的社会保险基金平衡带来压力，到了那个时候，可能将形成巨大的财政负担，中国就不可避免只能以牺牲经济增长为代价来应对老龄社会的挑战。

2011 年 6 月

老龄化能否带来新的产业机会?

老龄化无疑是我国人口中长期变动的一个重要趋势。当前我国60岁以上老年人口为1.6亿,到了2030年将达到3.6亿。单从人口规模角度来考虑,已经可以发现老年产业发展的潜力。对于老年产业的市场潜力究竟有多大,目前很难有一个准确的数据。因为这需要界定什么是老年产业。另一个经常使用的概念是养老产业。实际上,老年产业和养老产业概念是不同的,老年产业的市场规模远大于养老产业。即使是对养老产业规模进行衡量,也是非常困难的,它不仅包括养老护理服务,也包括养老机构建设和设施建设,以及相关的养老人力资源培训和管理、有关设备和产品的制造和销售,等等。根据估计,在"十二五"期间,我国需要新增300万张养老床位,那么单单养老机构建设的投资需求将达到1 500亿元。同时,养老产业更主要是养老护理与服务产业,据估计到2015年每年的养老护理服务和生活照料的潜在市场规模也有5 000亿元。目前养老服务对GDP的贡献率很大程度还被隐藏在家务劳动中,没有得到充分衡量,随着养老服务社会化的发展,以及养老服务专业化水平的提高,养老护理服务也具有很大的市场空间。

估计老年产业和老年市场比较靠得住的方法还是老年人口的经济收入水平和消费水平。应该说,老龄化程度提高并不一定就说明老年消费市场扩大。例如在传统农业社会，老年人口再多，如果生活自给自足，也不会带来老年市场的繁荣。而且，老年贫困人口也随着老年人口增多而增多，这不仅不会带来老年市场的扩张，反而会带来社会保障体系的压力。只有在老龄化的同时，居民生活水平和消费力得到提高，才会带来老年产业的巨大发展。

因此，对于预测中国未来老年产业市场的发展，有几个重要的背景值得加以考虑：一是城市化。城市化意味着稳定就业，意味着有退休金，意味着有稳定的社会保障，相对于农业社会中没有剩余收入，城市化将带来老年经济收入的提高。中国当前每年老年退休金已达到8 000亿元。我国的城市化水平将从当前的46%增加到2030年的70%，城市化将同时带来老年退休金规模的巨大增加，带来老年消费能力的大幅提高。二是收入增长和老年人口储蓄资产的增加。随着更多的人口迁移和劳动就业，以及由于生命周期的劳动年龄阶段的储蓄效应，老年人口的金融资产积累将越来越多。这些金融资产还包括老年人拥有的房产、保险等，随着各种金融杠杆的运用，老年人口的消费力会有很大提升。例如有资料说，日本当前三分之二的金融资本掌握在老年人口手中。特别是在未来一段时期中，随着劳动力市场供求变化和经济发展方式的转变，劳动者收入增加将更加受到重视，劳动者经济收入水平的提高有利于老年人口储蓄积累和消费能力的提高。三是中产阶层化，城市化和稳定就业带来社会结构中中产阶层规模扩大，中产阶层化是国家经济发展内需的基础，也将是老年消费能力提高的保证。这些过程将成为未来十年至二十年的基本发展趋势，所以中国老年消费和老年产业市场将会不断由小到大地扩大，并具有长期性的发展潜力。

老年产业具有广阔的市场空间，这个市场的培育和发展需要逐步得到发展。对于产业资本来说，就有两种投资策略：第一是在市场还没有充分形成规范的情况下，率先抢占市场份额，建设具有领导力的品牌，开拓市场和培养市场需求；第二是等到老年产业的市场环境有了充分发育以后，等人口的消费需求得到充分提升以后，才去参与市场竞争。不同的投资者具有不同的投资策略。而从主要新兴产业发展的规律看，往往是那些率先投资和参与市场者，能够看到产业发展的方向，在别人还没有意识到的市场空间率先突破和成功设计，取得产业发展的成功。所以，对于有潜力的投资，任何时候开始投资都不会太早。往往是意识到投资的必要性时，这样的投资已经是滞后的了。

在当前的老龄化水平和居民消费水平下，我国的老年产业发展是一个逐步发现市场和逐步创造市场的过程。不仅需要了解人口结构的动态变化，了解不同老年群体的生活方式特点和具体需求，也要在此过程中重新塑造老年人口的社会生活方式。同时，中国老年产业的发展具有一定的后发优势，相对于日本、欧洲和美国，中国的老龄化程度相对较低，居民的消费水平也相对较低。因此可以从老龄化程度较高、社会经济发展水平较高的社会中发现其应对老龄社会的经验，学习其老年产业发展的经验，并加以转化应用，推动我国老年产业的发展。

当前我国老年产业发展的突出问题并不是资本投资不足，而是市场规范的混乱和监管的不足，难以为老年产业繁荣发展和长远发展提供良好的发展环境。在资本逐利的动机下，国内外较多投资者已经开始关注中国的老年产业。但是在产业发展的初期，缺乏准入标准、缺乏运营规范，市场行业协会发育不足，老年生活的配套服务不足，政府的市场监管能力不足，使老年产业还处于粗放型竞争的状态。这样的粗放型竞争不仅对于老年产业的发展壮大是不利的，也难以保护老年群体作为消费者的权益。例如当前已有较多的资本开始投入市场化养老机构，而不少养老机构对老年设施和建筑的标准、老年服务的标准和老年事业管理的标准还缺乏必要的准入和审核机制，也缺乏必要的相关知识和服务能力。不少养老机构往往对于生活还能自理的老人可以承担,但若干年以后当老年人口自理能力下降时,其健康服务和护理照料的风险就凸显出来。更有不少养老项目是以养老为名的其他项目,并没有兴趣和能力开展养老服务。各种“倒按揭”方式等金融杠杆的利用,也可能增加了老年人口的生活风险。老年产业作为具有特殊性和针对性的产业,需要在经营标准和运营监管上有相对的专门性。老年产业发展需要规范化的产业环境和产业秩序才能得到成长和壮大。从这个意义上说,老年产业作为一个新兴的和富有潜力的市场,尤其需要政府和产业联盟组织开展规范化的管理和市场环境建设,以不断促进老年产业的发展,并真正满足老年人口的消费和生活需求。

2011 年 8 月

(发表于《中国人口报》)

上海需要建设与现代化大都市相适应的高水平老龄社会

根据最近发布的第六次人口普查数据公报，全国的人口老龄化水平从“五普”到“六普”有较大提高，而上海市的老龄化程度用60岁及以上人口的口径来看，基本上维持在15%，如果采用65岁及以上的口径，上海老龄人口比重还从2000年的11.46%下降到2010年的10.12%。

出现这种情况的主要原因是大量城市移民的“稀释”作用。上海的常住人口出乎意料地增长到2 300万，其中有近900万的外来移民，这些移民从年龄结构看主要是年轻人口，因此带来替代性迁移的作用，使上海人口结构中的老龄化水平下降了，也同时为上海发展提供了必要的劳动力供给。这说明移民是像上海这样的特大城市解决老龄问题的重要有利因素。可以预见，中国未来将继续经历快速的城市化过程，中国城市化水平到2030年预计将增长到70%，上海和长三角地区的人口集聚过程仍然继续发展，上海老龄化程度的相对严重性还会有所缓和。

但这绝非意味上海的老龄问题相对不重要了，或者说应对老龄化挑战的努力可以放松。实际上，上海面临的任务和挑战在于，它需要从更高起点和更新的视野着眼来建设一个与现代化大都市相适应的高水平老龄社会。上海的老龄问题和我国其他地区的老龄问题是不一样的。中国总体上的任务还在于实现养老保险的全部覆盖，以及为贫困老人提供经济的支持和基本医疗的保障。上海老龄社会建设的目标和定位，以及对于建设老龄社会的思路，则需要以世界城市为参照，更具前瞻性和发展性的考量。

从这个角度来评价当前上海的老龄社会建设，还存在很多显著落后的方面，还存在很多需要积极加以推动的内容。

一个值得强调的方面是应该重视现代技术对老年社会生活方式的重新塑造，并提高老年人口的生活质量和发展能力。例如欧洲是世界上老龄化程度最高的地区，我们发现欧洲的医疗服务体系和老年健康服务体系的电子信息化有很大发展，基于电子健康档案的社区卫生和医院医疗服务的整合、基于信息化手段的家庭门诊和健康咨询，以及远程治疗和紧急服务体系，都已经达到比较高的水平，可以说信息化改变了老年健康和卫生服务模式。我们也看到，各种现代技术在老年生活中的广泛应用，各种老年产品的研发应用，都已经改变或者将要改变老年人口的生活方式，提高老年人口的生活福利。因此，我们需要重视老年人口存在的数字鸿沟问题，使老年人口更好地进入信息化社会，并重视现代技术对现代老龄社会的应用和改造。我们同时发现，这样的过程也为城市发展提供新的经济机遇。在后金融危机时代的上海，我们还在迷惑着如何推动现代服务的发展和推动经济结构转型，其实从某种程度来看，老龄化本身也能够为城市发展提供巨大的发展机遇。上海对于建设现代老龄社会的理解，如果还仅仅停留在解决老年人口生存和供养问题，停留在养老保险基金的平衡和保值增值问题，其实是没有充分意识到，人口结构老龄化对城市经济结构和社会运行发生整体性转型、对现代大都市发展也具有积极的促进作用。

当前，上海城市发展中另一个显著不足的方面是需要建设现代老龄社会的社会生活体系。目前为止的应对老龄化的对策方案，往往重视经济供养体系和老年社会保障制度建设，但是对于老龄社会的社会构造和社会运行体系的建设还非常薄弱。实际上，一个现代化大都市同时需要一个完善的老年社会运行体系，需要广泛依托包括老年医院、老年大学、老年医疗服务机构、老年俱乐部等各种社会组织发挥作用。老年社会生活体系的建设，也包括各种社区养老设施通过社会机构加以运营，通过各种社会组织提供专业化的老年服务，等等。老年社会体系的建设是城市社会管理体制的重要组成部分，通过为老年人口提供各种服务，满足老年人口群体的需求，并因此改变老年人口的生活方式，建设更加丰富多彩和充满活力的老龄社会。

现代大都市发展的核心问题不仅是经济增长，更需要建设以人为本的城市，包括更加满足老龄人口生活和发展的需要。因此，城市的规划和运行要适应人口结构的老龄化，满足老龄人口的生活需求、交往需求、消费需求和发展需求。不仅在家庭内部的空间规划中，需要有详细的建筑标准避免老人在光滑地面的摔倒，合理安排楼梯和扶手，建造卧室、卫生间、浴缸内的辅助设施等等，在城市公共空间规划中，也需要增大老年人生活和活动的空间，为老年人口扩展其社会参与提供条件，在小区内需要配置足够的托老所、养老院，在一定的服务半径中配置足够的服务中心等等。城市老龄社会的建设不仅要重视硬件建设和空间规划，更需要重视软件的建设，包括良好的社会服务机制、完善的老龄社会政策体系、老龄社会信息系统的建设，乃至形成一个平等对待老年人口和关心照顾老年人口的文化环境，从而充分动员市场和社会的力量，动员社会和邻里的力量，来推动更完善的老龄社会的形成。

总之，人口老龄化是上海这样的现代化大都市在发展道路上所面临的巨大挑战，也是重要的发展机遇。上海要建设成为现代化的国际大都市，其中一个绕不开的问题就是需要建设高水平的现代老龄社会。同时，高水平老龄社会的建设，也将助力上海经济发展、助力上海经济结构转型，有利于满足老年人口的需求，提高城市品质和居民生活质量，从而推动城市发展更加以人为本、更加对老年人友好和更加现代化。

2011 年 8 月

（发表于人民网）

老龄化，不仅是挑战，更是机遇

最近公布的第六次人口普查结果提供了最新的关于中国人口状况的数据，一个突出的特点是，相对于人口数量问题，人口结构性问题表现得更加严峻。人口学界在 21 世纪初依靠第五次人口普查数据进行国家人口战略分析，曾预测 2010 年中国内地的人口数会达到 13.7 亿，然而第六次人口普查数据表明内地的人口数量为 13.4 亿，说明人口总量的压力比预想的要更小。但与此同时，我国人口老龄化趋势越来越严重。从 1982 年的第三次人口普查时期到 1990 年的第四次人口普查时期，65 岁以上人口比重从 4.9％增加到 5.6％，平均每年增加 0.09 个百分点；从 1990 年的第四次人口普查时期到 2000 年的第五次人口普查时期，65 岁以上人口比重从 5.6％增加到 7.0％，平均每年增加 0.14 个百分点；从 2000 年的第五次人口普查时期到 2010 年的第六次人口普查时期，65 岁以上人口比重从 7.0％增加到 8.9％，平均每年增加 0.19 个百分点。可以预计，未来人口老龄化将以更快的速度发展。在这个背景下，需要我们全面客观地认识老龄社会对国家发展所带来的挑战，并且采取合理的方式积极应对老龄社会的挑战。

三项基本任务

从未来中国的发展来看，我国面临快速的老龄化，人口格局将经历很大的变化。人口快速老龄化将给国家发展带来一系列不利影响,如储蓄率下降、消费水平下降、劳动力成本上升等等,这些都会削弱经济增长的动力;人口快速老龄化对社会发展也具有显著压力。因此,老龄社会建设需要积极应对人口结构变动对经济和社会发展所带来的需求和挑战。

应对老龄社会的挑战包括三项紧密结合的基本任务:一是如何实现老龄社会的发展;二是如何加强老龄社会的保障;三是如何提高老龄社会的质量。

第一项任务是实现老龄社会的发展。就是说如何在人口老龄化过程中实现经济持续增长。从“十二五”时期开始,人口结构中的劳动适龄人口比重开始下降,同时劳动力的平均年龄提高,带来社会抚养水平上升,这些都会减少经济增长的动力,成为未来经济持续发展的威胁。应该看到,我国未来面临着与改革开放以来完全不同的人口格局。20世纪70年代以来,我国劳动适龄人口比重从50%上升到70%,社会抚养水平从60%下降到40%。改革开放以来的人口背景对经济增长的积极作用,往往可以用人口红利的概念来加以解释。虽然对于人口红利理论在我国的应用还有不少争论,但我国改革开放以来毕竟面临一个相对良好的人口发展环境,这个人口发展环境和劳动密集型产业的经济发展方式结合起来,构成中国经济增长的比较优势。而从未来中国的发展来看,人口格局的转变意味着,我国面临快速的老龄化,老年人口比重的增加可能相应会带来储蓄率下降、投资率下降、消费水平下降和内需下降、劳动力成本上升,这些都会削弱经济增长的动力,甚至使人口红利转变为人口负债。因此,老龄社会需要想办法积极应对人口结构变动对经济和社会发展的挑战。

第二项任务是加强对老龄社会的保障。有不少学者提出中国是“未富先老”,也有人说中国不是“未富先老”,而是“未备先老”。也就是说，社会保障体系还没有充分准备好，就开始老龄化了。其实“未备先老”也并不特别准确，实际情况应该是“慢备快老”，也就是老龄化的速度很快，而社会保障的速度相对较慢。

与其他国家相比，我国在社会保障体系开始建设的时候，老龄化程度其实并不算高。英国是在19世纪后期出现大量贫困问题以后开始完善社会福利体系，设立《养老法》的。法国稍微晚一些，差不多也在20世纪初。美国则是在20世纪20年代开始社会保障体系建设。当时这些国家的老龄化程度大约是6%左右（指65岁以上人口所占比重）。一般而言，我国是从20世纪50年代开始社会保障体系的建设，当时社会的老龄化程度是4%。我国建立社会主义市场经济意义上的社会保障体系是在改革开放以后，当时的老龄化程度基本在5%—6%。所以我们的社会保障体系建设相对于老龄化程度并不算太晚，但是我们的问题在于，我国的老龄化速度远快于主要发达国家，从而造成社会保障体系建设的压力更大。西方主要发达国家用了五十年至一百年的时间使老龄人口比重从7%增加到14%，我国只用了二十多年完成这个转变。如此快速的老龄化不完全是人口预期寿命延长所致，生育率的下降和少子女化也是重要原因。我一直认为，中国老龄化的核心问题不是过高，而是过快。相对于老龄化速度的过快，我国因此出现社会保障水平滞后于老龄化的情况，也就是所谓的“慢备快老”。对当前养老保障的基本状况做一个初步的估算，目前我国城市老年人口的养老金覆盖率已达到80%左右，而农村的老人中只有25%享有新农保。相对于城镇职工大约75%的人口参与了城镇养老保险的计划，农民工群体城镇养老保险的参与率只有12%—20%，农村劳动力人口参与新农保的比例只有10%左右。可见，具有普惠性的国民年金制度还远没有实现。因此完善老龄社会的社会保障建设，对全国而言还是一个重大任务。

应对老龄社会挑战的第三个任务是提高老龄社会的质量，也就是要满足日益增长的老年人口的需求，建设一个老年友好型的社会。最近世界卫生组织对于老年友好型社会提出了一些具体指标。其总体的概念就是要使老年人生活得健康、有尊严和有乐趣。老年友好型社会的实现，第一，要提倡依托老年人的知识、智慧积极推动发展；第二，发展的过程中要确保老年人口的需求和权利；第三，发展的成果需要考虑代际的公平，实现代际的共享，要能够提高老年人的福利。

在上述应对老龄社会的任务中，我认为，实现老龄社会的发展是前提，通过老龄社会的发展才能提供经济积累，提供老龄社会的保障；加强老龄社会的保障是提高老龄社会质量最基础性的内容，如果没有社会保障和生活的安全，老龄社会的质量根本无从谈起；提高老龄社会的质量，更全面地满足老年人口的生活和发展，是建设更高层次老龄社会的要求。

实现老龄社会的发展，最根本的是通过经济发展方式的转变，使劳动年龄人口的生产率得到提高，使得单纯依赖密集型劳动投入的经济发展方式，转变为更加依赖人力资本和知识创新的经济发展方式。而加强老龄社会的保障，则意味着需要将经济发展的成果更多地转化为社会福利，加强社会投资，发挥公共财政的公共服务性质，增强社会保障的积累。换言之，也就是说，如果人口红利带来了经济发展，那么我们需要把经济发展的这部分红利积极地用于应对人口结构转变方面，包括为社会提供更多更好的医疗、保障、健康服务等。至于如何提高老龄社会的质量，关键还是需要老年人口更多地参与经济社会生活、参与老年公共决策。

不同层面的挑战

就应对老龄社会挑战来说，全国性老龄化问题、区域性老龄化问题和城市性老龄化问题是不同的，因此对于国家、区域和具体城市，在应对老龄社会挑战方面所需要突出解决的问题各不相同，不同层面的发展主体对于应对老龄社会挑战的制度建设政策的导向也应该是有差别的。

进入 21 世纪以来，我国整体上开始进入老龄社会，东部地区进入老龄社会的时间更早。由于我国不同区域、不同城市人口发展过程是不一样的，老龄化问题也具有不同特点，这要求我们在面对不同层面的老龄社会问题时，应区别对待。

全国性老龄社会最突出的问题还是社会保障的普惠和平衡问题。我们发现，农村人口、农民工群体的社会保障覆盖率和保障水平都还有待提高，农村老年人口的生活很大程度上还是需要依赖家庭，缺乏社会的保障；新农保的保障水平和保障标准远落后于城市和城镇；不同区域的社会保障水平也参差不齐。因此，建设更加普惠的国民社会保障体系还是一个艰巨任务。在建立普惠的社会保障体系基础上，需要大力推进老年保障的城乡平衡和区域平衡，实现更加平衡的社会保障安排，这有利于城乡发展、区域发展的均衡目标的实现。

区域性老龄社会挑战的核心问题是如何促进区域社会保障体系的合作与衔接。当前，区域内人口迁移流动日益加深，而不同地区社会保障体系仍处于独立分隔状态，因此促进不同地区保障计划的相互合作和相互衔接显得尤其必要。例如，长三角地区随着人口迁移流动和交通体系的发展，整个城市群日益显现出同城效应。如果能够实现区域间社会保障体系的衔接，不仅能够适应劳动力迁移流动的具体需要，而且能够带动人口的异地养老，促进更加完善的劳动力市场建设。通过推动跨区域就业的劳动者加入当地的社会保障计划，并促进社会保障的跨地区转移和衔接，不仅有利于劳动者老年以后的生活，也有利于社会保障体系更好地运行。

城市老龄社会挑战的核心是融入和发展的问题。城市作为移民的中心,所面临的老龄化问题和全国其他区域有所不同,甚至可能是相反的。全国的人口老龄化水平从“五普”到“六普”有较大提高,而如果以60岁及以上人口的口径来看,上海市的老龄化程度基本上维持在15%;如果采用65岁及以上的口径,上海市老龄人口的比重反而从2000年的11.46%下降到了2010年的10.12%。包括北京等东部大城市都表现出明显的替代性迁移,缓解了老龄化的程度。所以上海从户籍人口的角度看确实是中国老龄化程度最高的城市,但是从常住人口口径看,它已经不是中国老龄化程度最高的城市,周边地区的南通、扬州等城市由于人口迁出较多,老龄化程度甚至更高。因此老龄社会的核心问题是如何适应移民城市的特点来完善老龄社会的保障体系建设,包括提高移民的社会保障覆盖率。同时,需要适应城市经济发展水平的特点,更多地从提高老年人口生活质量的角度来完善城市老龄社会建设。

因此,不同层面的老龄社会所面对的具体问题是不一样的。全国和地方的老龄化问题存在差别,区域和具体城市的老龄化问题存在差别,区域和区域之间的老龄化问题存在差别,城市和城市之间的老龄化问题存在差别。应对老龄化问题,需要以全国性的老龄化问题为背景,对区域性和城市人口老龄化过程的具体问题进行具体分析,提出有针对性的发展对策和解决方案。

建设高水平的老龄社会

应该以积极的态度来应对老龄社会的挑战。在老龄社会的基本保障得到解决以后,应更加重视现代化过程对老龄社会的影响和支持作用,重视塑造现代老龄社会的经济运行方式和社会运行体系,充分满足老年人口的生活需求,建设高水平的老龄社会。

上海和长三角地区是我国老龄化发生最早、程度最高的地区,也是经济发展水平最高的地区,因此有条件也有必要在实现老龄社会的经济发展、加强老龄社会的社会保障和提高老龄社会的生活质量的过程中,率先探索如何建设高水平的老龄社会。

建设高水平的老龄社会首先需要改变对老龄社会的观点:需要改变对老龄社会片面悲观的观点,认识到可以充分挖掘老龄社会的积极意义,在不断老龄化的过程中推动城市和国家不断繁荣发展,达到新的水平;需要认识到老龄化不仅是发展的挑战,而且也提供了发展的机遇,例如老年产业的机遇;需要认识到老年人口不是一种负担、一种废弃物,而是一种宝贵资源。特别在知识经济下,老年人力资源能够构成推动发展的积极力量。

只有首先对老龄化过程和老龄社会实现观念上的转变,才能够带来行为的转变。上海和长三角地区应对老龄社会的挑战,可以吸取世界其他国家老龄化社会的成功经验,用一种积极乐观的态度,从新的视野对老龄社会进行重新构建。其中,特别需要重视以下几个方面:

第一,应该重视现代技术对老年社会生活方式的重新塑造,并提高老年人口的生活质量和发展能力。在信息化背景下,现代公民已经成为崭新意义上的电子公民。通过信息化的力量能够整合公民需求,推动整个电子教育、电子健康、电子保健体系的发展。例如欧洲是世界上老龄化程度最高的地区,正在推行电子健康的庞大计划,促进其医疗服务体系和老年健康服务体系的电子信息化,促进基于电子健康档案的社区卫生和医院医疗服务的整合,发展基于信息化手段的家庭门诊和健康咨询及远程治疗和紧急服务体系。这些方面都已经发展到比较高的水平,可以说信息化改变了老年健康和卫生服务模式。因此,信息化能够提高老龄社会的生活质量,同时信息化也能够提高老龄人口的参与能力和发展能力。我们发现,老年人口在信息技术应用方面明显是随着年龄递减的,因此,也需要重视老年人口存在的数字鸿沟问题,使老年人口更好地融入信息化社会。

除了信息化以外,包括新能源技术、新材料技术、生命科学技术等各种现代技术在老年生活中的研发和应用,也都将深刻改造老龄社会的生活方法,提高老年人口的生活福利。现代科学技术在老龄社会的应用是和经济结构的调整相联系的,从某种程度来看,现代技术和老龄社会发展更加紧密的结合,也有利于城市经济结构的调整,有利于增强老年人口的发展能力。

第二,建设高水平的老龄社会需要建设现代老龄社会的社会生活体系。目前为止,应对老龄社会的方案,往往重视经济供养体系和老年社会保障制度建设,但是对于老龄社会的社会构造和社会运行体系的建设还非常薄弱。实际上,一个现代化大都市同时需要一个完善的老年社会运行体系,需要广泛依托包括老年医院、老年大学、老年医疗服务机构、老年俱乐部等各种社会组织发挥作用。当前,我们一方面看到老年社会组织参与的热情非常高,社区中的各种老年活动团队,如歌舞队、体育锻炼团队等非常活跃,但是具有规范管理和完善运营体系的老年组织和老年俱乐部却发展薄弱,在组织建立、组织运行和资源获取等方面都还存在很大困难。这就要求大力发展各种老年社会组织。老年社会生活体系的建设,也包括各种社区养老设施通过社会机构加以运营,除了“政府建、政府办”的模式,应该大力发展管办分离,推动“政府建、社会办”,以及促进社会建设的多元化,实现“社会建、社会办”,充分推动老年社会空间的培育和建设。老年社会体系的建设是城市社会管理体制的重要组成部分,高水平的老龄社会需要完善对老龄社会的社会管理。这要求加强社区作用,加强老年社会组织的建设,以及加强老年社会工作者的培养发展,通过为老年人口提供各种服务,满足老年人口群体的需求，改变老年人口的生活方式，建设更加丰富多彩和充满活力的老龄社会。

第三，高水平的老龄社会，也要求建设以人为本的城市，包括更加满足老龄人口生活和发展的需要。城市的规划和运行要适应人口结构的老龄化，满足老龄人口的生活需求、交往需求、消费需求和发展需求。不仅在家庭内部的空间规划中，需要依据科学和详细的建筑标准尽量保证老年人口的活动安全，在城市公共空间规划中，也需要增加老年人口的活动空间，为老年人口扩展其社会参与面提供条件。例如，在小区内应该配置足够的托老所、养老院，在一定的服务半径中配置足够的服务中心，等等。同时，应该鼓励老年人口更多地使用城市的社会空间，在各种社会服务的发展中重视对老年人口服务，满足老年人口休憩、社交、娱乐和发展的各种需求。如何更好地满足老年人口的需求，也有一个增强老年人口话语权的问题。通过重视老年人口的利益和需求，促进老龄化进入公共决策的主流，才能真正形成一个平等对待老年人口、促进老年人口积极发展的文化环境和制度环境。

中国正在经历迅速的人口老龄化，不应单纯将老龄社会看作一个巨大的困难，其中也蕴含着极大的发展机遇。只有积极地应对人口老龄化的挑战，才能缓解老龄社会的压力，并构造出未来经济发展的动力。建设高水平的老龄社会是现代城市重要的发展目标，不仅有助于推动城市和区域的经济发展、推动经济结构转型，同时有助于适应人口结构变动，推动城市和区域发展，更好地满足老年人口的需求，提高城市品质和居民生活质量，从而推动建设更加以人为本、更加对老年友好的现代城市。

2011 年 11 月 6 日

（发表于《解放日报》）

经济社会运行体系的可持续性和退休制度改革

退休制度不仅仅是对老年人口生活保障的制度，同时也构成经济社会整体运行体制的一个重要环节。因此，从这个角度看，关于退休制度相关的制度改革和政策安排，应将目标定位于增进老年人口的生活福利，也应该有利于整个社会的整体福利和经济社会系统运行的有效性。

第一，延迟退休年龄能够有利于经济社会系统的平衡和可持续。

延迟退休年龄是当前讨论较多的一个话题。应该将对推迟退休年龄的探讨放在人口不断老龄化和经济社会可持续性的综合系统中加以考虑。养老金平衡和经济社会运行的持续性受到一系列因素的影响，包括人口老龄化和老年人口比重增加、人口预期寿命的提高以及老年人口领取养老金的时间相应增加、劳动适龄人口比重减少、劳动力人口平均进入工作年龄的退后，以及劳动生产率水平、劳动适龄人口的就业率等，也同时受到养老基金的管理成本和保值增值能力的影响，等等。人口老龄化发展给养老金平衡和经济社会发展的可持续性带来挑战和不利影响。老龄化带来老年抚养系数的提高，在城乡间存在的大量未充分就业和非正式就业以及教育水平提高后劳动者的就业年龄延迟，会进一步增加实际的老年抚养系数。在这个经济社会运行的系统性机制中,提高劳动力人口的劳动生产率、提高就业等因素会有利于老龄化社会的经济持续性和养老金的平衡,我们也能够发现,延迟退休年龄将有利于缓解老龄化社会的养老金平衡压力和促进实现经济社会的可持续性。

特别是从中长期人口变动态势看,我们预测到劳动适龄人口比重已经开始下降,到了2025年左右劳动适龄人口总量也会下降,而老龄人口比重将快速提高,人口的预期寿命在继续提高,60岁以后的老年人口具有越来越长的生存时间。

从国际经验来进行比较,我国的预期寿命已经接近发达国家,但是我国的退休年龄却显著低于发达国家。发达国家的退休年龄普遍在65岁及以上,而我国的退休年龄男性为60岁,女性干部为55岁,女性职工只有50岁。但我国的经济结构和劳动生产率水平却显著落后于发达国家。因此,过低的退休年龄对经济社会发展的支撑能力显得不足,我国快速的老龄化和退休制度的不协调性表现得非常突出,而且会表现得越来越突出。

因此,在人口快速老龄化的背景下,对退休制度进行调整,延迟退休年龄能够有利于经济社会系统的平衡和可持续。在人口预期寿命延长、平均劳动时间减少的背景下,延迟退休年龄显得非常必要。

第二,适应不同群体对退休安排和保障需求的多样性,实施弹性退休制度。

在退休制度改革过程中,应该充分认识不同群体对于退休安排和保障需求的多样性。退休制度和相关政策设计应该一方面有利于增加老年人口生活福利,同时增加社会经济整体运行有效性。这样的双重目标是能够实现的,政策制定可以通过一些更加弹性的退休政策的实施计划,来保障退休以后的老年人口的利益,提高老年人口的福利水平，并适应不同老年人口群体的具体需求，同时有利于鼓励劳动力人口的经济参与，包括增加老年人口的经济和社会参与。

例如，可以鼓励老年人口通过推迟领取退休金，获得更高的工资水平，鼓励老年人口更多地经济就业，同时提高自身的保障水平。实施这样的计划的可行性在于，随着人口不断老龄化，老年人口的健康预期寿命同样在延长，老年人口长期的劳动经验和人力资本积累使其有可能继续在劳动力市场保持就业，部分老年人口也有意愿继续在劳动力市场发挥作用。因此，在老年人口自己意愿的基础上实行弹性退休，能够推迟退休金和社会保障的领取，增加社会保障金的积累，并提高老年人口的社会福利水平。

在另一方面，对部分希望更早地退休和更早地领取社会保障金的劳动者，也可以通过折扣的工资替代水平，或者允许先退休而到退休年龄以后领取退休金的方式，使他们不必因为严格的退休年龄制度限制自身生活福利和自我发展的需要，使其能够寻找到符合自身需求的生活选择。

考虑到随着教育程度的提高，劳动人口的平均工作时间有缩短的倾向。那么，为了实现经济社会运行的可持续，也可以在退休年龄的制度规定之外，附加部分最低劳动年限、最低社会保障年限，目前不少城市在领取退休金上有相应的最低社会保障缴费年限的规定。因此，如果要求每位劳动者为社会承担最低年限的经济就业和社会公益劳务，也能够更好地将每位公民的社会责任和社会保障结合起来，避免过度社会福利的“养懒汉”的弊端，也能够使良好的社会保障体系成为推动经济社会发展进步的动力。

退休制度不仅仅包括退休年龄的制度安排，同时包括如何退休的制度安排。退休年龄究竟如何界定是问题的一个方面，而如何根据不同人群的需求，采取具有灵活性和弹性的退休机制，也是退休制度需要考虑的内容。良好的退休制度能够在满足不同群体多样性需求、不断增强不同群体保障和福利的基础上,同时保障和增强经济社会的可持续性,这样的退休制度整体安排,才是一个有效的退休制度。

第三,实行男女同年龄退休是当前退休制度改革的优先选择。

当前的退休制度中,女性退休年龄更早一定程度上是对女性劳动者的保护和对女性家庭再生产的认可,使女性劳动者能够对劳动力市场投入较少而获得社会保障和福利供给,并能帮助更好地协调劳动力市场投入和家庭再生产的关系。

随着企业市场化的程度在逐步提高,以及家庭劳动越来越市场化和社会化,女性对劳动力市场参与的需求进一步增强。而且女性的受教育程度提高很快、女性的预期寿命甚至更长,女性退休年龄如此之低,与经济社会可持续发展的矛盾尤其突出。

某种意义上,首先实现退休年龄的男女平等,再逐步延迟退休年龄是一个可行的工作路径。因此,提高女性的退休年龄显得更符合男女平等的要求,也能够更好地保障女性退休后的生活,是更容易率先推动的方面。

退休制度的改革是应对老龄化社会挑战和促进经济社会系统平衡的一项重要对策。退休制度应该适应人口结构的变动、适应人口老龄化的过程不断进行调整,才能够使经济体制更好地和人口结构的动态性变化相匹配。通过退休制度改革,也能够在人口老龄化过程中增进老年人口的利益和满足其需求,并使社会不同群体能够适应人口动态性并在人口动态性过程中实现自身利益和福利的提高,这样的社会经济运行体制才是有效和可持续的发展体制。

2012年5月15日

(发表于《东方早报》)

“以房养老”为何雷声大、雨点小

“以房养老”这样的实践和探索，是有一定的合理性和群众基础的。既然它能呼应某些社会需求，就应该允许探索和试点，但切忌过早就进入大规模的实施。

养老不只是老年人自己的事，它有赖于政府与老年人之间、政府与家庭之间、政府与金融机构和社会性养老服务机构之间的共同合作与合理分担。

《解放日报》：继北京、深圳之后，近日，南京也将“以房养老”写入当地老龄事业“十二五”规划。由于此前各种与“以房养老”相关的举措大多给人以“雷声大、雨点小”的印象，此番各地先后开始鼓励此类尝试，有何现实意义？

任远：如今被广泛讨论的“以房养老”，或者说“倒按揭”，是一种以老年住房为杠杆的金融产品。通过它，老年人口可以将自己的住房资产化利用，为老年生活提供支持、增进福利。当前“以房养老”难以广泛推行，说明这项实践具有一定的局限性。

“以房养老”的成功，是要以老年人手中掌握着可以折换为货币资产的住房为基础的。有了这笔资金之后，老年人就有了更强的支付能力，可以购买更好、更专业的养老服务，提高自身生活质量。因此，“以房养老”的实质，就是提高老年人对于老年服务的支付能力和购买力。但事实上，在现阶段的我国，拥有房产的老年人大多也是已经具备养老服务支付能力的人群。而那些有比较迫切的融资需求的老年人口，大多是没有自有住房或者对其住房没有处分权的老年人。与前者相比，后者才是当前中国老龄人口中的大多数。这样一来，真正既有意愿又有能力尝试“以房养老”的群体实际上相当有限。

也就是说，只要不符合“有房养老”这一前提，“以房养老”恐怕就很难大面积地推行下去。再加上，现在有不少老年人的住房是为子女购买，或者和子女同住。“以房养老”以后，子女的居住问题又突显了出来。我国住房改革是20世纪90年代以来才在各大城市得到推进，多数老年人所拥有的房产并非商品房，难以进行市场化和金融化操作。

《解放日报》：不过，一个非常有意思的现象是，虽然如今对“以房养老”持保留态度的人占大多数，关于“以房养老”操作起来需要突破哪些障碍的讨论却一直挺热闹。这又该如何解释呢？

任远：为什么人们重视讨论“以房养老”？重要的并不在于大家关心“如何用房子来养老”，而在于社会老龄化后，老年人口对更高质量的社会型、专业型养老服务的需求不断增强。有鉴于此，那些在未来可以提升自己购买养老服务能力的种种可能，也就成了中老年人茶余饭后的话题。这说明当前老年人支付能力总体上是匮乏的，也折射出老年人巨大的养老服务需求难以得到满足。但这不是说，“以房养老”已在很大程度上为群众所接受。

所以，如今有些城市在地方性的老龄事业发展规划中提及“以房养老”，与其说他们有意为提高公众对“以房养老”的认知基础铺路，不如说是意识到了应当呼应的社会需求。当然，作为应对老龄化社会的众多可选方案中的一种，“以房养老”是值得开展一些探索和试点的，但切忌过早就进入大规模的实施。

《解放日报》:此前,观念上的障碍,被认为是继金融风险、法律风险之后阻碍公众接受“以房养老”最重要的一道坎。比如,至今在很多老年人的心中,“金窝银窝不如自家草窝”。“卖掉房子还是传给儿女”,也让曾深信“养儿防老”的他们颇为头痛。您怎么看?

任远:老年人将房子作为不动产传给子孙的文化确实是存在的。不过我个人倒是认为,决定个人行为选择的,与其说是文化,不如说是个人自身的理性选择和客观需求,而且观念本身也会变化。

一段时间以来,当一些养老金不高、财富积累也比较单薄的老年人,看到房产调控政策并未松动、未来房价大涨趋势不再,他们已开始转变自身观念,针对自己的需求主动探索,以期改善自己的晚年生活质量。比如,有的卖了房子,转而去租楼层更低、更方便出行、周边配套更周全、离儿女孙辈更近的房子;有的则出租自家房屋,去住从硬件到软件都更好、更齐全的养老院。

以上两种“以房养老”的生活设计与作为金融产品的“倒按揭”有着本质区别,但至少可以看出,虽然作为金融产品的“倒按揭”,与迫切需要提高养老支付能力的老年群体之间存在错位,很难大面积推行,但大家希望通过资产运作提升自身养老能力是实实在在的。由此看来,允许将住房资产货币化,能使老年人口有更多选择。“以房养老”这样的实践和探索,是有一定的合理性和群众基础的。既然它能呼应某些社会需求,就应该允许探索和试点。

《解放日报》:考虑到在未来很长一段时间,住房都将是中国老年人最重要的一笔物质资产,如今被视为一项“养老新选择”提出的“以房养老”,将面临哪些关键挑战?

任远：我不太赞成将“以房养老”提高到“养老新选择”这样的高度，这样的表述具有很强的鼓励性和提倡性。

“以房养老”作为一种以提高养老支付能力为目的的金融产品，是存在风险的。而且，这种风险和房地产市场的风险捆绑在一起。不管按照怎样的方式进行“倒按揭”设计，金融部门和老年人口群体都不得不共同承担风险。由此可能产生银行坏账，也可能给选择这种融资手段的老年人带来直接的利益损失。再则，与一般的抵押贷款不同，金融部门“倒按揭”老年房产，很难指望老年人口或者其子女再将房产产权购买回去。而一旦住房被“倒按揭”给金融部门，老年人就不得不先做好最终不再购回房产的打算。可见，“以房养老”的金融产品，天然地具有营利性，但更应强调的，恰恰是其“助益于养老服务”的公益性。保障老年人的利益在其住房资产被货币化的过程中不受损失，是必须被严守的一条底线。通过“以房养老”，真正提升老年人对养老服务的支付和购买能力，增进其整体福祉，则是这项养老选择赖以长远立足的根本。

2012年5月4日

（发表于《解放日报》）

增强家庭发展的能力是最好的奖励扶助

计划生育家庭养老扶助最初是作为计划生育的利益导向政策，为家庭实施计划生育提供养老保障和政策支持。而当前计划生育家庭养老扶助，越来越成为对计划生育政策的一种补偿性机制。由于计划生育带来家庭养老能力的弱化，所以需要对高生活风险的独生子女家庭提供必要的扶助性支持。从利益导向的激励到生活风险的扶助，凸显出整个社会对计划生育政策的评价发生了改变。

对计划生育政策的评价，最初比较强调计划生育对于经济发展和家庭生活的积极作用，例如我们说“少生快富”，强调独生子女家庭具有更低的养育负担、更强的对子女教育投资的能力，从而使得计划生育户的经济收入增长快于非计划生育户。而随着计划生育政策的实施，人们越来越认识到实施计划生育对家庭结构、代际关系和家庭养老也产生一系列的负面影响。无论是从老年抚养比所表现出的宏观的养老结构，还是从“421”所折射出的微观的家庭养老结构，独生子女一代的养老负担都更加严重。特别是随着社会流动性增强，老年人口和子女共同居住的比重下降，进一步削弱了家庭养老的能力。计划生育家庭子女如果出现伤残和意外死亡，则进一步增加了家庭生活福利和养老的风险。因此,这意味着需要对计划生育政策给予更加全面的评价,既要看到计划生育的积极性,也要看到计划生育政策所带来的消极和不利的影响。

对计划生育家庭养老从利益导向的激励转变为生活风险的扶助,也凸显出整个社会对于家庭养老责任的判断发生了变化。

20 世纪 80 年代时我们宣传“计划生育好,政府来养老”,而随着老龄化带来的社会养老负担日益增加,开始强调“计划生育也有不好,政府帮助家庭来养老”。当强调政府支持家庭来更好地开展养老时,不能不说是转移了政府应当承担的基本养老责任。

继续强调家庭的作用是与中国历来重视家庭、重视孝道的文化传统内在相联的。家庭对于养老具有作用,家庭在居民整体福利体系中具有支撑作用,是中国文化和东方文化的重要文明财富,也是重要的社会制度财富。对此加以保存和发扬光大是非常必要的。我们看到欧洲已经开始对福利国家体制带来的过高政府负债进行反思和改革,美国也对过度的个人主义带来的老年生活福利下降问题进行反思。这些地区和国家都在重新反思和强调家庭的功能,重新转向家庭或者更加重视家庭的作用,它们福利体制改革的新变化对现代化过程中的中国福利体制建设具有参考意义。

但是对中国养老问题并不能简单地提倡“回归家庭”,欧洲和西方国家重新重视家庭是在建立了完善的社会保障体制之后,其作用是进一步完善国家、社会和家庭整体性的福利体制。而我国当前没有处于一个非常完善的社会保障体制之下,甚至社会保障体制的建设还滞后于我国的经济发展水平。当前的养老问题不简单是家庭不足,更主要是社会建设不足,所以我们在提倡扶助家庭开展养老的同时,应该尤其强调并且更加强调政府在养老上的基本责任。政府不仅应对计划生育家庭的养老提供扶助和支持,对老龄化过程中的中国养老保障体系的建设和推进也具有不能推卸的责任。

因此，在不断老龄化的过程中提倡加强对家庭的养老扶助，特别是对计划生育家庭的养老扶助，其关注的重点是应该考虑在这个变化着的和变化了的社会格局下，避免家庭的衰落和消亡，继续发挥家庭的价值和功能，使家庭能够以一种与现代社会相适应的方式发挥作用。从这个意义上说，真正地扶助家庭养老应该重视三个方面：

第一，加强社会保障本身就有利于加强家庭的作用，父母缺乏社会保障的独生子女家庭比父母具有社会保障的独生子女家庭面临更大的生活风险。

第二，加强社区作用有利于支持和帮助家庭养老。当社区服务的能力提升，可以提高居家养老服务的内容和质量，通过社区托老机构使老年家庭生活和社区生活更好地协调起来，通过专业化机构为老年人口提供社会工作和护理服务。没有强大的社区，就没有良好的居家养老。

第三，加强技术化应用，使现代社会的家庭能够更好地发挥家庭养老的作用。例如通过远程电子健康系统，子女即使离开父母很远也可以经常交流，了解父母身体状况；通过 GPS 系统可以有效支持老年父母的外出；通过信息化和物流网络可以使家庭子女为父母提供更好的服务，等等。

因此，在不断老龄化和少子女化过程中提倡家庭养老扶助，不是探讨如何“回到家庭”，因为现代社会的发展和社会进步已经使原来的“家庭”不复存在了。更需要考虑的是如何支持家庭以一种新的面貌适应现代社会，通过强大的社会建设来加强家庭发展的能力，这才是中国重视家庭孝道文化的真正传承，也才是现代社会中的家庭得以发挥更大作用的根本道路。

2012 年 7 月 11 日

（发表于《东方早报》）

通过个税递延的税收政策促进养老保险市场的发展

当前我国面临两个重要的人口趋势，一是人口快速城市化，二是人口快速老龄化。这两个过程结合在一起，对城乡养老问题带来一些不利的影响，如农村地区的养老问题、家庭养老功能的弱化，等等。同时也带来一些积极性的影响，城市化使养老保险的意识得到增强，使老年生活质量和服务需求得到提高，同时城市居民对养老的经济支付能力得到增强。因此，城市化和老龄化的共同发展意味着我国城市老年保险产业具有日益扩大的发展机遇和发展空间。

不能简单认为，老龄化就必然等同于经济发展能力的削弱和衰退。当老龄化和城市居民收入不断增长结合起来，意味着产生出新的产业发展机遇。养老产业是老年产业的重要内容。养老产业不仅包括养老机构的建设和运营、养老服务业、养老专业人才的教育培训，也包括各类养老金融产品的发展和运营。在国外，金融市场中有丰富的不同组合的养老保险产品，如信托公司和企业年金的运作体系、商业性长期护理保险、具有不同运营风险的投资型养老保险和医疗保险产品，等等。为支持这些保险产品的运作，还发展出了丰富和复杂的金融工具，如倒贴现、证券组合投资、基金运作、抵押贷款、保险保单的期权化操作等。

各类养老金融产品的创新和养老资本的融资运作，在不断老龄化的过程中同时形成了相当庞大的产业空间。

老龄化过程中城市老年人口数量不断增加，例如上海户籍人口中的老年人口数量目前为350万，预计到2030年将增加到500万左右。同时，城市化过程中居民经济收入不断增长，例如上海的城市居民人均可支配收入从2000年的1.17万元，增加到2010年的3.18万元。随着经济收入的提高，城市人口为老年生活进行储蓄和投资的意愿也更加强烈，城市居民对养老金融产品的支付能力得到提高，这些都使老年保险市场、老年金融产业具有巨大的成长性。

老龄化过程中对老年金融产品和金融服务的需求不断增加，当前我国养老保险市场的发展水平、养老金融产品的创新水平、养老资本的融资运作水平，与世界主要发达国家相比还有很大程度的差距。上海保险市场发展和金融产业运营状况，与国际金融中心的要求还有较大距离，并且还不能适应城市居民日益增长的养老需求。因此，应对快速的人口老龄化，不仅首先要完善基础性的社会保险体系，还要满足不同社会群体的需求，大力发展各种多样性和具有竞争性的养老保险市场，并通过更加完善的监管体系来减少金融市场的风险，从而以繁荣和发展的老年金融产业来为老龄化社会服务。或许有人担心，过度的金融创新意味着金融风险的累积和扩大，但实际上，中国金融发展的核心问题还是金融发展和金融创新不足，或者更深层地讲，是金融为经济社会发展服务的能力不足。发展更丰富的养老保险产品和金融工具是有必要的。

正在探索中的个税递延的税收政策，通过允许将部分企业年金产品和养老保险产品的个人缴费税前列支，并在个人领取养老保险时补交个人收入税，能够极大激励城市居民购买养老保险，积极推动企业年金、老年金融产品和养老保险市场的发展。这样的减税政策，也能够定向增加城市居民购买养老保险的需求，并激励保险基金发展更加具有竞争性的产品设计和投资组合，来满足居民的老年保险产品消费和金融投资需求。因此，个税递延型的养老保险，不仅能够通过减税手段引导社会公众更好地应对老龄化，满足不同老年群体对于养老的需求，也能够促进城市化过程中金融服务业的发展，最终有利于实现城市化和老龄化过程中满足养老需求和推动养老产业发展的双赢。

我们也应意识到，个税递延型的养老保险产品是一种典型的“累退性”的社会福利。它更加有利于经济收入较高的社会阶层获得较好的养老福利，而收入较低的社会阶层，他们购买个税递延的养老保险产品的需求是较低的。因此城市居民的收入差距将会进一步在他们的老年生活的支付购买能力和老年生活福利上表现出来，这不能不说是个税递延型养老保险产品的一个局限性。因此，为个税递延型的保险产品的“减税”额度设立一个上限是必要的。

同时，相对于收入较高、基本社会保障水平较好的社会阶层，收入较低的社会群体更加关心的问题是健全和完善基础性的养老保障体系。毕竟对于这些群体，如果基本的城镇养老保险还没有普遍建立，讨论购买个税递延的养老保险产品还显得有些奢望。因此，在中国不断城市化和不断老龄化的道路上，我们固然要积极发展各种商业性的、补充性的养老保险产品，更应重视将更大的努力和更基本的关怀置于基础性的城镇社会养老保险，重视为农民工和流动人口群体、为广大农村人口提供更加普惠和更高标准的养老保障。我们要通过基础性养老保险和各种补充性的养老保险的共同发展，建立更加整体性的养老保险体系，动员政府、社会和市场的共同力量，支持实现一个更加公平和繁荣的老龄化社会。

2012年7月18日

（发表于《解放日报》）

为推进退休制度改革创造条件

目前，人社部正在对退休及领取基本养老金年龄问题进行深入研究，将结合养老保险制度的不断完善和就业形势的发展变化科学论证，在广泛征求各方面意见基础上适时提出弹性延迟领取基本养老金年龄的政策建议。2012年6月5日，人社部明确表示，相应延迟退休年龄已是一种必然趋势。此消息一出，随即引发了热议。有人表示支持，但更多的声音是反对。退休制度改革及相关政策建议需要平衡很多社会相关因素的复杂问题。延迟了退休年龄，是否真的能够缓解我国目前的养老金压力，又是否会引起就业等其他方面的问题呢？

记者：您认为推行延迟退休年龄政策是否可行？目前我国是否已经具备了推行这项政策的条件？

任远：在当前时期，探讨延迟退休年龄的政策，以及实施弹性退休和延迟领取养老金具有必要性。这种必要性来自两个方面：一是从微观来看，人口预期寿命和健康预期寿命都在延长，同时随着人们教育程度提高，劳动者进入就业年龄相对推后。从更好地发挥劳动者的劳动价值、平衡个体的劳动贡献和退休生活的关系来看，有必要推动退休制度的改革。从国际比较来看，我们的老龄化程度已经达到13.26%的较高水平，预期寿命也超过世界平均水平，但是我们的平均退休年龄只有

53岁，低于国际上的退休年龄，因此我国的退休制度显得是不合理的。从这个意义上看，退休年龄的调整和退休制度的改革甚至是迫切的。二是从宏观看，延迟退休年龄和延迟领取养老金，能够充分发挥老年人力资源的作用，使其能够为社会贡献更多的财富，从而避免不断提高的老年抚养系数对经济社会体系的压力。老龄化对社会体系的压力主要表现为养老金支付平衡的压力，虽然当前养老保险基金收支总体上不存在赤字，但是随着人口结构变化未来会出现赤字，考虑到我国养老金的个人账户多数还是空账运行，养老保险基金的支付压力更加严重。延迟退休年龄有利于养老保险基金运作的平衡。因此退休制度构成了应对老龄化社会的一个制度杠杆，有利于缓解不断老龄化对养老保险体系的压力。我们看到人类社会不断在老龄化，老龄化也要求相关的就业制度、退休制度、保障制度进行一定的调整，这就包括延迟退休年龄、延迟领取养老金等，通过制度建设来适应、支撑不断发展的老龄化社会。

但是客观来看，当前并不具备推动退休制度改革的条件，这表现在两个方面：一是延迟退休年龄并没有得到社会公众的认同和认可，据报道有90%的人口反对延迟退休年龄。民众普遍反对的原因在于劳动者认为自身的退休利益受到了侵害，担心损害了自身按期领取养老金的利益。二是当前老年劳动者在劳动市场的竞争能力总体上是较为不利的，我国当前的平均退休年龄是53岁，有相当部分的劳动者甚至是提前退休的。老年人口的受教育程度较低，在劳动力市场上处于较为不利的处境，延迟退休年龄可能不仅无法带来老年人口更多的劳动力市场参与，甚至可能使得高龄劳动者失业但不能及时领取养老金，这样反而增加了老年劳动者的生活困难。所以总体来说，退休制度改革的正式问题不是要不要改革的问题，而似乎是如何进行改革的问题，当前对于退休制度改革并没有形成可行的方案和共识，并不具备进行退休制度改革的条件。

一方面退休制度改革具有紧迫性和必要性，另一方面并不具有进行退休制度改革的条件，因此正确的战略选择是通过逐步地创造共识，探索延迟退休年龄和推迟领取养老金的具体方案，得到劳动者的支持，并为延迟退休年龄和推动退休制度改革创造条件。

记者：有观点认为延迟退休年龄政策的出台包含着填补养老保险统筹基金缺口的意图。您对这种观点有何看法？

任远：推进退休制度改革是适应人口老龄化过程的制度建设。延迟退休年龄和推迟领取养老金等制度改革对于填补养老保险统筹基金缺口有一定作用，劳动者通过更长时期的劳动力市场参与增加了养老保险基金的积累，并推迟了劳动者领取养老金的时间。

但是延迟退休年龄政策并非是解决养老保险基金平衡问题最主要和最根本的办法。不同的退休制度改革方案对于养老保险基金平衡造成怎样的影响，以及在短期和长期造成怎样的影响还需要更加细致的研究。从养老保险基金是否能够平衡运行的影响因素来看，包括劳动者工作年限（也就是养老保险基金积累的时间）、劳动者工资水平和缴费率、养老金的工资替代率、人口的预期寿命（也就是劳动者领取养老金的年份）等等，同时养老金的保值增值能力也是养老基金平衡的重要因素。相对于提高劳动生产率，增强企业和劳动者的盈利水平和养老保险的缴费率，以及相对于拓宽养老保险的基金运营渠道和运营效率，延迟退休年龄的政策可能并非是养老基金平衡的最根本的办法。

记者：有民众认为缓解养老金压力还有很多途径，如缩减“三公”经费支出等。您认为，是否存在更好的缓解养老金压力的途径？

任远：应对人口老龄化过程对养老基金平衡的影响，以及推动实现养老保险基金平衡运行,还有很多其他的途径。例如基金的保值增值的能力是重要的,如果养老保险基金的增值弱于通货膨胀率,那么基金的支付压力显然是非常严峻的。因此增强养老基金的资本化运作,是促进基金平衡的重要办法。另外,我们也可以发现养老保险基金支付的主要压力是与我国老年保障制度的历史欠账相联系的,一些年龄较大的劳动者主要工作在计划经济体制下,缺乏个人养老积累。因此如何将一些公共财政弥补到养老保险基金中去,是促进养老基金平衡的重要途径,例如也有不少学者建议将部分国有企业利润转拨到养老保险基金中去。通过缩减"三公"经费支出,增加公共财政中对养老保险的投入,是一种财政支出结构的调整。总体上看,使政府的公共财政运用更有效率,能更好地满足人民群众的需求,是政府财政管理的根本综述。因此,需要避免过分夸大退休制度改革对养老金平衡的作用,避免强调通过延迟退休年龄和推迟领取养老金来实现养老基金平衡。对于养老基金平衡问题,其根本对策不是退休制度的改革。而退休制度改革的根本目的是为了对老龄化社会做好准备。

记者:有网友认为在推行延迟退休年龄政策之前,应当先解决养老制度不公的问题,如打破养老制度"双轨制"。您认为是否有此必要?

任远:实现养老平等问题非常有必要。当前养老制度不平等问题显得非常突出,除了政府公务员部门和企事业单位在养老安排上的双轨制,实际上我国的养老保险也是不平等、碎片化,甚至是等级化的体制。城镇养老保险和新农保的养老保险有巨大的差别,在城市内部不同群体的养老制度安排也有很大差别。政府对于养老保障应该本着相对公平的态度,应更加重视对经济收入相对偏下的低收入群体、农民和农民工群体等弱势群体的养老保障。实现更加平等化的养老制度安排,是建设一个更加公平公正社会的重要内容。

记者:日前,人保部的新闻发言人表示,对于公众关注的“延迟退休”问题,要对不同的群体采取差别的政策,并以“小步慢走”的方式来实施。您认为应当如何缓步、差别化地推进这项政策,以平衡社会经济系统?

任远:具体人保部对于延迟退休的政策方案我并不清楚,但是我反对不同群体采取差别化的退休年龄政策。国家法定的退休年龄应该是具有统一性的。不同群体对于退休和领取养老金具有不同的需求,因此也需要实施一种弹性退休和推迟领取养老金的制度安排。

我并不主张退休年龄是由国家人力资源和社会保障部门来决定。从理论上讲,退休年龄是国家和劳动者之间构成的一个契约,延迟退休年龄意味着国家和劳动者重新订立契约。因此首先需要全国总工会的认可,使劳动者和国家形成一种协商协议,然后这种协商协议在人大平台上,通过法律形式得到确认。

弹性退休和推迟领取养老金也应该避免由政府人力资源和社会保障部门来划定决定,更应该尊重劳动者自身选择和用工单位选择的自主性。一方面劳动者愿意在法定退休年龄和合同期满以后继续就业,另一方面用工单位也愿意继续雇用劳动者,这样才有可能实现弹性退休。弹性退休的差别性是基于劳动者自身选择和用工单位的自主选择,不能将差别政策作为国家人力资源和社会保障部门的差别性规定,因为这种差别性往往容易成为照顾某部分群体利益和伤害某部分群体利益的借口。

延迟退休年龄的改革通过“小步慢走”的方式实施是合理的。逐步延迟退休年龄,牵涉到不同年份工作者的利益维护,具体的实施方案一定程度上可以借鉴美国推迟退休年龄的制度改革,通过不同出生时间的人口逐步推迟退休年龄,逐步将现在的退休年龄过渡到65岁或者67岁,是一个相对有序和渐进的制度调整办法。

记者:您认为是否应当提高女性退休年龄,以实现“男女平等”?

任远:当前的退休制度中,女性退休年龄更早一定程度上是对女性劳动者的保护和对女性家庭再生产的认可,使女性劳动者能够对劳动力市场投入较少获得社会保障和福利供给,并能帮助更好地协调劳动力市场投入和家庭再生产的关系。

随着企业市场化的程度在逐步提高,以及家庭劳动越来越市场化和社会化,女性对劳动力市场参与的需求进一步增强。而且女性的受教育程度提高很快、女性的预期寿命甚至更长,女性退休年龄如此之低,与经济社会可持续发展的矛盾尤其突出。

从某种意义上,退休制度改革可以首先探索延迟女性退休年龄。从当前女性干部的退休年龄为55岁、女性职工的退休年龄为50岁,逐步地实现男女同年龄退休。然后再逐步推进延迟所有劳动者的退休年龄。因为提高女性的退休年龄显得更符合男女平等的要求,是更容易率先推动的方面。同时,在实现男女平等的改革方案中,也应该强调需要更好地保障女性退休后的养老金收益和生活水平,增加女性退休者的经济收入和社会福利。

2012年8月2日

快速老龄化比老龄化问题更加严重

近年来不少学者强调“未富先老”是中国老龄化过程的突出问题。而李建民等学者曾经在 2007 年提出这种说法未必准确，因为相对于当时 10%左右的老龄化水平，我国比主要发达国家在这个老龄化水平时期的经济发展水平更高。特别是当前我国的经济总量已经达到世界第二，人均 GDP 达到 5 450 美元，按照购买力评价法来衡量则接近 9 000 美元。在这样的经济发展水平下说中国“未富先老”不一定很科学。而且如果将“未富先老”作为我国老龄化问题的核心，解决方案也就只能是进一步加快经济发展，使国民的富裕水平进一步提高。这样以追求富裕为导向的发展策略，并非是我国解决老龄问题的根本对策。

我国老龄化问题的核心问题不是过高的老龄化程度，而是过快的老龄化速度。中国老龄化的速度快于发达国家的老龄化过程，快于世界老龄化的平均水平。同时，相对于更快的老龄化，我国的经济社会体制建设并没有跟上。例如英国老龄化从 20 世纪 30 年代开始的 7%，经历了约五十年达到 14%；美国的老龄化从 20 世纪 40 年代的 7%，经过七十年，到目前才刚刚接近 14%；法国老龄化程度则是从 1865—1980 年用了一百一十五年时间，从 7%提高到 14%。但是，中国的老龄化速度从 20 世纪 80 年代后期以后开始快速提高，2000 年达到 7%，预计到 2025 年达到 14%，然后到 2040 年达到 24%。也就是说，这些发达国家老龄化水平从 7%增加到 14%的过程中,平均每年增加 0.1 个百分点,而我国的人口老龄化从 7%增加到 14%,预计将每年增加 0.3—0.4 个百分点。当前我国人口老龄化水平平均每年增加 0.3 个百分点,而世界的平均水平不到 0.2 个百分点,中国老龄化速度在 2040 年以前和世界老龄化的平均速度相比,差距将越来越大。过快的人口老龄化速度和相对缓慢的适应老龄社会的经济社会体制建设的矛盾,构成我国当前老龄化的基本问题。

我国人口变动的更快的老龄化速度,受到 20 世纪 50 年代和 60 年代两次出生高峰的人口逐步进入老年的影响。除了 1960—1962 年人口出生有明显的下降,在整个 20 世纪 50—60 年代人口出生处于较高的水平,高峰时期的年出生人口达到 2 500 万—2 800 万,这些人口逐步进入老年,使得老龄化程度迅速提高。第二是受到人口生育水平快速下降的影响。我国的总和生育率从 20 世纪 70 年代的 5.81 下降到 20 世纪 90 年代的 1.8,目前已经下降到 1.5 左右。出生率水平也在下降,当前每年出生人口基本上降低到 1 500 万—1 700 万的水平,这使整个人口结构中少年儿童比重下降,将进一步带来老年人口比重快速的上升。第三个原因是新中国成立以来,我国人口预期寿命由于健康和卫生事业进步提高很快,老年人口预期寿命也提高很快。这三个因素共同造成我国更快的人口老龄化。

如果老龄化速度较慢,国家发展可以用更多的时间进行经济结构的转轨和社会体制的建设。相对来说,人口变动更快,要求社会经济体系相应调整得更快。但从目前来看,中国老龄化速度较快,经济转型和社会福利体系建设显得相对落后,这构成了中国应对老龄化的突出挑战。对此,快速人口老龄化的社会经济体制建设,主要包括三个方面:

第一,快速老龄化要求加快经济发展方式的转变。

从劳动力人口和老年人口的比值来看,我国在 20 世纪 90 年代时是 7∶1,目前基本上是 6∶1,而到了 2020 年将下降到 4∶1, 2030 年下降到 2.5∶1,这意味着随着老龄化的发展,要求单位劳动力创造更多的财富供养更多的老年人口。因此,应对老龄化挑战的根本办法,一是通过促进就业、减少失业率和提高劳动参与水平,减少隐性的不就业人口,从而使劳动力人口和经济活动人口与生产资料相结合,成为经济贡献人口;二是提高劳动生产率,使单位劳动力创造出更多的财富。

迄今为止的国家经济发展,很好地实现了以上两点目标。第一,改革开放以来我们通过迅速的工业化创造就业,将农村中农业剩余劳动力转移到城市部门,使大量劳动力和就业机会相结合,极大地创造出了经济财富;第二,通过将农村人口转移到城市工业部门,通过经济结构转变,极大地提高了劳动生产率。

但从未来的经济增长和老龄化关系来看,经济增长放缓使劳动力就业问题日趋严峻,将不利于中国老龄化问题的解决。同时,劳动适龄人口比重已经下降、劳动适龄人口总量在 2025 年以后将下降,会使依靠简单劳动投入和劳动参与率提高的经济增长方式难以持续。继续增加就业和劳动力供给的潜力要求推动农业部门现代化发展,继续从传统农业中转移劳动力进入工业部门就业。另外,如果农业部门向工业部门继续转移的潜力正在下降,劳动生产率的提高和维持经济发展则越来越需要转向内生性经济增长,需要通过人力资本的提高,需要在经济生产中转向高附加值产业部门和高附加值生产环节。因此,应对中国所面临的快速老龄化,内在地要求经济发展方式加快转型。

考虑到我国人口结构的快速转变,很快地达到发达国家这样的高度老龄化的水平,也内在要求我国在经济结构上要很快地转向以现代经济产业格局为依托的经济结构。从现代发达国家经济结构和产业格局的发展历程看,我国仍然需要加快工业化的过程,加快技术创新和新兴产业发展升级的过程。同样,考虑到中国将很快地向高度老龄化的社会转变,我国的经济发展方式也需要在较短时间内完成向现代发达国家的经济结构、产业结构的转变。

第二，快速的老龄化要求加快老年社会保障体制建设。

快速的人口老龄化也要求我们更快地将经济发展所带来的财富转化为应对老龄化的社会积累，也就是说需要加快老年社会保障体系建设。

这里同时存在的一个问题是经济和社会发展的协调，在经济迅速增长的过程中，也需要通过再分配机制，促进社会体系建设和社会福利建设，才能更好地满足人民群众的需求，提高人民群众的生活水平。相对于经济快速发展的社会建设滞后，例如社会保障建设不足，不仅不利于适应老龄化水平的快速提高，也使社会和经济发展不平衡，会对经济发展带来约束。应该客观地认识到，相对于快速的经济发展，当前我国的社会保障建设速度不足，以至于不能适应快速的老龄化过程。

主要发达国家在我国当前的经济发展水平的时候，都已经基本建立了完整的社会保障体制，也就是说，在我国当前的老龄化水平下，世界主要发达国家的社会保障体制建设基本得到建立。相对来说，我国的社会保障整体建设水平滞后于老龄化的快速推进。

在过去的三十年中，在强调我们获得“人口红利”的时候，可能忽视了对人口红利的使用。也就是说，由于人口结构变动所带来的人口红利，需要能够返还到人口结构本身，并为未来的人口结构所带来的人口负债做好准备。考虑到中国面临的快速的人口老龄化，当前迫切需要加快老年社会保障体制建设。

第三，快速的人口老龄化要求加快社会养老体系的建设。

我国的快速人口老龄化受到快速的生育率下降的影响，并带来家庭结构的快速变化。生育率下降带来家庭规模的下降，以及独生子女家庭数量的增加。我国的平均家庭规模从20世纪70年代的4.4人已经下降到目前的3.1人。目前城镇中0—30岁的人口中70%—80%都是独生子女，在全国0—30岁人口中约65%—70%属于独生子女。独生子女家庭的父母已经开始逐步进入老年。独生子女家庭具有严峻的养老压力。一对独生子女需要在家庭中抚养四位父母，同时需要抚养八位祖父母。同时随着城市化过程中的人口流动和迁移，老年空巢家庭数量进一步增加。特别是独生子女和高龄老人问题结合在一起时，家庭的养老能力将受到更大的挑战。

快速的人口老龄化意味着家庭功能的快速衰退，迫切要求加快社会养老体系建设来应对。我们看到社区居家养老体系、机构养老体系、养老社会工作体系还存在显著的不足，都需要在快速老龄化过程中加以重视和推进。

因此，老龄化对中国发展的挑战，还不是老龄化程度太高的问题，而是我国的老龄化速度太快的问题。由于老龄化速度太快，经济发展方式的转变不能以足够的速度调整跟上，同时社会福利体系建设又不能在经济积累的支持上及时建构起来，过快的老龄化速度使社会保障基金的积累和增值存在显著压力，也使薄弱的社会支持体系面临突出压力。因此，如果老龄化快于经济转型，快于社会福利转型，快于社会支持体系建设，老龄化社会对于社会福利和经济持续发展，就会形成负面的因素。

因此，人口转变必须和经济社会体制建设同时进行，实现二者的协调。随着人口老龄化快速发展，要求加快实现经济发展方式转型、社会福利体系建设和社会养老体系建设。人口长期增长和人口结构转变具有内在规律性，从现在到 2030 年，我们必然会经历非常快速的人口老龄化过程，这只能反过来要求经济结构转变和社会福利体系的建设要加快。从当前至达到高度老龄化的 2030 年，是中国人口发展和社会经济发展的关键时期，加快推动经济发展方式转变和促进社会福利体系建设的任务都非常紧迫。

2012 年 11 月 6 日

应对老龄化社会挑战的治本道路

当我们考虑应对老龄化的挑战时，往往不自觉地将老龄化作为一个压力，将老年人口作为被抚养人口和社会的负担。实际上随着预期寿命的延长，人类社会一直在经历着老龄化的过程，老龄化不仅没有带来社会经济的崩溃，反而创造出更加繁荣富裕的人类社会。因此对于快速增长的老龄化，应该慎重重视和及时加以准备，但因此陷入悲观的态度也并不可取。从20世纪80年代以来，西方国家开始用另一种积极老龄化的视角来看待老龄社会，提出生产性老龄化的概念，即指开发利用老年人力资源为经济生产，以及为家庭、社区的发展做出贡献。老年人口不是单纯的社会被抚养人口，同时构成社会和经济发展的贡献者和参与者；老年人口不是单纯的消费者，同时也是经济福利和社会福利的生产者。激发老龄人口的生产性，促进老年人口积极参与经济生产和社会建设，并在制度建设上为老年人口的经济社会参与提供支持，老龄化就非但不是社会的负担，反而能够构成推动经济社会不断发展的新力量。

形成这样一种乐观判断的一个重要依据是，在老龄化过程中不仅人口的预期寿命得到延长，老年人口的健康预期寿命也在延长。庞大的老年人口同时意味着庞大数量的健康的和有生产能力的老年人力资源和老年人力资本，这些都能够转化成为国家发展的重要财富。特别是中国这样的巨大人口规模和巨大老年人力资源的国家，老年人口资源的开发就显得尤其必要。通过实施生产性老龄化的战略，将大量老年人力资源转化为经济生产力和社会生产力，并在体制上支持老年人力资源更好地发挥作用。这样的积极的生产性老龄化的发展战略，才是我国应对老龄化社会挑战的治本道路。

第一，支持和鼓励老年人口继续参与经济就业是生产性老龄化的一个重要方向。

在日本60—70岁老年人口中有70%仍然在从事各种经济就业活动，美国和欧洲等发达国家的退休年龄也都在65岁以上。因此，不少国家虽然老龄化程度很高，还实施高福利的体制，但是社会保障体系仍然可以基本维持，也仍能够维持较高的经济竞争力。

而我国当前的人口预期寿命已经达到74岁，一些特大城市如上海甚至已经达到84岁。但是法定退休年龄男性为60岁，女性干部为55岁，女性工人为50岁，调查表明当前劳动力的实际平均退休年龄还只有52岁。这意味着大量老年人口退休后还有三十年左右的平均余命，其中不少时间还是健康的老年人口赋闲在家，这实际上是老年人力资源的大量闲置和损失，并进一步加剧了社会保障体系的负担。世界主要国家应对人口老龄化，基本上都随着预期寿命的延长逐步推迟退休年龄。因此，我国在快速老龄化的同时，逐步推迟退休年龄是充分利用老年人力资源的必然选择。根据估算，我国退休年龄每延迟一年，养老统筹基金可增长40亿元，减支160亿元，减缓基金缺口200亿元。同时，退休年龄每延迟一年，还意味着老年人口为社会创造更多的财富。但是，鉴于多数劳动者对于延迟退休年龄的反对态度，延迟退休年龄的制度安排应该谨慎地设计，努力探索更加弹性的方式，尽量满足不同人口群众的需求，例如将延迟退休年龄和提高老年人口退休后的工资替代率结合起来，从而激励劳动者自愿地延迟退休年龄，以期逐步地创造条件延迟法定退休年龄和鼓励老年人口退休以后继续参与经济生产。

为了使老年人口在退休以后有能力继续参与劳动力市场，应该在劳动者中年以后增强对其知识技能水平的再提升、再培训，让其能够更积极地参与老年就业活动和老年社会活动。同时，考虑到老年就业往往多是采用灵活就业的方式，应该适应老年人的特点，发展自由职业、临时性就业，特别是可以利用现代信息技术在家里参与经济、参与社会的各项活动。老年人口相对来说有就业的劣势，但同时也有长期工作经验和人力资本积累的优势，这些都对发挥老年人力资源具有积极意义。

当前延迟劳动者退休年龄，首先可以将女性劳动力退休年龄延迟到和男性劳动力一致。女性退休年龄更早一定程度上是对女性劳动者的保护和对女性家庭再生产的认可，使女性劳动者能够对劳动力市场投入较少获得社会保障和福利供给，并能帮助更好地协调劳动力市场投入和家庭再生产的关系。随着企业市场化的程度在逐步提高，以及家庭劳动越来越市场化和社会化，女性对劳动力市场参与的需求进一步增强。而且女性的受教育程度提高很快、女性的预期寿命甚至更长，女性退休年龄如此之低，与经济社会可持续发展的矛盾尤其突出。从某种意义上说，首先实现退休年龄的男女平等，再逐步推迟退休年龄是一个可行的工作路径。提高女性的退休年龄也显得更符合男女平等的要求，能够更好地保障女性退休后的生活，是更容易率先推动的方面。

第二，加强老年人口对家庭社区公共事务和社会建设的积极贡献也是生产性老龄化。

充分开发老年人力资源不仅意味着促进老年人口的经济参与和创造经济价值，更包括促进老年人口的社会参与和创造社会价值。老年人口在家庭事务和社区事务的积极参与和贡献，有利于增强家庭的功能，有利于维护社会和谐和提高社会福利。有研究表明，老年人口和子女共同居住或者在邻近社区居住有利于提高后代的劳动力市场参与，这说明老年父母对家庭生活的支持也是有利于经济生产和社会和谐的。将老年人口积极组织起来参与环境、卫生、教育、公益文化、以老养老服务，都是发挥老年人口社会价值的良好形式。充分发挥老年人口社会参与的能动性和自主性，开展各类公益活动，构成社会建设的重要内容。从这个意义上说，随着老年社会参与的加强，老年人口本身也构成了社会建设重要的主体性力量。

为了更好地促进老年人口参与社会公益活动和参与社会建设，需要发展各类老年社会组织，以及鼓励老年人口继续积极参与各类社会组织。老年人口能参与各种社会公共活动，也能够帮助老年人口避免老年生活的社会隔离，更好地融入现代城市。同时也帮助老年人口重新塑造老年以后的生活方式，并因此有效提高老年人口的健康水平和自我价值的实现。

现代社会中，信息化水平的提高更有利于发挥老年人力资源的作用。信息化帮助老年人口突破体力和空间的限制，能够更好地适应老年人口生活模式的特点，促进灵活的经济和社会参与。信息化也帮助老年人口有效获取信息，不断增进人力资本和发挥人力资本的价值，及时适应社会和世界的发展。应该客观看到，老年人口相对于青年群体在信息技术掌握和运用上存在显著劣势，老年人口群体和青年群体的信息鸿沟比体力差别的限制更加显著。因此从促进生产性老龄化的角度来看，增强对中高年龄和老年人口群体的信息化能力再培训，减少二者的信息鸿沟显得更加重要。增强老年人口的信息化能力，有利于帮助老年人口更好应对发展的限制和挑战，有效增进老年人口生活福利，并帮助老年群体更好地服务社会。

第三，支持和鼓励老年人口自愿地异地迁移和充分发挥老年人力资源的作用。

在城市化过程中，农村地区和中西部地区大量年轻劳动力迁移到城市，带来郊区和中西部地区的人力资本净损失，并对农村和中西部地区的长远发展带来不利影响。在老年人口自愿的前提下，如果能够鼓励一些健康的老年人口返回家乡和到农村地区休养，将其退休后人生的一段时间继续贡献于农村和中西部地区，在一定程度上能够继续使老年人口为国家发展做出贡献，使老年人口移民成为郊区农村和中西部地区发展重要的人力资源。

因此，我们不仅要强调青年志愿者支援西部和支援农村地区，也应该鼓励老年人口在自愿前提下，支持农村地区和中西部地区。联想到20世纪80—90年代苏南小城镇发展起来，恰恰正是大城市中退休的技术人员和星期六工程师提供了重要的人力资源。因此，促进健康的老年人力资源流动起来，鼓励老龄人口跨区域流动，可以更好地发挥人力资源作用和实现自身价值。这本身也构成"以东补西""以城养乡"的一种形式，并有利于更好地创造社会财富和平衡社会发展。应在制度上支持和鼓励老年人口退休以后到中西部和农村地区，或者回到其祖籍和迁出地的家乡进行老年创业。相对于正在竞争创业的青年，老年人口群体也有更多的精力和奉献精神在这些"第二战场"做出贡献。例如，他们可以帮助当地建设学校、指导当地工业建设和小城镇建设、在农村地区将积累的物质资本和社会资本用于投资和公益服务。

联想到中国传统社会下的生活模式，是官僚贵族老年退休以后回到农村地区，成为农村地区的乡绅。这些老年乡绅能够通过自身的人脉和知识更好地服务乡亲邻里，发展地方慈善，沟通地方政府和农村社会关系，构成乡村治理的重要力量。这种返回式的老年移民的积极作用在现代社会也仍然可以继续发挥。改革开放以后农村的治理体制出现瓦解并正在重构，通过鼓励老年的返回性移民，让新的"乡绅"在新农村建设过程中发挥作用，特别是在兴教育人、社会服务、经济生产指导等方面，是对新农村建设重要的人力资源补充。同时这些“乡绅”也能够成为地方社会民意领袖，推动新农村的社会治理体制的发展。

当然促进老年人力资源的跨区域流动和跨地区发挥作用，要尊重老年人口的自觉自愿，并允许老年人口自由迁移。否则这些人口群体在青年时“上山下乡”，在老年时继续鼓励他们“上山下乡”，对其未必是很公平的社会政策。但显然有大量非常健康和有事业心、有社会贡献意识的老年群体愿意退休以后继续发挥作用，或者返回家乡叶落归根。需要通过制度上的支持，包括推进农村基本健康服务的发展、将迁移流动到城市的“流动老人”逐步纳入城市保障体系、推动农村土地制度和住房制度改革与市场化发展、推动社会保障的跨地区衔接转移，鼓励促进老年人力资源跨区域流动并发挥作用。如果能够实现年轻移民自由进入城市、城市积极吸纳移民，以及促进城市资本和人力资源（包括老年人力资源）更多地对欠发展地区进行社会支持，那么城乡协调发展可能创造出更为丰富的城乡沟通的机制。

积极应对快速的老龄化，我们有理由保留一定的积极态度和谨慎的乐观。老龄化从来不是无解的困境，也不是发展的威胁，对此不用过分担忧，甚至杞人忧天。人类社会必然会不断地老龄化，老龄化社会也一定不会成为发展的终点。只要保持不断和及时的制度创新来应对老龄化的挑战，老龄化社会反而能够成为面向未来的新的经济社会形态的起点。

2012年12月18日

（发表于《东方早报》）

政府应完善计生家庭老人扶助制度

不久前，全国人大常委会通过了新修订的《老年人权益保障法》，其中规定，政府应建立和完善对计划生育家庭老年人口的扶助制度。这是通过立法方式明确了养老的政府责任，表现了政府对实施计划生育家庭的老年人口生活和福利的负责态度。

随着20世纪70年代和80年代第一代独生子女家庭的父母开始逐步进入老年，重视针对计划生育家庭的扶助制度是必要而且是及时的。我们注意到，对计划生育家庭老人的扶助支持，开始是作为一项奖励性措施来鼓励人口实行计划生育，现在则更加定位于避免和解决计划生育家庭所面临的特殊风险的一项扶助措施。这也说明，决策者已经意识到计划生育政策实施以来的负面影响，说明政府部门开始转向应对实行计划生育和长期低生育率对家庭结构、老年保障、家庭生活、经济生产、社会关系等方面所产生的风险和挑战。

特别是，计划生育家庭的老年人口的生活风险还存在累积性。随着计划生育家庭数量越来越多，随着计划生育家庭的老人的年龄结构更加高龄化，计划生育家庭老年人口的扶助方面的需求会进一步加大，扶助难度也会进一步加深，而年轻的计划生育家庭的生活风险也推移转变为计划生育家庭的老年人口的生活风险。这都需要政府部门投入更大的力量来应对。

政府部门有责任帮助应对计划生育家庭老年人口的生活风险，建立和完善计划生育家庭老年人口的扶助制度，应重视三个方面：

第一，相对于对计划生育家庭老年人口的救助扶助，应更加重视对计划生育家庭老年人口的制度扶助。

经济扶助是对计划生育家庭老年人口进行社会扶助的基础。对计划生育家庭的扶助达到什么标准，还值得进一步细化制定。一个基本的指标在于，经济扶助应该不低于社会的平均经济水平，需要能够维持老年人口的正常生活水平和体面生活。经济扶助的目的，是避免计划生育家庭的老年人口陷入贫困，避免计划生育家庭的老人缺乏经济供养，也避免计划生育家庭的老人因病致贫。

而相对于对计划生育家庭老年人口陷入贫困、陷入疾病后的扶助，政府应更加重视通过制度方式为老年人口的经济生活和医疗健康提供稳定的制度保障，通过制度扶助避免老年人口陷入贫困，以及避免他们陷入“因病致贫”和“因贫致病”的循环。

因此，不同于传统的为计划生育家庭人口退休后提供一次性的或按月支取的扶助金，或者对于特困家庭的特殊补贴，政府应更重视加快覆盖针对计划生育家庭老人的社会保险，包括提供一些特殊的针对计划生育家庭的补充保险计划，从而将老年扶助从事后救助改变为预防性扶助，从补贴性补助转变为制度性保障。

第二，相对于对计划生育家庭老年人口的经济扶助，应更加重视对计划生育家庭老年人口的社会扶助。

至少从数据上来看，计划生育家庭老年人口的经济收入水平将会好于非计划生育家庭，他们在老年生活中所面临的突出困难，更在于生活自理、家庭事务料理、精神慰藉、交通、处理生活事务等这些往往被认为是子女日常尽孝的方面。特别是，随着老年人口更加高龄化，他们的自理能力更弱，他们的独立生活更加困难，他们对于社会扶助的需求会进一步强化。

因此，对于计划生育家庭老年人口的扶助制度，已不是能通过宣传子女孝心、制定“新二十四孝”来解决的问题，而是要通过社区，发展志愿者组织、养老服务队伍、社会组织的专业服务，提供从老年活动室、托老所到养老院的各种机构，来帮助照料老年人口的生活。这样的养老社会扶助体系，是政府应该更加重视建设的。

第三，相对于对计划生育家庭老年人口的一般性扶助，应更加重视对计划生育家庭特殊困难老人的特殊性扶助。

老年群体和计划生育家庭的老年群体本身是多样化的，政府和社会部门应该针对他们的切身困难和客观需求提供扶助支持。相对于普通的计划生育家庭老人，扶助制度应该更加重视对失独老人的扶助制度建设。随着第一代独生子女家庭的父母开始进入老年，原来的失独家庭可能只是经历中年丧子之痛，以后则会有越来越多的计划生育家庭的老人经历老年丧子之痛。一些子女意外伤残的计划生育家庭的老人可能要承担照料子女的责任，当他们越来越老，对病残中的子女的照料就会越来越力不从心。这些如果不能妥善解决，都将转化为社会问题。

因此，相对于一般性的社会扶助和经济扶助体系建设，针对特殊的计划生育家庭老人的社会支持体系建设和扶助政策的制定，就显得非常必要。这样的扶助支持，对于缓和社会矛盾、满足人民需求和构建良好的社会秩序，是非常重要的基础工程。

2013年1月7日

（发表于《东方早报》）

家庭养老责任淡化是大势所趋

随着我国人口老龄化和高龄化的发展，老年人口养老服务的需求在日益提高，提供老年人口必需的和令他们满意的养老服务的供给压力日益增加。目前的局面是，独生子女政策的大面积普及带来家庭养老能力削弱，子女在异地生活造成空巢家庭越来越多；此外，种种原因形成的独居老人的数量和比重也在提高。这样，独居老人、高龄独居老人，以及包括贫困老年人口家庭和失独家庭老人等在内的特殊老年群体的生活照料和养老服务，成为日益突出的社会问题。

同时，随着老年人口对老年生活的品质要求的提高，养老服务不仅是基本养老服务提供的问题，也包括高质量和高标准养老服务提供的问题。

因此，加强养老服务体系建设就显得迫切和重要。需要积极探索通过老人自身、家庭、邻里和社会、政府共同发挥作用，加强对老年人的社会支持，加强对老年群体的生活照料和养老服务。

当前养老服务体系建设的一个重要的政策导向，是强调家庭在养老服务上的责任。发挥家庭的作为，被认为是解决中国养老问题的重要对策，被政府部门和学者关注和提倡。在今年 7 月开始实施的新修订版《老年人权益保障法》中，甚至规定“与老年人分开居住的家庭成员，应当经常看望或者问候老年人”。对于一个长期重视家族家庭传统和强调孝道文化的社会，这样的立法要求，在宣传和导向上显然是道德正确的。但是让养老问题转回“家庭问题”的社会政策思路，显然属于推卸责任，并且不是对症下药。

家庭的功能和作用下降，是人口变动的必然结果。现在的问题不是家庭没有发挥作用，而是传统意义的家庭功能在逐步削弱，家庭功能客观上难以发挥足够的养老作用。由于家庭规模减小、空巢和独居老人增多，家庭政策在养老问题上日益表现出局限性。在当前情况下，老年人口难以通过家庭来得到足够的生活服务和安全支持，单纯提倡子女要“常回家看看”，乃至通过立法来强制要求，不仅是法制对道德的“越位”，本身也并非对症下药。因为问题的症结不是子女不孝，而是子女因为职场压力、自己的家庭生活压力、和父母居住的分隔化等，而难以常回家看看。

因此，我们更应重视如何增加劳动者的带薪休假；如何鼓励劳动者和父母就近居住或者共同居住；如何为随子女迁移的父母提供良好的医疗和社会服务；如何发展社会性的家庭服务功能，以使子女有时间来实现家庭养老。应该看到，子女不能常回家看看，意味着过度的工作挤占了劳动者的闲暇和家庭生活，意味着劳动者缺乏足够的社会支持来平衡养小和养老的时间分配，也意味着我们在制度上和住房供给上缺少足够的能力来支持老年人口和家庭子女就近居住进而得到适当的家庭照料。

家庭的功能在逐步削弱，但并非意味着在现代社会中家庭对养老是无能为力的。在这个意义上强调家庭对养老的积极作用，不是简单地让子女常回家看看，来满足父母的养老需求，而是需要我们在变化着的现代社会中，通过强化社会机制来增强家庭养老的能力。例如，通过信息化技术和生活物流的发展，让子女能用网络及时知道父母的身体状况、空间位置和具体需求，并能用技术及时解决他们的生活需求。需要一个更具服务能力和专业化支持的社区服务体系，让专业化的社会工作者也能为生活在家庭中的老人提供更好的帮助。

因此，现代社会中的家庭养老，不是将养老的责任推回到家庭，而是通过社会力量的参与来帮助家庭和改造家庭，使老年人口居住在家庭中就能获得更加充分和高质量的家庭养老服务。这样的目标，恰恰不是通过回归家庭来实现的，因为事实上难以将所有的家庭成员培养成为专业化的护理人员、精神治疗师等。更强有力的社会支持体系，才能够使家庭在现代社会中发挥起养老的职能和责任。

特别是对于空巢家庭、独居老人和特殊困难的老年群体，考虑到其中的97%仍然居住在家庭和社区中，因此需要更大程度地发挥邻里、社区和社会力量，对老年人的生活服务和生活安全提供保障。例如，与其鼓励乃至立法要求子女常回家看看，更应鼓励"常关心一下你们的邻居"，鼓励发展社区家庭服务的专业化队伍和志愿者服务，来及时关心独居老人的生活。这样的社会政策方案比单纯的家庭养老责任，将更加必要和有效。

所以，在当前快速老龄化和快速社会变迁的背景下，实现"常回家看看"和加强家庭养老服务的能力，对策恰恰在回归家庭之外。为家庭发挥作用创造良好的社会环境和制度环境，才是真正的家庭政策。而过分强调家庭的责任，有可能是对政府和社会养老责任的一种偏离，也有可能反而恶化了家庭的养老和家庭生活。

养老本身是家庭功能的重要组成部分，家庭各项功能的充分发挥是建设一个稳定、有效现代社会的基础。总之，当前老龄化过程中，养老问题出现困难和挑战，不是家庭出了问题，而是社会和政府的制度建设和体制建设相对发展不足。从某种意义上看，将养老问题转回家庭的对策方案不仅是"偷懒的"和"推诿的"，而且没有对症下药，并会进一步恶化家庭养老，也必然是无效的。在现代社会中强调家庭的养老责任当然是道德正确的，但养老的出路不是回归传统的家庭和家族，也不是生育更多的子女，而只能发挥社会力量的作用，通过技术创新和政府支持，从而创造出新的符合现代社会需要的家庭生活形态和家庭养老方式。

2013 年 7 月 21 日

（发表于《东方早报》）

上海城市养老服务体系建设的基本状况和存在问题

上海城市养老服务体系通常被概括为“9073”，即90%的老人由家庭自我照顾；7%的老人，享受社区居家养老服务，主要以社区助老服务社、老年人日间服务中心、社区老年人助餐服务点等为服务实体，以上门、日间服务为主要形式，以生活照料、康复护理、精神慰藉为主要内容；3%的老人在机构养老，由政府主导，鼓励社会参与，为高龄、失能老年人提供具有全托生活护理功能的机构养老服务，养老机构既有政府建设的养老机构，也有政府支持的民办养老机构以及市场化运作的养老机构。

从养老机构的模式来看，目前上海市养老机构的模式主要分为三种：(1)政府建设，政府或者国有机构运营，简称“公建公营”；(2)政府建设，委托民间机构(如社会团体、组织和个人等，从法律上一般成立“民办非企业单位”)经营，简称“公建民营”；(3)民间机构建设，民间机构经营，简称“民建民营”。目前，上海市共计养老机构631家，床位数共计108 364张(其中2013年新增5 155张)，比上年增加3.0%。

另外，上海市老年人日间服务机构共计340家，服务人数比上年增加9.1%。社区助老服务社共计230个，服务人数共计28.20万，比上年增加3.7%；其中享受养老服务补贴的人数为13.03万，比上年增加 3.2%。社区老年人助餐服务点共计 533 个，比上年增加 41 个，受益人数比上年增加 11.1%。上海老年医疗保健正在不断完善。老年医疗机构（独立老年护理院、老年医院）共计 25 所，独立老年护理院床位 4 471 张，比上年增加 10.8%。上海市共建家庭病床 4.97 万张。

从养老服务的内容和形式来看，在老年医疗健康服务上，“十二五”规划要求上海市的城市养老服务进一步提高和完善老年医疗保障制度，要求在“十二五”期末，上海市所有街道（镇）设有一所社区卫生中心，各类二、三级医院普遍建立老年病科。家庭病床保持在 6 万张左右，按需为适宜在家庭病床接受治疗的老年人提供服务，并为上海市 65 周岁以上的老年人进行健康管理。城市老年人口教育服务和文化体育活动较为丰富，依据“十二五”发展规划，上海市发展远程老年教育、推进养老机构养教结合、建成数字养老院资源平台、建立老年教育支持服务体系，并出台了《上海市社区公共文化服务规定》，修订社区文化活动中心基本功能配置标准，为社区群众特别是老年人的文化权益保障提供了依据。目前，以老年群体为主要服务对象的社区文化活动中心有 203 家，村（居）委综合文化活动室 5 311 个，基本建成“15 分钟公共文化服务圈”，并举办丰富多彩的老年文化主题活动，开设一批适合老年人收视、收听的广播影视节目，为老年人提供了丰富多彩的文化产品。同时开展形式多样的老年健身活动，老年人健身场所和健身组织不断增加，成功组织 90 多次市级以上的老年竞赛活动，并多次组团参加全国性或地区性的老年体育比赛。

我们发现，城市养老服务体系发展仍然存在一些突出的困难和问题，主要表现在以下几个方面：

1. 城市规划中养老服务用地规划不足是制约养老服务发展的突出瓶颈

土地问题是目前我国养老服务业发展的瓶颈，主要表现在用地指标短缺、属性不明确以及配套优惠政策不完善等多个方面。城市老龄化发展要求增加养老床位，因此，增量发展是近些年的紧迫任务，但是，土地利用问题是阻碍养老服务设施建设的突出瓶颈。目前能够享受政府划拨土地的民办养老服务机构很少，大部分说不清楚其使用土地的性质。在城市规划领域中，没有养老产业用地这一土地用途，除了获得政府划拨土地和租用场地的养老项目以外，目前的民办养老项目都是以招拍挂方式来获得商业用地、工业用地等，土地成本高，直接影响到了盈利水平。其次，养老用地与借贷融资等相关政策冲突，例如老年人社会福利设施用地被归为非营利性社会福利设施用地一类，可以划拨方式取得，但是划拨用地无产权，开发企业无法贷款，这样就限制了养老服务业的发展。

上海城区土地利用紧张，"十二五"规划养老床位指标完成难度大，城区的挖掘潜力空间有限，各区县并没有养老设施建设专项规划，公共设施用地存在总量不足、未明确社会福利用地的问题。而城市居住公共服务设施配套中虽然有社区福利设施的用地，但是配置标准低、数量少，因此，城市养老机构建设的用地问题仍然严重制约养老服务的发展。

2. 城市养老服务供给存在空间分布的不平衡

养老机构应该是以托底为主，应由高龄、失独、特困、残疾等较为困难的老人先入住，由于市一级和区一级等养老机构相对条件良好，价格低廉，其床位相对较为紧张，而目前城市养老机构对于入住的老人的要求并没有明确的标准，导致城区内这类养老机构的排队现象非常严重。养老机构是以区县为单位制定每年的建设目标，由于部分区县例如静安区等中心城区土地紧张，寸土寸金，很难完成指标，有限的床位造成了供不应求的现象。《上海市老龄事业发展"十二五"规划》和《关于推进本市"十二五"期间养老机构建设的若干意见》要求，上海市中心城区养老床位不低于区域老年人口的2.5%。但是在实际情况中,现有床位数和这一要求存在明显的差距。在中心城区,实际养老床位数和计划数的缺口动辄达千张之多。相反,郊区由于交通不便以及环境不成熟、公共服务质量低下、软性建设相对滞后等,虽然床位数能够达到市规划目标要求,却出现了空置的现象,入住率较低。

3. 民办与公办养老机构的差别性待遇和差别性政策

目前上海市公办和民办养老机构待遇差别明显。一方面,公办的养老机构能够得到政府在土地、人员、运营等方面的优惠和补贴,包括直接的财政投入和运营补贴。公办机构有着政府在资金和政策上的支持,监管到位,且采用了双轨制的服务,费用低,较多老年人能够承受,因此出现了床位难求的现象。

但是另一方面,许多民办养老院却出现了床位空置严重的现象,入住率低,甚至连年亏损。目前上海民办养老机构约占机构总数的50%,但是入住率仅60%—70%。这是因为民办的养老机构属于民办非企业单位,没有对应发展的系列法律法规,这对于民间资本的进入和管理造成障碍。同时民办养老机构在资金和急救设施等方面得到政府的帮助较为有限,在土地、税收、水电等费用的优惠政策上并没有真正受益。在养老用地上,民办机构也很难得到廉价的土地,租赁土地和建筑房屋是民办养老机构最大的成本。我们在调研中发现,某民办养老机构的土地性质为工业用地,成本较高,且由于老年公寓项目的土地性质不能进行抵押贷款,前期运作需要以自有的资金来投入,因此向老人收费成为其主要的收入来源。民办养老机构的收费相对较高,前期投入资金回笼较为缓慢,也造成民办养老机构运行成本较高、运营和发展困难。民办养老机构享受到的政府各项优惠和补贴微乎其微,建设成本高,收费高,同时还需要提供服务,积累管理以及人员方面的经验,因此面临巨大的生存压力。

4. 养老服务行业的服务标准和行业市场秩序有待规范

上海养老服务事业和产业发展很快，但是在机构建设、养老护理服务、人员培训、机构运营等方面，缺乏专业的规划、标准，也缺乏相应的行业准入和行业管理规范，造成了养老服务行业的秩序混乱。在养老服务领域，一些养老机构收费不规范、管理不规范、建设标准不达标、服务不规范，极大损害了老年人的权益。

5. 对社会化、市场化养老服务业投资存在不合理制约

养老机构的投资一般分为政府投资和社会力量投资，随着上海人口老龄化程度的不断加剧，仅仅依靠政府投资举办养老机构已经难以满足日益增长的社会养老需求，因此必须通过市场化的投资方式来调动社会力量共同参与。

目前《老年人权益保障法》规定投资开办养老机构的基本条件需要有名称、住所、章程，相适应的资金，符合资格条件的人员和设施设备、场地；民政部的《养老机构设立许可办法》又对此进行了细化补充，规定床位数在 10 张以上。为此，《上海市养老机构条例(草案)》第 8 条提出：设立养老机构，应当符合有关法律、法规规定的条件，而且根据上位法的规定，对不同类型的养老机构实施统一的准入条件。

目前社会力量投资举办的养老机构数量较少，主要原因就是开办养老机构的门槛过高，市场化养老机构投资存在许多的限制。因此，鼓励民间资本、社会力量来参与发展养老产业，必须要打破高门槛的瓶颈。

6. 养老服务的养老护理专业人员队伍不足和人力资源不稳定

养老服务人员严重缺乏，因为护理服务行业薪酬低，上海本市的青年不愿从事。目前机构护理人员多是 40 岁左右的外来流动人口，其稳定性差，专业化程度低，很难满足老龄人口的养老需求，而在人力资源培训管理以及人力资源引进方面也存在着诸多政策障碍。

按照《上海市养老机构管理和服务基本准则(暂行)》条例,护理员与三级(自理)老人比例为1∶5至1∶10;护理员与二级(半自理)老人比例为1∶3.5至1∶5;护理员与一级(不能自理)老人比例为1∶2.5至1∶3.5;护理员与专护(完全不能自理和瘫痪老人)老人比例为1∶1.5至1∶2.5,但是现实中多数养老机构并不能够完全满足规范要求。目前养老院的薪酬对于护理员来说也并不具备吸引力,护理人员缺乏专业的医护背景,只通过几天的培训就持证上岗,高强度工作和低廉的工资待遇使得其处于较为低下的社会地位,从而导致了目前护理人员流动性大的现象,加大了养老院人员管理的难度,造成了多数养老院的"护工荒"的问题。老年养护人员缺口大成为上海养老服务体系建设中的突出问题之一。

7. 老年服务社会工作队伍发育不足,不能对养老服务提供有效支撑

社工介入养老服务体系,为老年人提供专业服务是应对目前上海老龄化问题的积极模式。社工能够运用其专业的理念和方法,有针对性地介入并满足老年人的不同需求。根据《上海市养老机构管理和服务基本准则(暂行)》的规定,城市养老机构必须配备一名以上的专业社工,但是许多机构并没有满足此要求。目前上海市注册社工人数约为2 000,而上海市"十二五"规划要求到2015年上海社工总数到达7.2万,现有水平远远不及定下的指标,老年社工数量严重匮乏。并且目前社工机构多以项目形式开展为老服务,因此社工服务在稳定性和持续性上有所欠缺,也很难开展实质性的服务。

另外,在实际工作开展中,社会工作者并没有在养老体系中得到普遍的认可与重视,其职业化和专业化的发展前景渺茫。而养老机构对于社会工作的重要性认识模糊,其传统的护理模式和管理体制难以开展本土化的社会工作服务,使得老年社工只是流于形式。加上目前社

会工作的发展底蕴不足、专业素养不够、人员流动大等问题，无法有效整合多方资源，实现预期的效果。另外，政府对于社工的培育和扶持力度较低，从而阻碍了社工介入养老服务体系，有效提供服务的路径。

8. 养老服务的内容不能满足老年人口的具体需求

目前养老服务项目较为单一，难以满足不同层次的需求，多数养老服务机构仅在吃、住、医等基本生活方面提供服务。部分养老院、日间照料中心等包含了打麻将、下棋等活动以及中午助餐的功能，成为了变相的“老年活动室”，但忽视了加强老年人自我保健意识和能力等内容，未能满足老人身心的实际需要，服务质量亟待提高。另外，目前养老服务缺乏人本观念，以方便机构自身管理运作为中心，管理多于服务，无法切实有效地满足老人多方面的服务需求。

此外，现有的养老机构，没有从保障老年人衣食住行的基本生活扩充到提供情感护理等精神服务，没有满足老年人多样化的需求。一些养老机构长期把老人束缚在机构内的方寸之地，使得老年人缺少融入社会的机会，缺少心理上的抚慰，从而会导致“习惯性无助”等问题的产生。

2014 年 11 月 9 日

应特别重视对城市纯老家庭老人提供养老和护理服务支持

纯老家庭指连续6个月以上，家庭所有实际居住的成员年龄均为60周岁以上的家庭，它包括了空巢老人、独居老人及失独老人等。上海的“纯老家庭”老年人口增速加大。根据统计，2004年上海各类纯老家庭老年人口人数为21.25万。《2013年上海市老年人口和老龄事业监测统计信息》显示，2013年末上海市“纯老家庭”老年人数为90.43万，占老年人口总数的23.3%；其中80岁及以上“纯老家庭”老年人数为25.02万。独居老年人数为23.51万，其中孤老人数为2.40万。同时，根据我们研究组和上海市妇联的合作研究，上海失独家庭（即失去独生子女的家庭）总量约为3.9万户，上海失独家庭中主要是中老年群体，50岁以上失独父母数量占失独家庭总量的60%。

当前纯老家庭数量较多并继续快速增长，一方面是人口长期少子女化和家庭规模减小的结果，长期的计划生育政策和低生育率导致了少子老龄化、独子老龄化甚至无子老龄化，造成大量失独家庭、更多的空巢孤独家庭等等；二是随着中国的城镇化发展，增强了家庭子女的流动性，一些家庭子女外出就业或出国学习务工，即使居住在同一个城市，城市更新和工作忙碌等也带来老人生活方式的空巢化；第三，城镇化带来的城市房价上涨导致市区的大户型房子价格昂贵，老年和孩子被迫“分居”。

纯老家庭中的空巢老人、独居老人家庭、失独家庭，由于在社会支持方面缺乏家庭、配偶、亲戚和子女的支持，养老服务和护理问题凸显。特别是其中的纯老家庭的高龄人口，随着老龄带来自理能力下降和疾病率上升，问题尤其显著。日本现在出现了“无缘社会”的现象，很值得老龄化后发城市的警惕和重视。纯老家庭的老人已经出现了一些养老和护理问题，例如生活照料和护理服务的困难；其次表现为精神孤独，在某种程度上广场大妈的出现，其实正折射出了老年人口的生活孤独。纯老家庭如果缺乏与外界的沟通和兴趣爱好，也没有家庭的照料和慰藉，精神生活就更加孤单。另外，纯老家庭在生活上还出现了一些具体的困难，例如老人看病住院需签字、老人日常起居及家庭设备维修、老年遗产继承的法律纠纷等等。因此，在养老政策上，政府应该更倾向于对这类纯老家庭尤其是高龄纯老家庭、独居老人、失独老人的护理与照顾。

当前我国的养老模式主要分为居家养老、社区养老和机构养老三类。而纯老家庭由于没有子女在身边或无子女，更需要通过政府和社会的力量来加强养老和护理服务。对加强纯老家庭养老和护理服务的对策建议包括：

第一，鼓励养老机构对纯老家庭采取优先入住的优惠政策。按照纯老家庭不同的情况，高龄老人、无子老人或失独老人最先考虑，其次为空巢老人等子女不同住或异地的纯老家庭。

第二，在“9073”养老服务体系中，特别重视增强对居家的纯老家庭的社区服务。研究调查显示，老人最喜欢的养老模式是居家养老，有90.6%的老人喜欢居家养老。加强社区对纯老家庭的关注既符合当前“9073”养老格局政策，也符合老年人的习惯和偏好。对于纯老家庭的居家养老来说，由于缺乏家庭子女的照料，社区养老对他们更为迫切，需要进一步的关心和改进。社区对纯老家庭的服务内容，要适应不同身体状况的老年人的需要提供多样化的选择。借鉴日本的经验，老年服务人员的服务内容可以包括：(1)上门服务，即到老人家中提供多种服务，包括照料老人日常生活，帮助做家务，专门订车让老人去医院和购物，定期上门会诊等；(2)日托服务，即白天把住在家里的老人接到社区老人护理中心等机构照顾，晚饭后再送他们回家；(3)短托服务，即针对那些因疾病或其他方面无法居家护理的老人，让他们短时间地入住社区设施(原则上为1—3个月)；(4)长期服务，即为社区老年人提供3个月以上的护理服务；(5)老年保健咨询和指导服务，即定期举办健康讲座，提供24小时咨询服务等。

第三，通过对纯老家庭提供特别养老服务券的补贴，给予特别支持。现在城市养老的补贴往往提供给机构床位和服务供给者，应逐步增加对养老服务需求者的补贴，从而由老年人口自己选择需要的养老服务。其中，首先可以对纯老家庭的老人提供这样的服务券补贴。他们在社区和专业服务机构中，能够使用服务券得到服务，而政府可以为这些类型的服务提供专项补贴。这些补贴可以给予向老年人提供安全检修、家政服务、生活护理、送餐、理发等的个体商户，借助市场力量帮助消化这样的居家老人服务，是一种有效方式。同时通过特别养老服务券的方式，也能够对社区中相对比较贫困的老年群体提供服务。

第四，鼓励发展纯老家庭与来沪非户籍移民的“共住”模式解决养老服务问题。我们发现一方面城市中有大量的老年人口和纯老家庭，另一方面作为移民城市带来了大量非户籍移民人口。这些外来移民实际上一定程度上为城市应对老龄化挑战提供了养老和护理服务的人力资源，可以鼓励他们在纯老家庭中就近居住和贴身服务来增强对纯老老人的服务。类似的机制有香港的菲佣，实际上菲佣本身很大程度上帮助支持了香港部分城市居民应对老龄化挑战。我们建议，可以构建一个由纯老家庭的老人作为房东的居家家政和护理服务平台。老人们在社区的帮助下在这个平台上注册，外地非户籍移民（包括本地的一些家政和护理服务人员）可以登记提供服务，对于护理服务则需要提供必要的专业证书。政府可以委托机构对家庭服务和护理信息进行登记、匹配、信用核实、签署协议、中期跟进和后续跟进等一系列工作。纯老家庭因有年轻人入住，会得到生活上的照顾以及精神上的慰藉。另一方面，非户籍人口可以凭借低廉的租金租借纯老家庭的房子，缓解城市居住压力。

2014年11月15日

从“9073”格局到完善城市养老服务体系建设

通过对上海城市老龄化状况的分析,我们看到城市的老龄化程度在不断提高,同时高龄化水平提高得更快,纯老家庭、空巢老人的数量和比重提高,独居老人数量提高,老年疾病率提高、不能自理人口比重提高,这些对城市养老服务带来巨大需求和压力。与此同时,随着人们生活水平的提高,城市老年人口也期待获得高水平、高质量的养老服务,特别是按照现代化全球城市的生活品质来要求,上海城市养老服务的供给水平和服务品质都需要极大地提升。

我们固然要继续提倡家庭的养老道德责任以及法律义务,但是在长期少子女化、人口流动化和社会竞争加剧的背景下,家庭功能日益衰落已成客观现实,因此强化社会养老服务体系显得更加必要和迫切。近年来,上海养老服务体系建设在深化“9073”养老服务、加强老龄化综合管理体制、加强机构建设和社区服务等方面都取得了很大成就。而从进一步建设高水平老龄社会的城市养老服务体系来说,需要从强调分类服务供给的“9073”养老服务格局,转变到更加强调整体性服务体系的“城市养老服务体系建设”。

当前城市养老服务体系建设强调“9073”,也就是90%的老年人口在家庭内养老，7%的老年人口得到社区养老服务的支持，3%的老年人口在机构养老。这样的"9073"作为城市养老事业发展整体框架，对推动养老服务发挥了积极作用，有利于按照人头数来配置床位数和财政资源。"9073"主要是从分类服务的供给和配置角度来讨论养老事业规划，但是随着城市居民养老需求增加，以及随着养老服务更深地卷入城市整体运行，这种养老服务就显得不适应了。简单将养老服务对象固化未必真正对解决城市养老服务问题具有指导作用，城市养老服务要更重视整体性的体系建设。

例如，7%的社区养老实际上日益显得不足，随着家庭养老能力越来越低，社区养老的辐射能力需要进一步增强，不仅要覆盖7%的人口，实际上要覆盖到20%—30%，乃至几乎要服务于社会中所有老年人口，才能创造出生机勃勃的宜老社区。客观来看，"90"和"7"显得日益相互交叉，也就是社区养老和家庭养老要整合为居家养老。对于3%的机构养老来说，虽然现在的数据显示机构床位占老年人口总数的2.8%，机构养老的总体床位入住率还有节余，机构养老床位数总体上能够与老龄化和高龄化过程相适应，但是机构养老的问题并不是养老床位数量的不足，而是养老机构床位内部的结构性存在不足。护理层次较低和普通养老机构床位供给是足够的，但高龄人口的护理床位、疾病病床和不同等级的养老机构和养老病床的供给则极为不足。郊区和农村地区的养老床位数显得供过于求，而中心城区的养老床位显得紧缺。我们也看到，作为机构养老的3%，其实并没有包括在医疗机构中的护理床位、日托中心的护理床位和家庭病床。如果考虑这样一些医疗护理床位，对机构养老服务的需求是超过3%的。

因此，简单强调"9073"显得宽泛和笼统，已经越来越不能对城市养老服务体系建设提供准确的工作框架。当前城市养老服务体系建设突出的问题并不是强调多少老年人口在家庭养老、社区养老，以及在机构中养老，并因此确定床位数和财政拨款数量，而是应该从养老服务的整体体系建设出发，更加重视加强居家养老和社区服务的衔接、加强社区服务和机构养老的衔接、加强家庭责任和机构养老的衔接，重视分类养老服务之间的衔接和整体联动，以及重视在养老服务体系中的基本公共服务体系和养老服务产业体系建设、政府和社会多元化养老服务体系建设、养老服务人力资源体系建设、养老服务的标准化和流程管理、养老服务机构评估和监管、养老服务和医疗卫生体系的衔接、养老服务技术创新体系应用、政府养老服务综合管理体制的构建、养老服务有关法制建设等等。在当前来说，这样的整体性养老服务体系建设比强调分类服务供给的“9073”养老格局更为重要，应构成城市提高自身能力应对老龄化挑战的重要公共管理议程。

城市养老服务发展需要从“9073”格局转为构建整体性养老服务体系，对此相关建议如下：

(1) 当前城市养老服务体系的总体建设框架，不是要规划有多少人在机构、在社区中养老，而更应重视构建“家庭—社区和机构的联动机制”。

实践表明，将家庭支持和社区服务良好地衔接起来，才能够帮助现代社会中的居家养老得到实现。社区内通过完善的助老服务社、配餐点、医疗机构和服务网络、生活物业的服务、文化体育的服务、心理咨询的服务等，才能够为家庭中的老人提供直接的支持。我们一方面看到老龄社会中家庭的功能和作用在削弱，另一方面家庭需要在日益老龄化的社会中发挥更重要的作用。这并非是要求回到传统大家庭和老年人口子女照料的模式，而是需要通过加强社区功能和提供社会专业力量的支持，通过养老假期、养老补贴等政策手段，增强当前社会的家庭养老的能力和可行性。

将社区服务和机构养老衔接起来，才能够改变孤立和冰冷的机构养老，使得机构养老获得社区性。机构养老的目标不是提供3%的养老病床，机构的医疗和护理服务本身需要得到社区内和周边的卫生医疗机构的支持，社区内的志愿者组织和社会工作组织也通过积极进入机构来开展服务。机构本身需要与社区和家庭互动，养老机构本身不仅是服务于老人，也可以对社区老人提供托老服务、喘息服务，从而将机构养老构造成为城市宜老生活社区的组成部分。社区功能的外溢可以包容机构，帮助机构中的老人得到更充分的服务。同时，一些较为大型的养老机构本身就构成了退休老人生活社区。在一些国际的养老机构中，有的还配置幼儿园，从而鼓励家庭成员能够经常到养老院机构和老人沟通、交流。

(2) 城市养老服务体系建设应该以政府公平性、普惠性和均等化的基本养老服务为底线，同时发展多元投入的社会养老服务体系和养老服务产业体系。

对老年人口需要提供基本养老保障，也需要提供基本养老服务。基本养老服务是在政府主导下，通过国家财政投入向全体老年人口提供基本的生活照料、卫生健康、精神文化活动服务。基本养老服务体系建设以设施建设为重点，包括社区日间照料中心、老年养护机构和其他养老服务机构等类型的设施，增加日间照料床位和机构养老床位。基本养老服务要以困难老年群体、失能老人、失智老人为优先和重点。从这个角度看，政府养老服务更应重视基本养老服务和对所有老年人口提供均等化和普惠性的公共服务。

除了以政府投入为主的基本养老服务，还应根据不同人口群体的具体需求，动员社会力量发展多元化社会养老服务，鼓励产业资本发展养老服务产业。非营利组织、社会性企业投入社会养老服务还需要更多的政策支持和财政购买。同时，养老服务是一种具有巨大前景的产业，应该鼓励民间资本和社会力量来发展各种养老服务。当前，我们可以看到产业的开放仍然受到很大的阻碍，对于养老医疗、服务业的发展，在外资的进入和市场准入方面存在壁垒和不公平的竞争。因此，实施更加开放的服务贸易对于推动城市养老服务发展有重要作用。

(3) 政府主导推动城市养老服务体系建设，并不意味着由政府直接办理和提供养老服务，政府应通过政府—社会合作关系、政府政策优惠以及政府购买服务等手段，推动多元力量共同参与社会养老服务建设。

社会力量可以广泛参与城市养老服务体系建设的各项内容。例如养老机构建设、养老服务人员的培养、社区服务的提供、生活自理能力的评估以及老年住宅维修、老年交通护送等等广泛服务，都可以通过社会力量和社会组织来提供。社会组织的建设对于增强社会养老服务的能力非常必要。在多元养老服务体系的发展中，政府的作用不是直接办养老，而更应定位于规范养老服务体系、养老服务的规划、养老服务的准入、养老服务的监管等，通过法规的建设、养老服务的规范体系和政策体系推动养老。

在多元化养老服务体系发展中，存在公办和民办机构养老服务的显著的不平等性，例如用地的不平等、价格补贴机制的不平等、财政补贴和政策优惠的不平等，增加了民办机构养老供给的困难。因此，通过更加平等化的养老服务发展机制，提高政府养老服务财政补贴的效率，对于提高养老服务质量，提高社会多元养老服务有重要作用。

(4) 强化城市养老服务体系建设，需要推动专业化服务护理人员、志愿者队伍和社会工作者队伍的培养建设，形成提供养老服务的充足和专业的人力资源队伍。

养老服务的队伍包括家政服务、分级护理服务、心理咨询和法律咨询服务等各类专业人才，也包括志愿者队伍和社会工作人才。相对于机构老人和护理员的合理比例、失能老人和护理人员的合理比例，城市养老服务队伍还非常短缺。城市养老社会工作者也由于工资水平较低、人员流动性大，在养老专业知识培养方面还需要完善和强化。在快速老龄化过程中，需要培训和培养大规模的养老服务队伍，并鼓励普通人特别是老年人口担任养老服务志愿者，形成社工和义工合作、专业服务队伍和社会志愿服务有机统一的社会服务队伍。

（5）城市养老服务体系建设须细化养老服务各个环节的规范管理和流程管理。

对老年养老服务要有科学的分级评估，确保服务资源的合理配置和最优利用，使最需要得到服务的老年人口得到最适当的照料。养老机构的设立，养老机构运营的规范以及具体服务和护理的程序、内容，养老服务设施和产品，都亟待标准化。近年来，养老服务社会事业和服务产业有较大发展。但也有不少服务组织和服务机构缺乏资质，有的组织机构甚至以营利为真实目的，损害老年人口的切身利益。因此加强对各类养老护理服务的行业监管，才能有效提高城市养老服务的水准和质量。需要对各类养老服务组织机构定期进行运营绩效的评估和非营利性评估，以严格标准不断提升城市养老服务的水平。

（6）城市养老服务体系须推进各有关部门的数据共享、政策协调和政策合力，形成养老服务综合管理，通过整合物质资源、人才资源和多元资本，构造各种力量参与的养老服务综合机制。

养老服务涉及多部门的职责，虽然城市成立了老龄委和老龄工作办公室，但这种协调委员会的权责和能力还有待提高。例如，民政部门主管的养老机构与医疗卫生部门的医疗护理和医疗服务还缺乏良好衔接。老年人口在多数养老院中看病不能享受医保，必须转院到医院中才能享受医保，这增加了医院护理的压力，也损害了老年人口的切身利益。城市养老规划、民政、健康、教育、救助等各方面的综合协调需要进一步推进，这样才能形成更完整的养老服务体系和运行机制。另外，通过条块结合在社区层面上促进各种资源、各种力量的整合，才能从服务体系建设上支撑更加老年友好的城市社区。

总之，随着老龄化程度的快速提高，上海的城市养老服务发展需要从“9073”的服务格局设计提升到整体性的养老服务体系建设，才能满足城市养老服务日益提高的需求，支撑上海建设高水平的老龄社会。

2014 年 12 月 20 日

养老服务中的社区、科技应用和社会创新

寒假中我应挪威利勒哈马大学院邀请进行学术访问和学术演讲。我们在老龄化和养老服务的社会创新领域进行了交流研讨，合作方学校还特意联系安排了三个养老机构请我参观。

我参观的第一个养老院是一个公寓性养老设施，为高龄老年人口提供机构养老。老年人在共同活动空间中用餐和活动，同时分别租赁单独的居室居住。接待我学术访问的洛宁教授的老母亲正居住在这个养老院中，因此我也随教授一起拜访了老人。这是单独一人居住的一室一厅居室，目测建筑面积有 40 平方米左右。有一个较大的卫生间，客厅和厨房连在一起，厨房只是有着简单的功能，因为养老院中有公共提供的用餐。住房的阳台有很大的面积，基本达到厅的三分之一，便于老年人活动。住房中也有帮助老年人起床、如厕的辅助设施等。房间的墙壁上挂着老人年轻时的结婚照片，和她儿子及孙辈小学、中学、结婚的照片，体现出家的感觉。老人的儿子居住在利勒哈马城中，开车过来只要 15 分钟左右，基本上在闲暇和紧急时都能来探望老人。养老院的老人基本上都能够生活自理，但是他们都已达高龄，因此居住在养老院中能够得到及时和专业的照料护理并解决一些基本的生活问题，同

时在老人之间也能形成一个伙伴群体相互交流。养老设施中有宽大电梯和宽大的走道，显然有利于老人的轮椅通过。我觉得这样的养老设施有着和国内若干私立高档养老机构相当的品质，并有着更好的适老服务。于是我询问洛宁教授，这样的养老院当地老人是否都能够支付入住，他表示这样的养老院是比较普通的，公寓的月租金是 8 000 挪威克朗，但是挪威老人的最低养老金（也就是政府负担的零支柱养老金）是 14 000 挪威克朗，这意味着入住养老机构在经济和社会支持上毫无压力。

第二个养老机构是以音乐疗法为特色的老人护理院。护理院中的老人是不同程度的不能自理、痴呆和失能者。根据年龄和护理程度不同，在护理院中分成不同的护理组，有专门的护理团队进行护理。护理院的管理者特别介绍了他们富有特色的利用音乐来帮助老年护理的做法，例如通过播放音乐帮助痴呆的老人强化生活能力，帮助脾气暴躁的痴呆老人恢复情绪，以及一定程度上恢复痴呆老人的记忆。他们比较了采用音乐疗法的社区和没有采用措施的社区，发现音乐能够有效地降低痴呆和延缓痴呆。护理员表示通过音乐治疗，然后再对老人提供服务更为容易。我们也参观了老人在餐后集体唱歌的活动，这个感觉和在幼儿园里看着幼童们拉着手、拍着手唱歌游戏有类似的乐趣。我倒觉得除了音乐具有心理慰藉的作用以及不同时期的音乐承担了老人所生活时代的记忆，更主要的是，通过手拉手的唱歌活动实际上促进了老人群体之间的伙伴关系和社会网络，而多数研究证明社会网络和交往对于预防和减弱痴呆具有显著的作用。我们所参观的护理院是一个相当大规模的护理院，居住在护理院中的老人将养老金交给护理院，不用交纳任何费用，如果有不足也可通过国家和地方财政加以解决。

分布在城市中 7—8 个片区的社区中心都有老年服务的中心，在社区中心有各类社区文化、社区服务活动。我们参观了其中一个社区中心，在类似托老所的地方有 10 余名老人在此休闲并有专业护理员进行照料。社区中幼儿园的小孩们每周有两次在托老所给老人唱歌，在孩子们幼稚童声的歌唱中，老年人也和孩子们一起扮演起歌曲中的各种角色。显然这些歌曲都是耳熟能详的童谣，让老人回忆起他们和子女的童年时光。我猜想这些孩子中可能还有这些老人的重孙、重孙女。看着洋溢着的欢乐，我不禁发出“孩子是老年人最好的药品”的感慨。社区中心的功能是混合和开放的，有图书馆，也有公共的餐厅，用餐的时候看到有社区居民在餐厅中表演和唱歌，社区中心也定期举行帮助移民的社区活动、提供各种专门的服务，举行不定期的社区节庆活动等。

一个突出的感受是，养老院、护理院和社区养老中心，是相互连接的整体体系。社区养老中心很大程度上是护理院的分部，让一些相对可以自理的老人在社区中得到护理和照顾。当老人自理能力出现问题时，可以及时地转入护理院中。养老院的老人如果有疾病，也能及时联系医院。养老院同时也负责对在家庭中居住的老人提供健康咨询和康复治疗等服务，例如养老院对周边社区的老人定时地提供药品和指导服药。社区中心为居住在社区的老人提供居家服务、用车服务和陪伴服务等，社区内的养老、幼托、教育、文化、健康、康复等资源本身是整合性的。另外，社区也能够对居家养老、机构养老提供有效的支持，社区居民担任志愿者在养老机构中提供服务。他们根据老人的特点收集整理有关的素材制作墙报。一些社区志愿者的父母本身也居住在养老院和护理院，因此他们的志愿服务也有利于更好地建构老人、社区和家庭的关系。所在地区的学校学生通过在护理院实习，弥补了养老机构人力资源的不足，也得到了社会工作者所需的职业培训。我们通常将养老服务体系分为机构养老、社区养老、家庭养老，这在按照养老地点统计服务人数来配置财政预算时有一定的参考意义，但是将三者割裂实际上不利于提升养老服务。机构养老、社区养老和家庭养老是需要相互联动、相互整合的，例如退休老人社区可以作为机构养老，也同时可以作为社区养老，而机构养老本身可在社区中获得社区机构、人力资源和社区文化卫生资源的支持；社区养老和家庭养老更加密不可分，社区养老为家庭中的老人生活提供公共活动空间和日托服务、喘息服务，而人们也越来越意识到居家社区养老是比家庭养老更加科学准确的概念。依托社区平台，打造机构、社会和家庭融合的养老体系，以及将养老服务和医疗服务、健康服务、文化活动、社会生活整合起来，才能形成完善的城市养老服务体系，满足老年人口的综合需求。

2015 年 5 月 4 日

（发表于光明网）

数字鸿沟和智慧老龄社会

信息化时代的智慧老龄社会

老龄化是人类社会的发展必然，中国也正在经历快速的老龄化。总体上看，对老龄化的担心是一种过度的担忧，因为老龄化是人类社会发展进步的表现，而且适应着人口结构变化的社会经济制度体系变化，应该能够积极应对老龄化过程的不利影响。特别是互联网和信息技术的发展，进一步为应对老龄化社会的挑战提供了支持工具。

互联网和信息社会能够提高老龄化社会的运行质量，提高老年人口生活需求和生命福祉，以及在此过程中创造出巨大的经济社会发展空间。

以互联网为基础的信息化发展，使为老年人口提供更高效、更有针对性的智能产品和高质量服务得以可能。互联网首先提供了老龄化生活的信息资源，网络已经成为信息社会的入口，老龄化社会的信息和知识的服务离不开网络。互联网提供了老年人口的社会交往并积累社会资本，社会资本不仅包括现实生活中的社交网络，虚拟社会资本有的时候也有积极的价值，同时线下和线上的社会资本是能够相互转化的。互联网和信息社会为老年人口提供了更加丰富的休闲娱乐，老年人口有的时候不需要在现实的空间打麻将、打扑克，而可以在网络游戏大厅中开展娱乐活动，而很大程度上，老年人口的娱乐活动也是一种社会资本的建设过程。同时，互联网本身是信息服务业，为老年人口获得各种社会和生活服务提供支持，包括交通服务、消费服务、子女赡养、财务支持、网络通信、餐饮服务等等。

基于互联网的老年人口的生活和消费服务，也使得老年人口的行为和生活方式数字化，产生出大数据的信息。这些数据信息进一步帮助展现老年人口的需求，帮助对老年人口提供有针对性的养老服务和生活服务。例如通过信息手环的方式对于老年人口进行及时的监控，或者提供老年人口具体需求的生活产品等。市场部门、社区和公共部门，包括养老服务有关的社会机构，通过对老年人口生活信息的数字化，能够增强对老年人口服务和管理的能力，改进老龄人口社会服务体系，提升对老年人口服务和管理的质量，同时信息化手段也创新了老年人口社会参与的途径。

因此，信息化所支持的老龄化构成了一种智慧老龄化，有助于建设一个智慧老龄社会。信息化在老龄化过程中的应用服务的衍生是建设现代信息社会的重要组成部分，智慧老龄社会也勾勒出了未来老龄社会的形态，可能是解决老龄化挑战的发展出路。

数字鸿沟是一种新形式的不平等

智慧老龄化的前景看起来很美，但是现实生活离这样的模式还存在相当的距离。重要的阻碍不仅包括老年人口本身的经济收入水平较低，使其相对更少地进入数字和互联网体系，更重要的原因是老年人口的信息网络知识和技能薄弱。由于他们教育水平低和学习能力弱，由于他们日益脱节于信息化过程，老年人口或者说人口在老龄化过程中逐步形成了基于年龄的“数字鸿沟”，数字鸿沟构成了新的不平等。

老年人口和青年人口的数字鸿沟可以进行更精致的量化分析，但是老龄化过程中的“数字鸿沟”或者说在数字化方面的不平等是显而易见的。其主要表现在以下几个方面：一是在信息化互联网基础设施服务上的不平等，例如老年人口拥有电脑、使用电脑、接入网络服务、拥有智能手机和更低年龄人口相比存在不平等。农村的老龄化比重更高，而农村地区的信息化服务水平更低，进一步加剧了信息化基础设施的不平等。

二是在信息化知识和技能上存在的“数字鸿沟”。一些老年人口即使有电脑也不会打字，有电脑也不会使用主要的电脑软件，有智能手机也只是使用基本的电话功能，没有掌握移动互联的信息化应用，因此他们不能获得基于信息化的各种服务，甚至信息化社会还进一步损害了其获得服务的能力，使其日益被隔离。例如随着网络约车服务的流行，老年人口更加无法获得必要的交通服务。如果未来的医院都逐步通过软件预约，老年人口甚至看病都排不上队。由于缺乏信息化技能，在信息化社会中老年人口实际上是进一步被边缘化，老年人口和社会其他成员的福利不平等反而是扩大了。数字鸿沟将造成信息化社会中老年人口的新的社会排斥和新的不平等。

帮助老年人口深度进入信息化社会

因此，信息化社会固然要求构建智慧老龄社会的新的社会形态，使老年人口更好分享信息化过程所带来的红利，但也需要重视减少数字的不平等，减少信息化过程中对老年人口的数字排斥。需要采取一种数字包容的策略，支持老年人口进入信息化社会，以及支持老年人口深度地进入信息化社会。

减少收入不平等和信息化基础设施的不平等是减少对老年人数字

排斥的基础，例如加强农村的基础设施网络建设和减少信息网络的费用。在纽约等城市已经开始提出要将信息化服务转为免费的基础设施和公共物品，将信息化基础设施服务转为未来社会的基础公共服务，这肯定是未来信息化社会的努力方向。在信息化基础服务设施建设方面，城乡网吧的改造是值得探讨的。网吧在中国当下是一个贬义词，是一个游手好闲的青年沉迷于游戏的场所，实际上应该将网吧改造成为城乡社会的信息化基础设施，并提供信息化服务能力，从而对社区包括社区的老年人口提供各种数字化服务。家庭中有线和无线网络的数字化改造也是可行的，利用数字化接口将信息化服务最为便捷地接至每个家庭、每个社区、每个老人，形成智慧家居、智慧社区，并构成信息化社会的基础物质环境。

而促进对老年人口数字包容的更重要的对策，是帮助提高老年人口的信息化应用能力，让他们通过信息化服务和产品满足自身的需求，扩展自身的发展。老年人口更为迫切需要的还不是能够联网的电脑和智能手机，而是需要知道如何使用信息化的工具来满足自身的需求和服务。老年人口需要深度进入信息化社会，在信息化社会中利用多种工具满足自身的各种需求。显然，随着年龄的提高，人口的信息化应用能力明显降低；教育程度更低的老年人口，其学习能力和信息化应用能力更低，并带来智慧老龄化过程中在年龄和社会阶层上的进一步不平等。通过帮助信息化过程中的老年人口及时跟上社会进步的步伐，智慧老龄化才是公平的，也才能使得不同年龄人口共同享受信息化社会的成果。

多数时候，帮助老年人口增强信息化的知识和能力是一种非常困难的教育工作。老年人口缺乏学习能力、在知识体系中缺口太大，实际上需要较多的教育投入。因此，需要建设一种终生教育的体系，帮助人口从中年以后就能及时跟上信息化社会发展的步伐。传统社会的教育模式是从父母代至子女代的向下传递，但是在信息化社会的知识快速膨胀的情况下，社会的教育模式需要开始从青年一代向上传递，由青年来教育父母和祖父母辈。这构成了一种往上传递的知识教育，或者说是一种文化的反哺。我们的社会不仅需要父母教育子女，也需要子女教育父母，子女对于父母的教育是一种新的家庭责任。文化反哺的责任也应该由社会性的教育机构和社会组织来共同承担，例如老年大学不能仅仅停留在老年人口画画唱唱，也需要提供老年人口在信息化社会迫切需要的各种知识，更需要通过信息化改变老年教育。在某种意义上，志愿者帮助老年人口拖地打扫卫生是好的，不过还不如教育老年人口提高应用互联网的能力、提高利用信息化工具的能力，因为以后的拖地和打扫卫生可能可以由机器来完成了。

在智慧老龄化社会的发展过程中，由于老年服务和消费需求的市场性驱动，通过数据来整合相关的老龄化社会的管理和服务是不用担心的。企业、政府和社会机构会有极大的动机和积极性，快速地将智慧老龄化社会架构到一种可观的状况。在此过程中的资本融资、企业新生和各类经济和社会组织的繁荣发展都是可以预期的。智慧老龄化社会所带来的产品和服务体系的巨大市场空间和社会空间，将塑造出新的产业形态和社会生活面貌，将会成为经济发展新的机遇，将成为社会力量和社会创新成长最为生机勃勃的地方。这也会再次证明老龄化从来就不是值得过分担忧的问题，而是一个经济繁荣和社会变迁的重要机遇。

但是，值得重视的却是要避免老年人口的数字排斥，避免基于年龄和社会阶层的数字不平等。从公益的角度来看，积极增强老年人口的数字包容，才是建设一个健康平等的智慧老龄社会更应该加以重视的。数字化将推动智慧老龄化的发展，而只有更好地增强对老年人口群体的数字包容，智慧老龄化才能得到公平性，有助于所有老年人口福祉的提高。

2017年7月28日

（在“2017河仁公益慈善高峰论坛”上的讲演，发表于澎湃新闻网）

加强养老服务体系建设，提升养老服务的水平和质量

中国未来人口变动的一个突出特点是快速的老龄化。在健康促进过程中死亡率下降带来的预期寿命提高以及20世纪70年代以来生育率的快速下降，使得人口老龄化的速度比先发展国家的更快。这也要求更快地构建完善的养老服务体系，适应和应对中国快速的人口老龄化过程。

在人口老龄化的过程中，世界老龄化先行地区的养老服务体系建设的实践和经验能够为中国的养老服务体系建设提供有益的借鉴。但是，中国的文化制度背景，包括城市和农村、不同地区的巨大差异性，也使养老服务体系建设的内容和模式需要实施因地制宜的建设策略。例如，政府在我国的养老服务体系中具有更大的责任和作用。另外，中国家庭和孝道的文化传统，也构成中国养老服务体系重要的文化资源。我们看到，世界老龄化先行的地区都具有更高的城镇化程度，是在一个城镇化的框架下建设养老服务体系，但是这样的一些养老方案却未必能切合农村养老的实际。考虑到我国老年人口的绝大多数还居住在农村，以及农村地区实际上具有更高的老龄化水平和更低的社会保障水平，因此，养老服务体系工作建设仍然应该更加重视农村，而显然适合

农村实际的养老服务体系建设还需要进一步的细化和投入。

我国的养老服务体系是以居家养老服务为主，同时进一步发挥机构养老的能力，推动家庭、社区、机构养老服务的整合，推动老年照料、护理、医疗以及文化体育、交通通行、社会参与等具体需求的整合。养老服务体系不仅应重视制度框架建设，更应该重视养老服务的内容建设。为适应人口老龄化和人民对于养老服务水平和质量不断提高的需求，养老服务体系应该更重视以下几个方面：

第一是发展基于科学的养老服务体系。现代社会的养老服务，已经不是“老者衣帛食肉”这样简单，而首先需要专业化的知识生产，才能提供更科学的养老服务。例如要减少老年人口的交通事故发生率和死亡率，如果更显著的原因是老年人口的视力下降，那么对老年视力的干预就是低成本而高效果的。什么样的方式能提高老年人口的健康，什么样的因素能减少老年人口的痴呆，这些养老服务的对策都需要更加科学的知识，而不单是提供照顾老人的人力。基于科学，才能够提供有效的养老服务的干预方案，而且这样的养老服务还往往是低成本、高效果的。养老服务体系如果建设有余而科学不足，那么实际上并不能提供有质量、有效益的养老服务推进方案。要首先研究不同群体和不同问题的老年人口的需求，研究影响老年生活福利的具体因素和作用机理，才能建设高水平的养老服务体系。

科学的养老服务还要求养老服务的标准化，不仅养老服务过程要标准化和职业化，养老服务产品和设施运行也需要标准化和专业化，这样才能够提供老年人口需要和老年人口满意的养老服务。通过专业化才能确保养老服务的质量，没有专业技术标准的养老地产和服务机构的大跃进，实际上不是加强了养老服务，而只是纯粹的资本过程，所以可能造成投资浪费。

第二是提升基于技术的养老服务体系。技术进步为养老服务提供新工具，极大地提高养老服务的效率和质量，而技术也不断提升养老服务的能力。各类技术产品能够有助于老年人口的生活和健康，机器人时代的老年人口生活福利水平肯定会比现在增强，而不是减弱。有的时候一个小的技术创新的产品就能够解决老年人生活的大问题。同时，通过老年人口大数据的开发应用，能够提供更加直接便捷、更加精准化的老年服务，创新出更有效果的产品，并提高养老服务管理的效率，完善养老服务资源整合，从而最大化地满足老年人口的需求。人类社会已经日益进入信息社会，信息化正在改变社会经济的方方面面，这也同时将改造养老服务体系，构建出更加智慧的老龄化社会。

第三是建设有支付能力的养老服务体系。政府需要不断加强养老服务的基础公共服务体系，促进普惠化的服务体系的整体建设。目前，城乡居民（特别是农村居民）的养老仍然有相当大的比例需要依靠家庭成员代际转移，政府的基层养老服务仍然还有较大的缺口。发展养老服务体系，需要完善养老保险体系、补充性的养老金积累以及提供更加丰富的老年金融工具来帮助老年人口生活，例如一些城市已经在试点发展社会化的长期护理保险的计划，这对于解决老年人口的老年服务问题是非常有价值的。养老服务体系的发展，根本仍然在于提高劳动者的经济收入。在经济收入提高的基础上，才能促进相关的养老服务产业的发展，从而使得人民需求、老年福利增长以及养老服务事业和产业的发展形成共同进步的有效循环，并支持老龄化社会中的养老服务体系水平和质量的提高，从根本上增加老龄化社会的整体福利。

2017 年 12 月

（发表于《光明日报》）

第四部分
人口迁移流动和城镇化

塑造移民城市，增强城市发展的人口活力

上海城市发展中一个突出现象，就是改革开放以来，特别是20世纪90年代浦东开发和确定“一个龙头、四个中心”的发展战略以来，上海人口流动和人口迁移不断加剧，上海作为“移民城市”的特点表现得越来越明显。

世界上各主要大都市都是移民城市，如纽约、伦敦、巴黎等，移民城市的基本作用是通过大规模的移民实现人口置换和人口更新，为城市发展不断输入新鲜血液。城市移民是人口活力的表现，也是城市发展的动力。20世纪30年代，上海是典型的移民城市，并因此成为“冒险家的乐园”，是远东的国际大都市。上海现在要重新成为国际大都市，一个重要条件和先决条件是重新成为一个无比开放的移民城市。移民城市促进人口活力，并促进城市发展，其作用表现在以下几个方面：

一是通过吸纳移民实现城市人口年龄结构优化。从20世纪70年代以来，上海就基本完成了向“低出生、低死亡和低自然增长”的现代人口生产类型的转变，特别是90年代以来，人口连续十年出现自然负增长。长期的人口低生育率水平，加剧了城市人口老龄化。以户籍人口统计，到2002年末，60岁及以上老年人口为246.61万，达到总人口的

18.58%。新生婴儿数量减少造成人口金字塔底部萎缩，使未来劳动力人口形成递减的趋势。城市移民发挥着替代性迁移的作用，缓解老龄化压力，补充劳动力，优化人口年龄结构。特别是，城市移民主要是青年人口，在城市中形成一种中下段突出的人口金字塔类型，尤其反映了移民城市的特点，并使城市具有持续增长的活力。

二是通过吸纳移民促进经济活动人口的活力。外来从业人口已经占上海就业人口的四分之一，他们在城市各个行业、各个部门的就业活动，为城市经济发展发挥了巨大作用。根据我的研究，改革开放以来人口迁移对上海城市国民生产总值增长的贡献率达到5.7%。尤其需要强调的是，外来移民在上海并不只是在就业市场上的被雇用者，他们也直接和间接地创造着就业岗位。外来人口中有着一定比例的自我投资创业者和自我雇用者，这一比例还在不断增长，这些自我雇用者本身具有发展成为小老板的潜在趋势。吃苦耐劳和艰苦创业是城市活力的重要源泉，这也正是上海当前极其缺乏的要素。上海应该成为"创业的天堂"，大量具有创业精神的移民正是新上海滩的弄潮儿，只有有了一大批充满活力的经济活动人口，才能在上海涌现出一批国际级的企业和企业家。

三是通过吸纳移民促进城市人力资本的积累。移民本身就是人力资本投资的一种形式，大量人才通过迁移进入上海，满足了国际大都市建设过程中对高档人才的巨大需求，是上海构筑人才高地的根本途径，人力资源的不断积累是上海发展无可比拟的巨大财富。到目前为止，上海的经济增长模式仍是典型的投资密集型和投资拉动的经济增长，上海人口素质、从业人口的受教育程度和技术专利数量，还远落后于国际大都市的水平，甚至落后于北京、广州等城市。上海只有通过移民才能建立人才高地，才能为促进城市新经济发展提供人才储备和自主创新的源泉，并依托人力资本积累逐步转向人力资本依托型的经济增长方式，实现城市的快速发展和持续发展。人力资本的积聚必然带来投资的积聚、带来城市消费的积聚，能够为城市经济发展带来新的动力机制。

塑造移民城市，增强城市发展的人口活力，这一过程类似于产业的置换调整，是一种人口总量和结构的置换和更新的过程。例如上海人口老龄化是一个既定的事实，我们没有办法改变老龄化的趋势，只能通过有效的政策吸纳移民，延缓老龄化的进程，并在老龄化高峰到来之前作好充分的准备。上海劳动力人口、就业者的职业构成、人力资源和人才储备等都需要通过移民实现人口置换，这样才能使上海成为“一潭活水”，为促进城市竞争能力塑造一个相对年轻、具有较高现代科技水准的人口环境。

这个移民城市的塑造过程，也是人口日益多元化和活性化的过程。我认为上海应以一个宽阔的心胸，打开大门欢迎一切新移民群体，并通过无比的开放性塑造移民城市的城市品格。程洁的调研所讨论的三类人口群体，是上海新移民群体中非常重要的三类群体，这三类群体能否很好地融入上海，关系到上海能否实现建设国际大都市的目标，关系到上海能否承担起区域经济发展和中国经济整体发展的重任。

第一类人口群体是国际移民。与其他国际都市相比，上海的国际常住人口比重显著偏低，这已经成为上海建设国际都市的重要缺陷。上海常住人口中的境外人口只有6万，占总人口比重的0.37%，纽约这一比重为20%，香港为7.6%。国际移民缺乏的另一面是上海的国际性人才缺乏，上海城市居民的国际性联系程度还普遍较弱。国际人口的缺乏说明上海建设成为国际大都市并不是一个一蹴而就的过程。国际人口如何更好地在上海居住、生活和工作，如何更好地融入上海建设国际大都市的过程，这些都是必须要面对的问题。

第二类重要移民群体是高级专业技术人员、高级白领和投资创业者。这部分技术移民和投资移民将是引领上海未来发展的先锋队，他们也因上海的发展机遇和创业空间来上海发展。这部分人口与上海城市融合阻力较小，而从总体上看，上海由于经济产业高级化和现代服务业的发展，高级白领和专业技术人口的数量和比重较高，而在上海投资创业的比重还相对不足。

第三类重要移民群体是大量低素质的外来务工劳动力，这部分人口数量最多，受到的歧视性待遇最严重，相关的争论也最为激烈。人们甚至将这部分移民作为城市安全的威胁的代名词、作为城市就业压力的主要因素，实际情况却并非如此。这些大量低素质劳动力迁移进入城市，客观上对城市发展也发挥了重要的补缺作用。这批人补充了上海在建筑业、家庭佣工、个体摊贩、投资、废品收购、拾荒等劳动力市场上的供给不足。外来人口进入上海确实带来了一定的就业竞争，而竞争的结果是在很大程度上形成了一个低成本的劳动力大军，这本身对上海城市发展的竞争力提高是有积极作用的。这部分人口是这个繁华都市的建设者和贡献者，他们的努力构成城市发展的重要组成部分，但是他们中绝大多数人却难以融入城市体系之中。根据近期的一项研究，外来流动人口创造了上海国民生产总值的8%，但他们却没有获得必要的社会保障和社会福利转移支付。他们生活在城市体系的边缘，即使已经在城市中生活和工作了多年，城市却不是他们的归属和归宿。以户籍制度为核心的一系列制度安排构成一道无形的城墙，将这部分人排斥在外。于是，这部分人口的就业和保障、生活和家庭、婚姻和交友、卫生和健康、教育和发展都因一系列的断裂而产生一系列问题。

相对于其他城市紧锣密鼓地进行户籍改革，上海向新移民打开大门的步伐是相对缓慢的。在当前的城市户籍制度的管理框架下，大量长期居住城市的外来移民，参与着城市的生产和消费，是城市社会中的纳税人，但城市在体制上仍然把他们当作“外来人口”“暂住人口”对待，并在就业、住房、教育、保障等方面设立种种障碍，实施歧视性对待，把他们推向城市体制的边缘状态，阻碍着其融入上海。城市中某个群体对另一个群体的歧视，这不仅是不公平的，而且本质上是违反市场经济根本原则的，是破坏统一市场体系有效运行的。这部分人口无法正常化地进入城市体系之中，必将在就业、住房、教育、保障等方面积累问题。在外来常住人口日益扩大的背景下，对这些积累酝酿的问题避而不谈和能拖就拖，是不负责任的工作办法。“千里之堤，溃于蚁穴”，对流动人口长期居住及关联产生的社会问题不及时加以思考和逐步加以解决，不利于上海城市实现长期、稳定和健康的发展。

对上海建设国际大都市而言，不断加剧的人口迁移和促进新移民融入新上海是城市发展的重要驱动力。任何对人口迁移和人口自由流动的限制，某种意义上就是限制城市发展。东部地区各城市之间、各大都市圈之间存在着合作和竞争的关系，限制人口迁移（无论是通过行业准入限制低素质劳动力进入，还是对人才的限制）看起来似乎是保护地区经济和地区福利，其实是损害城市竞争力的不智举措，只能使城市在市场竞争的环境中失去可能的发展机遇。任何固步自封的孤岛政策和以邻为壑的体制特点都是自我淘汰的表现，是自损城市竞争力和降低城市整体品格的短视举措。江苏、浙江依托上海大力吸引人才和资金，依托较低的土地成本和劳动力成本与上海错位发展，已经构成了对上海的竞争。同时，上海还面临着和北京大都市区、广州大都市区及东亚各新兴的国际都市的激烈竞争。在周围省市纷纷进行户籍制度改革的背景下，在国内外各主要城市纷纷打开大门增强经济竞争力的背景下，上海“以邻为壑”的外来人口管理政策只会减弱对优秀人才的吸引力、减弱城市创新能力、加重保障压力、增加劳动力成本等，其所表现出的负面影响已经越来越明显。更主要的问题则是，阻碍新移民与城市体系的良好融合，将弱化移民城市的优秀人文精神，弱化上海城市发展的活力。

泰山不让土壤，故能成其大；河海不择细流，故能就其深。上海要真正建设成为国际大都市，就需要有海纳百川的开放心胸。这不仅包括向世界经济体系的开放，同时包括向国内各省份的普遍开放。要促进各类新移民群体更好地融入上海，要促进社区公共生活平台的构建，也需要以经济发展推动有关政策和制度的改革。上海作为中国城市化基础最好的地区之一，应该在户籍制度等有关制度改革上先行一步、逐步推进，而不是滞后一步、固步自封。只有将大量的创业者和优秀人才更好地吸引到上海，使他们更好地融入上海，才能根本改变“小上海”的狭隘形象，才能真正塑造移民城市的开放性格。一个恢宏大气的“大上海”和“新上海”，才能以龙头的形象带领区域经济和全国经济的发展。

2003年9月

长三角地区的人口迁移和区域发展

在基本实现人口转变和稳定低生育率以后，人口迁移成为影响长三角地区人口总量、分布和内在结构性变化的关键因素。长三角地区未来将继续保持人口的高度集聚和快速集聚，这对未来长三角都市群的发育和城市体系的结构变化都会产生长远影响。人口迁移将成为塑造未来长三角地区发展的主要人口力量，我们对人口迁移和区域发展的相关事务都需要给予充分的重视。

首先，应该立足于全国人口再分布的角度，在长三角地区实施以移民为导向的区域人口发展战略。

长三角的国内移民是全国性人口再分布的组成部分，即人口由中西部地区向就业机会相对较多、资源和生态条件较好的东部沿海地区的迁移。未来一段时间，长三角地区每年的人口净增长可能会达到130万—140万。考虑到大量移民持续地涌入城市并不断地返回农村的背景，实际年人口迁移和流动会更多。迁移是东部城市地区经济发展的重要动力，也对西部和农村地区人口收入增加发挥了积极效果。继续鼓励人口从西部向东部的迁移，是一项有效的国家发展策略。

我国幅员辽阔，社会、经济、资源和环境条件呈现出很大的地区差异，因此各个地区应该采取差别化的人口发展战略。例如，中西部地区的人口城市化和区域发展可能更适合采用澳大利亚的城市布局模式。

而在东部长三角地区、珠江三角洲地区和京津冀地区,就更适合采用迁移为主导的城市群发展战略。日本的东太平洋沿岸都市连绵带(东京—名古屋—大阪)可以给长三角地区的发展提供实证的经验和有用的启迪。日本的沿海都市带的面积大约也是10万平方公里,人口为7 000万,通过以城际轨道交通系统为依托、以东京为中心构造城市体系和产业网络体系,能够给长三角地区提供一个未来发展的参考模型。

其次,长三角地区的发展要实现人口迁移和区域可持续性的良好平衡。

长三角地区是我国重要的人口导入区域,而需要强调的是长三角地区的人口容纳能力并不是无限的。有一系列的因素会制约长三角人口的“过度聚集”,同时,人口过度集聚对长三角地区的经济社会持续健康发展也不是理想的选择。

虽然长三角地区是一个开放性的城市群区域,但非流动性资源约束和资源获取的成本仍然会成为区域人口集聚的重要限制。长三角地区是一个矿物能源和矿物工业原料资源异常贫乏的地区,需求量极大的能源和工业原料煤、石油、铁矿石都极其稀缺,甚至完全没有。耕地不足的问题已经存在。水资源相对全国比较短缺,水质型缺水问题更加突出。虽然长三角地区可以从区域外甚至国外购买发展所需要的资源,但资源的获取需要付出成本和代价。同时,货物运输服务能力、交通设施服务能力等仍制约了长三角地区与上海对人口的高度集聚。人口高度集聚也使发展的风险日益集聚,包括能源供给的风险、突发事件的管理能力和应对能力的风险。同时,人口的增加会相应降低各种资源和服务的人均水平,从而降低区域发展的舒适程度和可持续性。

因此,我们应该认识到长三角在全国社会经济发展过程中的先行作用以及与此伴随的急剧的人口迁移过程。但对这种作用不能过分夸张,需要避免那种长三角可以再帮助解决1亿—2亿人的过分乐观的想法。长三角地区仍然需要在一个合适的规模下,用更科学的生产和生活方式引导经济和社会进步,用更科学的区域规划实现城市体系建设和人口合理布局,用更可持续的制度安排来实现人口资源环境与社会经济的协调发展。通过打造一个健康、可持续和蓬勃发展的长三角,才能更好地为国家整体发展发挥作用。

第三,长三角地区要应对大量人口迁移和流动,推进城市管理体制的改革。

大量流动人口涌入城市,往往会对城市基础设施、交通体系、住房、社会福利带来负担。当前,在我国的城市地区,没有户籍的外来人口在各种公共服务和市民权利方面也面临着很强的社会排斥。随着流动人口的多数在城市长期居留和稳定居留,工作方式长期化,居住方式常态化,生活模式家庭化,以及与城市体系发生更多的社会互动,这一切都要求采取以融合为导向的社会政策。现行的户籍制度、人事档案制度、保险福利制度以及城乡居民身份差别对人口迁移和城市化还带来很大限制。对于日益增多的进城农民,不能再简单地采取堵、卡、赶等限制性措施,而要逐步按照同责任、同义务和同权利的原则,实现社会贡献和制度接纳的相互统一。因此,对长三角地区应率先推动以居住地为依托的人口管理制度,促进农民工的市民化。这也对长三角地区人口迁移和城市化发展带来挑战。尤其是在那些核心的迁入城市,急切地需要迁移管理的制度改革,探索推动对城乡二元体系的突破。

第四,长三角地区应通过更加综合的区域规划和区域协调机制,保证各个城市切合实际的发展策略和区域整体发展的共同实现。

长三角地区的不同城市应该采取差别性的发展策略,对于那些人口快速集聚城市、人口净减少的城市和处于转型期的人口微弱增长的城市,地方政府应该有针对性地确定各自的功能定位和发展策略。

对于那些中心城市和新兴的大都市区,比如上海、苏州、南京、杭州、宁波来说，应当鼓励更为密集的城市组团发展，提高城市化的效率。上海已经显示出在长三角的领导地位，并且将通过强化创新能力和发展现代服务产业，强化其在全球化中的枢纽性作用和在区域发展中的引领性作用。这些新兴城市组团应该在城市化建设用地规划和城市基础设施投资上获得更多的支持。

同时，即使是在发展如此快速的长三角地区，我们也会看到一些人口净减少的城市，比如南通、台州、扬州，这些城市大多位于长江的北岸。毫无疑问，这一现象与长江天堑的交通阻隔有一定联系。因此打通江北的密集交通网络，特别是轨道交通体系是长三角发展的当务之急。同时，在此过程中又将对长三角地区城市体系的结构产生进一步的影响。

各个城市的发展由于受到行政区划的影响，也容易产生过度竞争、重复建设、产业发展分散的现象。因此，要努力建立和完善区域性的规划和协调机制，促进区域整体发展目标的实现。理想的区域发展既需要提高效率，即加强核心城市和主要都市区的地位，也需要促进区域发展的内部平衡，增加对相对落后城市的支持，以提高它们的竞争力，而对于公平和效率的不一样的观点也往往影响着区域发展的政策和路径。

人口迁移、城市结构的演化及在此背景下的城市群的发展，也与国际资本流动、产业结构及调整、基础设施、公共服务和不同利益群体间的博弈等众多复杂因素相互关联。这些力量所构成的复杂系统，也将更深和更广地影响长三角地区未来的发展，并决定着区域发展的未来面貌。

2006 年

坚持推动人口迁移和人口空间集聚

人口迁移流动日益活性化、城乡二元结构逐步破解，是我国创造“经济奇迹”的重要因素。以人口流动和迁移为动力，大量农村剩余劳动力摆脱土地束缚，到城市工业部门或非正规领域就业，对我国经济的发展起到了重要的积极作用。今后，虽然劳动适龄人口比重会逐渐下降，但只要坚持推动人口迁移和人口空间集聚，我们仍然能够保有“人口红利”优势，实现经济社会的协调发展。

与以圈地运动为特点的城市化道路以及南亚、拉美等地的发展中国家人口城市化模式不同，我国的人口迁移和城乡二元结构逐步破解，取得了独特的经验，具有鲜明的特点。

第一，我国的人口迁移和城乡二元结构逐步破解是一个渐进过程。一方面，通过稳定联产承包制保留农村小农化的土地经营，发挥对农民基本生活保障的作用。这在一定程度上避免了农民因失去土地而陷入绝对贫困状况，防止失地和贫困农村人口大量涌入城市。另一方面，通过户籍制度控制农村人口进城，提倡有序流动，客观上避免了在城市地区形成大规模的“贫民窟”。

第二，我国人口迁移和城乡二元结构逐步破解是一个双向过程。我国的人口迁移流动具有“非定居性移民”特点，在不断推进城市化的大背景下，微观的个体行为表现为流动人口进城和返乡相互交织的过程。在进城和返乡之间保持这样一个双向通道,一定程度上缓解了城乡结构转变所带来的压力和紧张。

第三,我国人口迁移和城乡二元结构逐步破解具有明显的政府干预和制度调节特色。家庭联产承包责任制的实行,使农村劳动力从土地束缚中解放出来,释放了生产力,推动了精耕细作农业的发展,并使农村剩余劳动力从土地中流出进入城市务工经商。1984 年在城市实施的暂住证制度,是允许农民进城的制度创新。20 世纪 90 年代中期以来,流动人口房屋居住管理等规定的出台实施,提供了接纳流动人口在城市就业和生活的制度安排。党的十六大以后,我国开始在不同地区进行户籍制度改革试点,开始了流动人口子女的教育体制改革,开始完善农民工社会保障制度以及将农民工逐步纳入工会,等等。改革开放以来,针对流动人口的制度改革和制度创新一直没有中断过。我国对流动人口的制度安排,已初步实现了从“容忍”到“融合”的转变。

当前,随着第二代移民的出现以及流动人口家庭型迁移逐渐增加等,我国流动人口的行为方式已经出现从返乡到进城的转变。政府主导的制度变迁有必要适应这一改变,通过进一步的制度建设和创新,积极引导流动人口实现社会融合,推动城乡二元结构逐步破解。

人们通常认为,人口迁移流动和城乡二元结构松动,自然会逐步减少城乡差别,促进城乡一体化的实现。但就现实情况而言,城乡二元结构的松动,并不必然带来城乡收入差距减小和城乡一体化。因此,在城乡人口迁移流动日益活性化的背景下,不仅要继续松动城乡壁垒,还需要通过制度建设,避免农村和农民的相对利益受损,实现有利于农村和农民的城市化。

一方面,城市部门要更加向进入城市的流动人口开放,让更多的农村人口享受到经济发展和城市化过程的收益。这里面,尤其需要强调户籍制度的变革。户籍制度和依托于户籍制度的各种社会福利的城乡差别，是城乡之间二元结构存在的根本因素。当前和未来一段时期内，迫切需要逐步剥离这一不合理的城乡差别性社会福利，并逐步使户籍制度回归到居住地登记的基本功能。在城市地区，应采取以社会融合为导向的人口迁移政策，使流动人口在城市中能更容易获得均等化的社会服务，促进流动人口市民化。

另一方面，应切实保护农村和农民的利益。不仅在城市化过程中要保护农村居民的土地财产收益，也要让城市化发展的成果反哺农村和农民。与不少西方发达国家类似，我国同样应该通过合理的财富再分配机制补贴农业和农村发展，加强农村“自我造血”能力。有关经验表明，加强农村基础设施建设，加大对农村信息化的投资，重视农村教育和劳动力培训，提高农村的健康服务和社会保障水平，使公共服务逐步实现城乡均等化，对于缩小城乡差距具有明显的效果。

2009 年 1 月 5 日

（发表于《解放日报》）

“移民城市”如何谋新变

《解放日报》:日前,全国第六次人口普查结果正式发布,受到社会各界的广泛关切。具体到上海地区的数据,受到最大关注的,恐怕就是此次普查结果显示,上海目前的常住人口已达 2 301.91 万。这个数据远远超过了上海此前在“十一五”规划中订立的城市总人口控制目标——1 900 万。在您看来,这个大差额的出现,只是统计技术层面的问题么?

任远:目前的这个统计结果,确实出乎很多学者的意外,包括我本人在内。例如,在前几年的研究中,我曾预测上海 2010 年的常住人口将达到 2 090 万。关于如何来评价上海常住人口达到 2 300 万,这可能受到世博会等大型经济文化交往活动对集聚人口的影响,也可能受到统计方法和技术上的影响。不过,这个数据本身还是能反映出一些更深的问题。其中一个重要的特点,就是上海作为“移民城市”的特点进一步得到强化。

《解放日报》:这些年,移民群体是否正在逃离“北上广”,一度受到热议。而这次的数据出炉后,很多人认为,中国大城市的发展状况,尤其是上海,并没有这么悲观。您怎么看?

任远:对这种看法,我个人也基本认同。去年我们曾经议论过移民群体逃离“北上广”，当时在担心由于城乡壁垒、由于城市生活成本上升过快，上海的移民环境出现恶化的情况。这次普查数据则表明上海继续维持较快的人口增长，这本身也说明，上海近年来日益增强的社会福利、相对更优质的生活质量、相对更良好的法制环境和城市管理水平、相对更规范的劳动关系管理和劳动者权益保障，抵消了生活成本较高的影响，上海继续在吸引移民、促进就业方面发挥积极作用。

这些年，上海住房价格的上升、物价水平的走高，给移民的生活带来了压力。但与此同时，我们还是应该看到，如果一个城市运行的质量不断得到提升，从总体上而言，将有利于吸纳移民和优质人力资源，以及有利于整个城市的可持续发展。

另外一个观点是，普查数据表明上海这些年的人口增长看上去有些快，可能其实质是，上海的经济发展方式转型太慢。上海人口总量的控制，依靠行政强制和人口控制指标分解基本上是没有效果的，其关键是需要依靠经济发展方式的转变，降低单位GDP增长对人口增长的弹性，通过资本替代人口、技术替代人口，通过产业升级提高单位人口的经济附加值，改变劳动密集的经济生产方式。也就是说通过产业结构的提升和增长方式的转变，才能够使上海在经济增长的同时，人口增长得更慢一些。上海在“十一五”是将常住人口规划目标控制在1 900万，这个目标没有实现，这也一定程度上说明上海的经济发展方式仍然是相当的劳动密集型发展模式，仍然是过分依赖基础设施投资。上海人口增长得过快表现出的内在问题可能是其经济发展方式转型太慢。

《解放日报》：一直以来，老龄化被视为上海未来发展道路上可能遭遇的重大瓶颈之一。但此次的普查结果显示，正是因为有了近900万以年轻人口为主的移民，上海城市劳动力比重上升，整个城市的老龄化水平反而下降了。

任远:这在人口学上,被称为移民的“替代性迁移”作用。这也说明人流流动和人口迁移的增强,会有利于人口结构调整,有利于解决老龄化问题。这同时说明,限制人口流动,只会进一步恶化老龄化问题。上海作为移民城市和现代城市的未来趋势,是城市的老龄化问题会缓解。而更进一步来说,上海老龄化程度在数字上相对缓和,也是回归“世界大都市”的正常现象。

世界上最有代表性的那些大城市,都是城市的老龄化水平低于周边农村地区,然后城市中心区的老龄化水平更低。而这几十年来,我们一直看到,上海是中国老龄化水平最高的地区。如果把长三角比作中国老龄化的“高原”,上海则是“高峰”。其中,特别和世界经验反向而行的一点是:位于上海中心城区的静安区,至今还是上海老龄化程度最高的地区。这都是值得引起充分关注的事实。

《解放日报》:那么,这次老龄化数字上的缓和,是否就真正意味着,我们城市老龄化问题的压力减轻了呢?

任远:这就需要我们考虑,如何让移民帮助缓解老龄化问题的作用更好地发挥。例如,如果流动人口的养老保险能更好地和本地城镇养老保险基金衔接,将有利于解决本地养老保险基金赤字问题。还有,如何将移民的人力资源和日益增长的老年护理服务社会化、专业化和职业化的需求结合起来。与此同时,如果能让老年人口享有更好的区域性社会服务一体化环境,促动他们迁出城中心,将不仅有利于上海解决老龄化问题,也有利于提高老年人口的社会福利和生活质量。总体来看,上海作为移民城市的特质如果能够进一步提升,上海未来的老龄化程度会继续下降,甚至可能低于全国平均水平。

但是,即便如此,上海老龄化的问题绝不是更轻了,而是更重了。我们对于上海建设老龄社会的重视仍不容懈怠。如果说,如何解决老年人的经济供养、解决养老保险基金的覆盖等问题,对于全国解决老龄化问题是最重要的话,那么,对于上海而言,最关键的问题,在于如何建设一个与现代化大都市相适应的老龄社会体系,包括经济体系和社会生活体系。例如,如何利用信息化技术提高老年人口生活质量,促进老年人口健康。在这些方面,上海可以发展的空间和潜力是非常巨大的。这些方面的老龄社会发展新思路,才是上海应对老龄社会需要着力探索的方向。

过去,我们常常把老龄化当作一种压力、一种困难。其实,上海要应对老龄社会,也需要树立一种新的意识,那就是,老龄化也是发展的重要机遇,老年人力资源也是重要的人力资本和发展资源,老年产业也是重要的经济产业,甚至老年产业有潜力成为新兴战略性产业和未来的支柱性产业。对于如何更积极地推进老龄社会建设,上海不仅需要改变观念,也需要从建设与现代化大都市相适应的老龄社会体制着眼,高起点地更新其规划和建设思路。

《解放日报》:要向名副其实的国际化移民城市迈进,站在上海希望将自身建设成为"世界大都市"的角度,如何解读此次上海人口普查结果?

世界主要大城市都是移民城市和人口规模巨大的城市,例如弗里德曼提出世界城市的指标,虽然人口数量巨大的城市并不一定就是世界级的大都市,但是世界大都市一定都是人口规模巨大的城市。特别是我们还应该看到,发展中国家正在兴起的世界城市,是国际金融危机以后出现的一个新的现象,包括中国、印度、巴西等新兴社会的重要大都市的增长速度和在世界城市体系中的地位都增强了,也包括这些城市的人口规模的扩大。这些城市在世界产业分工体系中具有更加重要的地位,对于世界经济复苏发挥了积极作用,也自然带动了劳动力迁移流动。国际金融危机以来,上海作为新兴经济体大国的现代大城市,可以说获得了难得的发展机遇。上海城市人口数量的增长从这个意义上说,也能折射出上海在全球经济体系中相对地位是提高了。上海在提建设全球城市,其“世界大都市”的发展道路,一定区别于纽约、东京的全球城市的发展道路,具有发展中国家和新兴经济体国家的“世界大城市”发展的路径。对于上海,需要结合国情,结合新兴经济体国家城市的特点,探索其世界大都市建设。

《解放日报》:在您看来,上海目前在人口管理能力和人口吸纳能力上的“短板”,主要体现在哪些方面?

任远:上海在人口管理能力上的短板,应该不只是“如何管理流动人口”的问题,而是“如何满足流动人口需求,为他们提供所需的社会服务”的问题。我一直认为,要建设能够包容流动性的城市人口管理,必须促进城市内部的二元社会结构向一体化转变。通过适当渐进的机制,实现社会服务的属地化和普遍化。这就需要我们进一步转变人口管理职能,将人口管理真正回归到为人口服务,使其成为创新社会管理体系的组成部分。

至于未来上海吸纳人口的能力,关键还是在郊区和新城。城市中心区的人口还可以进一步疏散,而如果郊区新城的人口能更紧凑地集中,上海对人口吸纳的能力还可以进一步提高。现在不少新城过分定位于高级白领和高端人才,反而把城市变成了空城。一旦城市也过分疏散和低密度,不仅降低了吸纳人口的能力,也降低了土地利用的效率。这一方面需要更好地做好新城建设的规划,另一方面也需要更好地适应人口变动的特点,提供配套的、更高质量的公共服务,促进公共服务在不同区域之间、不同人群之间的均等化。

2011年5月

(发表于《解放日报》)

我国人口迁移和城镇化的新特点

把握21世纪以来我国人口迁移和城镇化的特点，对于实现人口迁移流动和中国城镇化更协调、稳健的发展具有积极意义。通过分析，我们发现，目前我国人口迁移流动和城镇化具有这样一些新的特点：

第一，人口迁移流动越来越构成城镇化的重要动力，同时迁移流动人口已经成为城市常住居民的重要组成部分。

2000年我国城镇化率为36.5%，2010年为49.68%，城镇人口从4.6亿增加到6.7亿。人口迁移流动对于城镇化水平提高的贡献率约为45%，城镇人口自然增长对城镇化的贡献率为5%左右，而城市区划扩大和建成区面积扩大对城镇化的贡献率约为30%。另外，农村人口进入所在地城镇的就地城镇化对城镇化水平提高的贡献率约为20%。

我国城镇人口中的迁移流动人口数量已经达到2.3亿，城镇中34.3%的人口是外来的迁移流动人口。在东部地区的不少城市，迁移流动人口已经超过本地人口，甚至一些地区的外来迁移流动人口达到本地人口的5—10倍。

在当前城镇化过程中，本地人口和外地人口的社会分化性表现得非常突出。大量流动人口和本地人口差别化的生存处境和社会待遇，使原来城乡二元结构的社会矛盾转移到城市内部，使原来的农村贫困问题转移到城市内，成为城市贫困问题，强化了城市内部的不平等，扩大了城市内部的社会分裂。这种社会分裂以日益增强的社会排斥和土客矛盾表现出来。特别是,迁移流动人口中 60%以上的人口是 20 世纪 80 年代以后出生的新生代农民工群体,其中有不少人口是在城市出生和成长的流动人口,他们和上一代的迁移流动人口不同,与流出地的农村地区的关系已经越来越薄弱,他们的平等精神和权利意识得到增长,如果他们不能有效融合进入城市体系,将带来更加严峻的社会问题。

如何弥合本地人和外地人,促进流动人口在当地的社会融合和社会整合,成为当前城镇化发展的重要任务。

第二,不同区域内和区域间的人口迁移流动和城镇化态势形成更加多样的模式。

宏观上我国人口迁移流动的态势是从西部地区向沿海地区转移,从农村向城市转移。但是,从省际人口迁移流动和城镇化发展来说,总体表现出以下不同的模式:

——以上海、北京、天津为代表构成特大城市的人口迁移流动模式。城市的人口迁出率极低,跨省迁入率较高,迁移流动人口主要来自其他中小城镇的非农业户口,形成了一种集聚性迁移为主的超大规模城市增长的城镇化模式。

——江苏、浙江、福建、广东等,也具有跨地区的人口集聚和城镇化水平快速提高的特点。相对于东部沿海的特大城市,这些地区迁移流入的人口中的农业户籍比重更高,这在一定程度上也说明人口向东部地区的迁移流动可能具有阶梯性迁移的特点。

——从河北、河南、安徽、湖北、湖南、广西到四川、重庆等的中西部地区,出现人口导出和本地城镇化混合的模式。这些地区以省内迁移流动为主,相对来说具有较低的人口省外迁入率,同时向省外的人口迁移流出则很显著。中部和西部地区人口城镇化率的快速提高说明,不仅是农村人口的迁出相对提高了地区的城镇化率，人口向当地中等城市和大城市的集中，也增加了本地区就地城镇化的程度。随着东部沿海地区劳动力成本上升和劳动密集型企业向中部地区转移，返回式的移民和产业转移结合在一起，推动了中部地区的城镇化发展，构成近年来中部城镇化的突出现象，并引起劳动力市场上的区域竞争。

——从黑龙江、辽宁、吉林、内蒙古、宁夏到新疆一线，这些地区人口跨地区迁入和迁出都较少，省内人口迁移程度也相对较低。这些省份的城镇化水平略高于全国，但是城镇化速度的增长相对缓慢。

——西藏的人口区外迁入率很高，区级迁出率不高，城镇化速度很快。

更加多方向的人口迁移流动和区域城镇化发展的丰富关系显著地表现出大国优势，不同区域的产业和经济发展具有差别性和相互补充的作用，也为分区域经济结构调整提供了广阔经济腹地。

第三，我国逐步从农村剩余劳动力数量推动城镇化的阶段，转向人力资本带动结构转型推动城镇化的阶段。

随着人口宏观结构的变化，与数量型迁移相伴的城市人口扩张态势也可能有所减弱。大量农村剩余劳动力数量推动的城镇化发展将会出现新的转变，城镇化发展将越来越强调依靠人力资本的质量型的人口迁移。

从数量型的城镇化推动转变为人力资本型的城镇化推动，意味着城镇化动力机制的变化。由于人力资本对于推动城镇化发展的重要性已经表现得越来越突出，加之人力资本能够推动中国未来经济增长，使城镇化水平和质量都得到提升，因此，受教育程度较高的流动人口具有更强的迁移流动倾向，这在总体上对中国城镇化发展是有利的。在城镇化发展过程中，尤其需要加强对迁移流动人口的教育培训。要将大量迁移流动人口培养为高素质、有技能的现代产业工人，唯其如此，才能适应中国产业结构的升级转型和长远发展。

在未来十年到十五年间，适应人口迁移流动和城镇化新阶段的特点，将人口迁移流动与不断发展的城镇化过程相协调，会为中国经济社会发展带来巨大和持续的推动力。

2013年2月4日

（发表于《文汇报》）

城市化过程中的三种人口流动性

在城市化过程中，越来越增强的人口流动性和当前的社会保障体系的区域碎片化形成了尖锐的矛盾，而我们通过解析流动性和社会保障所存在的矛盾，能够为中国社会保障改革提出对策思路。城市化过程带来了巨大的人口流动性，有三种情况：

第一种是人口迁移流动过程中的大量非户籍人口流动性。根据全国第六次人口普查数据，当前在城镇中的非户籍流动人口数是2.3亿，其中有1.3亿是从小城市和小城镇进入城市的流动人口，另外约有1亿是从农村进入到城市的流动人口。这种非户籍人口流动性对社会保障提出的挑战，在于非户籍流动人口社会保障覆盖率比较低，大约在15%—20%，因此提高城镇部门对非户籍流动人口的社会保障覆盖，是我们对社会保障体制改革的第一个要求。

第二种伴生的人口流动性，是不同地区间的人口流动性。由于人口在不同地区间流动，就存在不同地区的社会保障计划的衔接转移问题。例如我国跨省流动人口是8 600万，广东、北京、上海、浙江是人口流动集中的地区。从迁移流动人口基本态势看，全国第三次人口普查以来，我国的迁移流动人口基本方向没有改变，仍然主要是向长三角地区、珠三角地区和京津冀地区转移，而且这些区域内部的人口迁移流动也非常显著。随着人口流动和就业，流动人口在不同地区的社会保险统筹基金和个人账户如何跨地区地衔接和转移，就成为一个问题。

第三种人口流动性是乡城之间的人口流动性。在城市化过程中，城镇区划扩大使农民失去土地进入城市，这是被动的进城过程。还有一个就是农民离土不离乡，农民仍然保留土地，但是在城镇中就业和务工。我们计算了一下，2000—2010 年由于城镇化占用了农村耕地，农民失去土地进入城镇的人口有 5 000 万，另外还有城镇周边的农村劳动力，按照一个经验系数推算，离开土地的新增农村人口大约有 3 000 万。也就是有 8 000 万人从农村进入城镇，就地城镇化。这种乡城之间的流动性也带来相应的社会保障问题，农村的社会保障身份和在城镇化过程中的压力，在城郊接合部比较明显。

因此，人口流动性对应着三种不同的社会保障问题。第一种是社会保障体制不适应人口流动性，流动人口不能进入社会保障体系安排，甚至不愿意参加当地社会保障计划；第二种流动性和社会保障的问题是，不同的地区社会保险统筹范围不同，社会保险规定不同，如何衔接、如何转移；第三种流动性和社会保障的问题是，农村、城镇、小城镇和城市的社会保障体系如何纵向统筹。如果不解决这些问题，不可避免地会使社会保障日益碎片化，更坏的后果是社会保障等级化。我国第一次分配中的收入差距甚至还小于第二次分配以后的收入差距，意味着社会保障体系不是有利于社会公平，反而扩大了社会不平等。这是由于社会保障是城市高于农村，公务员、政府干部社会保障水平更高，普通劳动者的社会保障水平低，社会保障实际上还扩大了社会分化。

社会保障体制改革面临一系列技术上的挑战，但主要的是制度建设的挑战。这些制度建设，相对于三种不同流动性，具体的改革策略是不一样的：

针对第一种人口流动性的改革策略，主要是推动以户籍改革为核心的社会保障体系改革，使社会保障逐步与户籍脱钩，与就业相联系、与居住地福利相联系。

针对第二种社会流动性的社会保障体制衔接，有不同的方案，但我觉得上一级政府可以为下一级政府统筹做出更大的贡献，比如我们认为不仅是人口转移过程中统筹基金账户可以转移，个人账户也应该转移。如果个人账户在市和市之间转移，省级政府就应该为在城市间转移补足相应的个人账户金额。在省和省之间的账户转移，国家的社会保障基金就应该发挥更大的中介作用。全国可以找一些地方作为社会保障账户衔接转移方案的试点。还有一种办法就是各地的社会保险规定进行调整，参照欧盟的模式，在不同地区工作了多少时间就领取相应的养老金，这样所谓跨地区的衔接转移问题也就迎刃而解了。

第三种就是在农村和城镇间转移流动的社会保障体制改革，就是要实现城乡社会保障的一体化。实现城乡一体化要从下到上进行统筹，从农村到城市逐步直线整合，从而提高农民的福利。在这个过程中，随着农村土地流转，农民进入城市，需要确保在土地流转中，农民的社会保障利益得到充分维护。不仅是城市产业对农村耕地的占地需要补偿社会保障利益，农民和农民之间的土地流转也需要重视对社会保障利益的维护，实现土地在城市化过程中的价值，并将这些土地价值的增值更好地用于农民城镇化过程中的社会保障。总之，在城乡人口流动和土地流转中需要重视对社会保障利益的维护。

2013 年 8 月 1 日

（发表于《社会科学报》）

构建人口迁移流动和城镇化发展的良性关系

在东部沿海地区工业化快速发展的背景下，日益加剧的人口迁移流动构成改革开放以来突出的人口变动过程。人口迁移流动构成城镇化的重要动力，也是城镇化水平提高的重要影响因素。同时快速的城乡结构调整和城镇化的继续推进，也将伴随着大规模的人口迁移流动。因此如何构建人口迁移流动和城镇化发展的良性关系，是我国未来发展的突出任务。

在适应人口迁移流动和推动城镇化发展的过程中，首先需要将促进移民群体的社会融合和推动人的城镇化作为发展目标。

如果迁移流动人口被排斥在城市体系之外，不仅会强化城市内部的社会分化，也使流动人口难以完成城市化的过程，并使他们年老以后返回农村。这样的“进城”和“返乡”交织的城镇化是一种数字化的城镇化和表面上的城镇化，是将城乡二元结构转移到城市内部形成三元社会结构，甚至有将城乡二元结构固化的危险。城市化只有将迁移流动融入所在城市，率先在城市内部化解城乡二元结构，然后通过持续的过程来破解城乡间的二元结构，才能够有利于中国社会结构的整体改善和城乡协调的发展。

促进移民群体的社会融合，需要户籍制度的改革改变人口的身份认同，需要通过与户籍制度相关联的制度改革来实现迁移流动人口的均等化基本公共服务、社会保障和平等待遇。同时应该强调的是，推动流动人口的社会融合不仅应有助于加强对流动人口的社会福利和公共服务，更应有助于流动人口在城市中的生活发展，为流动人口在城市中成长进步、创业创新提供平等的发展机会。这样的对策有利于移民群体融入所在城市，有助于迁移流动完成城镇化的过程，并使城市内部和城乡之间实现协调和整合。

在适应人口迁移流动和推动城镇化发展的过程中，其次要将合理平衡区域产业发展和劳动力资源优化配置作为良好推进区域城镇化的抓手。

在人口迁移和城镇化发展的关系中，不是先设立了一个城镇化率的目标要提高到70%，然后来推动人口迁移，而是人口持续的迁移流动带动了城镇化水平的提高和城市区域形态的变化，而人口迁移流动的根本动力则是产业的发展。因此，城镇化发展的逻辑在于不同地区非农经济的发展和城镇就业机会带动移民，并构造我国城镇化发展的方向和城镇体系的总体格局。

改革开放以来东部沿海地区工业化的率先发展是人口向东部沿海地区集聚的动力，也是东部城镇化和三大都市群更快发展的动力。产业经济的集聚性推动人口迁移流动的集聚性，带动人口从农村地区进入城镇地区、从中西部地区转移到更高就业机会的东部沿海地区，并带动大城市地区的形成。随着东中西部的平衡发展和产业向中西部地区转移，最近十年间中部地区也出现更快的人口集聚和城镇化。

因此，与中国城镇化和区域平衡发展相适应的产业战略在于，中国未来发展需要加快东部地区的转型升级，同时继续推动产业从东部地区向中西部地区转移。东部地区持续的经济增长和转型升级，将继续推动人口的集聚性和外部导入，推动劳动力特别是高素质劳动力向东部城市区域的集聚；同时，产业向中西部地区转移也将加快中部地区更快的城镇化发展。

为了更好地在区域性产业发展、人口迁移流动和城镇化过程中合理配置劳动力资源，也要求劳动力市场具有更大的流动性。不是通过低劳动力成本降低企业成本而提高竞争力，而是通过增强劳动力市场竞争来推动产业升级和创新，并通过劳动力工资水平的提高来逐步培育经济增长的内需。为了更好地促进劳动力资源在区域内和区域间优化配置，需要进一步改革不利于劳动力市场流动的体制壁垒，构造更加自由流动的要素市场，例如应该加快实现社会保障体系的跨地区的衔接转移，加强基础设施、高速道路体系的建设以及推动跨地区的企业准入、资本操作和市场合作等等，从而积极推进更快的产业发展和城镇化。

在适应人口迁移流动和推动城镇化发展的过程中，还要将人力资本的积累和充分发挥作为城镇化最大的推动力和竞争力，并推进创新创业和产业升级发展。

城镇化的不断推进有赖于产业升级，特别是低素质的简单劳动力基本吸纳结束以后，需要更快的技术创新和产业发展，才能继续推动乡城移民和城市化的深化。产业从依靠低成本劳动力过渡到依靠高附加值、高成长机会的企业，就需要改变出口加工型经济和打工型经济模式，发展起促进创新创业的环境。

在这个过程中，人力资本对于中国城镇化发展具有越来越重要的作用。因此，投资于包括所有移民群体的教育培训、投资于人才的引进和集聚，就是投资于中国的城镇化。

人才本身是城市发展的重要竞争力。哪个城市能够在人才战略上领先一步，就能够获得更大的竞争力。因此，如果城市的生活成本、创业成本、教育成本过高，看起来是带来了更高的房地产 GDP，但是对于维持稳定的城镇化却未必有利。一些城市不仅在普通劳动力迁移流动中存在着制度障碍，甚至在人才迁移流动中也有包括户籍、社会保障、人事档案、创业支持等等制度障碍，这样的改革滞后实际上削弱了城镇化发展的能力和潜力。所以，在这个意义上说，东部领先城市应该更快地推动户籍改革，可以利用现有的户籍杠杆更积极地吸纳城市所需的优秀人才。

在推动人才迁移和吸纳人才的同时，发挥人力资本尤其需要能够充分发挥人才的作用。加强人才的创新精神，为人才成长和创业创造良好的外部环境，才能将人力资本的作用提升为当前产业升级和城镇化发展的根本动力。

教育培训的发展需要重视对高等职业技术教育的提高。我国受到高等教育，特别是高等专业职业教育的人口数还是显著低于世界主要发达国家，因此一方面企业出现“技工荒”，而另一方面大学毕业生又难以找到合适的工作岗位。相关部门一方面还要通过选择性的人口迁移积极吸纳高素质人才，同时也要对迁移流动人口加强教育培训投资，这样人力资本才能够在中国城镇化过程中发挥重要作用。

总之，面向未来的城镇化发展伴随着巨大规模的人口迁移流动，应该促进迁移流动人口逐步融入城市完成市民化，并促进其在城市生活发展和提高福利；应该以产业升级转型与产业的区域转移和区域合作为抓手；应该以迁移流动人口的人力资本存量和能力不断提高为动力。这样才能推动中国未来二十年至三十年继续实现快速和健康的城镇化发展，并带动持续经济增长和结构转型。

2013 年 8 月

大国城镇化均衡发展需要“全国一盘棋”

超大规模国家的人口空间动态和城市空间格局受到经济产业力量的影响，也受不同区域地理、地形、气候、资源、环境、交通、产业等因素的共同决定。我国改革开放以来的城镇化发展，基本上是通过东部沿海地区工业化的带动，吸引人口向东部地区特别是向长三角、珠三角和京津冀城市群地带集聚，并带动了上海、深圳、北京等特大城市人口的快速增长。向东部地区大城市和特大城市的产业集聚和人口导入是具有经济效率的。

但是，近年来东部沿海地区的人口导入态势和国家城镇化的整体格局出现了一些新变化。迁移人口导入的态势有所减弱，一些城市人口回流迁移的规模已经超过了人口导入。东部地区某些城市的常住人口总量甚至还有所下降。与此同时，中西部地区的人口省内迁移率增长很快，东部地区向中西部地区的回流迁移也有所增长，使得中西部地区的城镇化速度更快。因此，国家城镇化发展格局呈现出更加均衡的局面。

国家的城镇化发展更加均衡，受到核心城市对经济腹地的产业辐射力的影响。因此，对于大国经济体来说，综合衡量城市产业的辐射能力和产业立地成本效益，在市场机制下形成多层次、多中心的城市空间格局是有效率的。通过多个城市集群的整体推动，有助于壮大对宏观经济社会发展的整体推动力。通过城镇化的均衡发展打造出巨大的经济腹地，有利于支持国家的稳定和未来发展潜力，这也有利于实现一个庞大的国家统一市场，从而促进内需增长、支持经济长期繁荣。

国家城镇化的发展方向显然受到宏观的经济发展主轴的带动。例如正是在基于海洋航运和面向国际市场的出口加工贸易体系的带动下，中国沿海地区出现了工业化发展和人口集聚，出现了巨型城市和城市群的发展。2008年以后世界贸易格局出现变化、东北部沿海地区的产业出现跨区域转移，以及“一带一路”“长江经济带”的实施，都会影响我国城镇化的方向，带动国家城市体系空间格局出现相应变化。似乎可以以2010年左右为分界，在此之前我国的城镇化基本是向东部地区和沿海城市的单方向集聚性发展，在此之后开始出现更加均衡的发展态势。

国家城镇化的整体格局正表现出更加均衡发展的特点。从“全国一盘棋”的角度来观察中国城镇化，以下若干基本的人口态势和相应的战略问题是重要的。

第一，东部地区人口继续导入和城市人口增长的基本态势并没有改变。国家城镇化发展仍然处于继续提升的时期，在此过程中，东部地区的人口吸纳仍然是城镇化发展的支撑力量。东部地区特大城市的人口增长不仅受到乡城人口迁移的影响，更主要地受到城市向城市人口迁移的影响。东部沿海地区领先城市仍然是城镇化过程中主要的人口导入地区，这一基本态势并没有逆转。东部沿海特大城市仍然是劳动力(特别是青年劳动力)的集聚中心。这些特大城市和所依托的城市群地带构成国家经济发展转型的主要引擎，是国家发展最有创新力的前沿地区，这些地区也相对具有更强的公共服务供给能力。因此，东部地区特大城市在人口增长过程中，面临着日益严峻的人口增长和城市管理服务能力的挑战，而应对这一挑战的根本办法在于加强城市的管理服务能力。大国城镇化的均衡发展需要“全国一盘棋”的人口迁移和劳动力市场建设。东部地区特大城市迫切需要提高的是城市治理和服务水平，并且在城市—区域空间结构上向更密集、更有效率的城市群发展演化。

第二，人口空间格局的重要表现是中西部地区城镇化增长速度更快。这些地区的省际迁出率减弱，而省内人口迁移率提高，从东部地区回流迁移的劳动力规模在扩大。因此，需要加快推进中西部地区产业发展，才能支撑中西部地区更快的城镇化速度。大量的基础设施投资和产业发展是中西部地区更快城镇化的根本保证。要将“一带一路”和长江经济带所激发出的产业力量构造为中西部地区城镇化发展的动力轴，带动投资和产业进步。继续从农村中转移出来的劳动力和从东部地区回流迁移的劳动力为中西部地区城镇化发展提供了重要的人力资本，同时也提供了社会资本和经济创业资本。

但是，对于实现城镇化的均衡发展而言，中西部地区如果缺乏实体性经济产业的有效支持，片面强调土地利用变化和基础设施投资会带来巨大的土地浪费和地方金融债务，可能出现类似鄂尔多斯等地的“空城”现象。同时，引导从东部地区向中西部地区的产业转移是必要的，但是这种转移不应是低端的过剩产能向中西部地区转移，也不应是高污染产业向中西部转移，需要将产业转移和产业升级相结合，才能在更高平台上促进中西部地区产业发展、就业增长和资源环境的可持续性。中西部地区应该根据自身的比较优势发展富有前景的经济产业，将产业升级和东部地区的产业转移结合起来，从而支持区域性核心城市的发展。因此，需要建立“全国一盘棋的”产业发展和合作体系，才能够支持大国城镇化的均衡发展。

第三，进入2010年以后，小城镇人口增长速度快于地级市和县级市，我国城镇化发展表现出特大城市与小城镇两极发展较快，而三线和四线城市发展相对较慢的情况。相对于20世纪90年代中期以后是特大城市和大城市快速发展推动着中国城镇化，当前在“大中小”城市体系的结构上，我国城镇化发展也在实现均衡化。大量从农村迁移进入城市的劳动力首先在周边小城镇和县城地区就地就近城镇化，而回流迁移的劳动力也更多地在家乡周边的小城镇和县城地区生活和创业，从而能够更好地协调农村家庭生活、农业和非农业经济活动，并获得相对较为优质的教育、卫生公共服务。在沿海地区特大城市和主要城市群地带，城市发展日益多中心化和区域化，也推动中小城镇发展，并和有关核心城市日益一体化。因此，城镇化均衡发展还需要建立“全国一盘棋”的大中小城市协调发展的机制。除了要重视进一步促进大城市和特大城市的产业发展能力，还需要积极壮大二、三线城市的产业发展能力，需要适应人口迁移流动的方向，重视对中小城镇的社会服务和公共服务，建设富有特色的中小城镇，并将中小城镇建设成为城乡协调发展的枢纽，实现城乡协调发展、区域整合发展。中国城镇化发展战略，应该将中小城镇、地区中心城市和区域中心城市有机地协调，从而能够依托城市群的整体力量，实现城镇化的发展均衡。

在城镇化发展的过程中，总是同时具有集聚和均衡两种力量。城镇化发展向东部沿海集聚以及以特大城市和大城市为核心的产业人口集聚是城镇化发展的一个侧面，而在基础设施建设、产业资本转移、公共服务均等化和人口迁移流动空间变动的综合作用下，国家会实现更加均衡的城镇化发展。集聚和均衡都是为了提高市场运行效率，或者说市场力量的决定作用促进集聚和均衡的发生。同时，在集聚和均衡的动态关系中可以实现劳动力市场均衡和国家统一市场的内部均衡，并因此支撑经济发展，提高城乡之间、区域之间的发展均衡，实现国民生活福利的整体提高。

2017 年 1 月 17 日

（发表于澎湃新闻网）

“一带一路”下跨境商贸的发展和国际人口迁移

“一带一路”是新时期我国拓展全球化发展的重要支撑计划，作为一个欧亚地区的发展倡议，不断促进全球化的深化。“一带一路”促进欧亚经济体和中东、亚非地区的经贸联系，从而引导中国对外投资和市场扩展；另一方面，“一带一路”也努力对接发达国家，促进从发达国家到发展中国家的全球化产业链条能够更好地建立，并使我国在全球化中充当枢纽的地位。在“一带一路”的影响下，国家间的跨地区商贸联系增强，并因此对我国与亚非和“一带一路”关联地区的国际人口迁移产生影响。

“一带一路”影响下的我国人口国际迁移

中国当前仍然主要是一个以国内迁移为主的国家，改革开放以来的乡城迁移和乡城间转移的人口超过3.5亿，而全国第六次人口普查数据表明国际迁移人口的数量才只有100万，几乎可以忽略不计。中国目前的海外移民存量是876万人。所以，中国总体上是一个移民净迁出的国家。

改革开放以来，中国经济社会的开放性和全球化，使中国的国际人口迁移也有相应增长。国际迁移增加包括国际迁出和国际迁入。改革开放以后，国际商贸投资和商贸联系，推动了中国经济发展，在此过程中也带动了中国移民的对外迁移。在国际商贸中的人口迁移，往往是向投资来源国家的人口迁移。国际投资和跨国企业也带来了向中国的国际派遣迁移增加。

虽然对“一带一路”所造成的国际迁移变化还缺乏足够的数据，但是可以预见，跨境商贸的发展带来全球化的深化，将会加快带动中国和周边国家间的国际迁移。对外的投资推动，往往形成项目带动的人口向外迁移。同时，从国际经验看，跨境投资和商贸往往会带来向投资来源地和产业服务链的上端迁移，所以，受到“一带一路”的影响，由于中国对外投资的加深，来自其他国家的迁入移民也会有所增加。

跨境商贸活动对人口国际迁移影响的特点在于，通过塑造和沟通跨国的产业链条，带来产业链不同环节间的国际迁移。国际迁移往往集中在商贸网络的节点地区。世界商贸网络的集中地区往往是大城市，特别是一些具有世界功能的全球城市，因此商贸投资服务的集聚效应比较突出。同时商贸网络的集中地区也可能是在接近生产地的中小城市，例如广州地区外国人集聚已经引起了较多关注，另外在浙江的温州和柯桥，我们都看到跨境商贸活动促进的国际人口迁移的显著增长。跨境商贸活动也往往在枢纽型边境城市集中，形成一些地方性商贸中心城市。跨境商贸活动除了带来我国国际迁移人口数量的快速增长，同时，也带来国际迁移人口结构的变化。我国的国际移民目前还是以高端国际企业商务人口为主，也就是国际人才，而未来劳工群体的国际迁移将会显著增加。跨境商贸引发的国际人口迁移还包括文化旅游和教育性迁移人口。中国对外商贸发展增加了世界对中国的兴趣，向中国的学习教育迁移也有显著的增长。在人口迁移过程的后续迁移中，家庭迁移也会随之增加，这些都是其他国家国际人口迁移表现出的普遍规律。这些不同目的的向中国的国际迁移,本身有利于跨境商贸网络的推进。因此,"一带一路"对我国国际迁移的影响表现在,我国的国际人口迁出和迁入都会随之增长,而国际迁入的移民增长会更快。跨境商贸活动发展带动的向中国的国际迁移的显著增加,正成为新时期中国国际迁移的一个重要特点。

国际人口迁移中的挑战和治理

无论是人口的国际迁出和国际迁入,都存在着迁移人口的社会融合及与当地社会整合的问题。欧洲和美国在国际移民社会融合方面所表现出的具体困境,提醒我们国际移民发展带来的跨境族群社会融合将会成为未来国家和移民城市发展面临的挑战。

原来非常少数量的国际迁移人口并不突出成为社会整合的压力,但是随着国际迁移人口数量的增加,其对社会整合所造成的压力就会更加明显。特别是原来我国的国际移民主要是技术移民和国际跨国企业的派遣性迁移人口,随着普通劳务和商贸移民的增加,应对社会融合问题将表现出更大的难度。例如在广州,非洲移民社区中已经出现了一些类似美国城市黑人社区的移民融合和族群冲突问题。考虑到非洲的人口继续增长和中国劳动力开始短缺,"一带一路"实施过程中中国的国际劳工移民和社会整合的问题将会日益严重。

国际移民带来社会融合和社会整合问题的挑战还在于,当移民和民族问题、宗教问题结合在一起,将增加冲突。这些族群冲突、社会基层的冲突甚至会和国家分裂问题结合在一起,成为"一带一路"实施推进过程中的国家安全的隐患,需要未雨绸缪地加以预防和应对。

因此,"一带一路"和经济全球化进一步深化以后国际人口迁移将有所增长,中国在国际移民政策上也需要实施类似美国的"大熔炉"计划和多元文化融合性的发展。这样才能积极应对移民国家的成长，避免日益增长的跨界族群和人口迁移对国家认同和社会发展所带来的危机。

而应对"一带一路"实施过程中国际人口迁移更紧迫的挑战，在于我国相对极少的国际人口迁移使得国际移民和出入境管理、国际迁移的社会公共事务管理还显著不足。目前我国的国际迁移和出入境管理还是非常薄弱的，越来越不能适应国际迁移人口增长的具体需求。例如上海现在的国际移民居住证，是按照海外人才居住证来实施。但是随着国际一般劳务人口的增加，普通劳动和就业迁移增加，相关的出入境管理及工作签证、非工作签证的转换，需要进一步规范化。中国也将会逐步产生非法移民和非法居留的问题，国际移民的长期居留和永久居留的管理制度需要改革。这些都给国际移民管理带来新的工作内容和压力，当前我国已经开始研究、制定移民和出入境的有关立法，相关的工作任务还是非常必要和紧迫的。

实际上，当前我国的国内移民的公共事务管理还有相当多需要完善的方面。而随着国际移民开始出现，国内和国际移民管理的双重压力将开始显现。国际移民的就业和社会保障、教育和健康服务、社区服务和管理等需求也日益增长。由于国际移民和国内移民在性质上和制度管理的框架上有所不同，移民管理更为复杂。例如为了适应国际移民子女的教育，可能增加对国际学校的需求；他们的健康服务，可能更需要和世界健康和卫生体系的相互衔接；他们的社会治安和犯罪问题，也需要和跨国的法律和警务体系有所沟通。这些都要求与国际移民相关的社会管理和公共事务管理制度逐步建立和不断完善。

国际人口迁移对全球化发展的积极机遇

"一带一路"下的国际人口迁移，对于公共事务管理和各类社会风险管理，具有挑战性的一面，而全球化过程中的国际人口迁移，也构成了全球化发展的资源和机遇。

外出的国际迁移人口具有累积性的作用，正如同马西所提出的，对于后续的人口迁移产生支持，能够推进中国的跨境商贸，这表现在“一带一路”实施过程中应该特别重视发挥当地华人华侨的作用。同样，向中国迁移的国际人口也具有这样的累积性社会资本的作用，移民集聚所形成的人力资本和社会网络，会支持促进跨国经贸联系和帮助“一带一路”倡议的实施。而且实际上，正是这种经贸联系的目的性，构成了“一带一路”跨境商贸过程中向中国迁移的经济动力。在中国推动“一带一路”建设的过程中，对于周边地区当地社会其实仍然是缺乏了解的，因此中国和周边地区的国际迁移网络，构成了我国了解当地社会、政治、文化、宗教等区域发展的重要资源。充分利用“一带一路”相关地区的国际移民，能够有助于扩展对于流出地社会的全面理解，培养一批未来和世界各国打交道的专业人才。国际迁移一方面受到跨境商贸发展的影响，另外，与迁移相关的累积性的人力资本网络和社会资本也构成了发展的工具。迁移所构成的促进发展的作用，将成为中国全球化发展中的重要资源。因此，国际迁移对于发展的巨大机遇在于，应该依靠中国日益增长的国际迁移网络，促进中国的世界网络建设和全球化，带动经贸和社会政治合作。

国际迁移也是沟通全球化过程中多元文明的工具。在人口迁移和移民整合过程中的文化交流和文明共存，会促进具有多样性和整合性的文明体的形成。从这个意义上看，移民所带来的社会冲突实际上正是新的文明体的发展路径，或者说是必须支付的代价。回想中华文明发展的历史，正是在人口迁移、通婚和文化交流学习中，才形成了民族的多元一体。全球化文明演进的根本出路，不是亨廷顿所说的文明的冲突，只能是文明体间的更深的相互了解、交流和共同塑造，这样才会带来全球文明的不断共生共存和共同发展。在这个过程中，国际迁移实际上也构成了文明演进的工具。

在“一带一路”建设和经济全球化的时代中，需要将国际移民发展和管理作为一种“软基础设施”。在某种意义上，与移民的迁移和出入境管理、社会融合、社会管理相关的法律体系和制度设置，与交通道路建设同样重要。良好的移民发展和管理基础设施建设，能够有效地支持和推动“一带一路”建设中的国际迁移，将会使中国的全球化战略更加扎实有效，更加基于人的交往活动，以及构建人类命运共同体。

2017 年 11 月 2 日

（发表于澎湃新闻网）

第五部分
性别、婚姻和家庭

男女平等并不是以女性为中心的平等

从1995年联合国第四次世界妇女大会以来，我国把男女平等作为促进社会发展的一项基本国策。男女平等和妇女发展获得了“国策”的地位和突出的重视，在全世界恐怕也是居于领先的。所谓基本国策，就是国家发展的基本大政方针，例如计划生育是基本国策、环境保护是基本国策，这些都是对国民经济和社会发展具有长远影响和深远影响的基本方面。计划生育、环境保护作为基本国策，其内涵相对比较明确。什么是男女平等，这个问题本身还存在不同的看法，而不对男女平等内涵准确加以把握，基本国策就难以深入落实。平等包括起点的平等、过程的平等和结果的平等，下面我想从这三个角度出发分析男女平等的内涵和相应对策政策，提出落实男女平等基本国策需要树立科学平等观，并对科学平等观的原则与内涵作一些初步的思考。

现在很多对男女平等的认识是针对结果的平等。例如不少研究提出，失业下岗群体中女性群体的比重高于男性，女性的收入水平要低于男性，女性在人民代表大会中席位和高层次决策岗位比例低于男性，等等。事实上这种结果的不平等往往不是性别因素造成的，而是男女受教育程度、知识水平和个人能力造成的，结果的不平等实际上是市场原则自然作用的结果。所谓起点的平等，指男性和女性在发展的起点要有平等的对待，不能因为是女性有较低的教育入学率，不能因为是女性有较高的溺婴率和死亡率，不能因为是女性在就业市场的入口设置更多的障碍，等等。所谓过程的平等，则是指发展过程中男性和女性面临的机会是平等的，如在教育上男性和女性的升学率应该是平等的，在一个企业中同样岗位、同样能力的男女职工具有同等的向上发展的机会。

针对起点的不平等、过程的不平等和对策的不平等，其相应的政策和对策重心是不同的，甚至还会相互矛盾。为了改变女性在结果平等中的弱势地位，往往要推进一系列女性优先的扶助政策。例如女性领导干部比重较低，从追求结果公平出发其对策是女性干部容易提拔，一个广泛流传的俗语就是“无知少女”更容易晋升，这本身可能不是效率最优的。再如，最近教育部门的妇女委员会设立了对女性知识分子的科研补助和奖励，这对促进女性知识分子发展有重大推动作用，但从男女平等的大原则看可能本身是违反起点平等和过程平等的。从起点平等和过程平等考虑落实男女平等问题，则可能更重视各个行业中男性女性在就业入口发展机遇相等，重视在发展过程中采用平等的选拔机制、同等待遇、同等竞争。那么，女性工资低、女性领导干部比重少可能并不说明男女不平等的问题，而是长期以来女性受教育程度比较低的自然结果。另有甚者，我们现在的一些政策追求结果的平等，需要女性更多的经济与社会投入，但忽视了男性和女性承担不同的家务劳动及在发展过程中存在的不平等，进一步加重了女性的双重负担，事实上反而恶化了女性生活状况和增加了工作压力。

因此落实男女平等基本国策，首先要建立科学的男女平等观，明确男女平等的科学内涵。如果男女平等成为女性主义者无所不包的标签，本身就成为了单纯的口号，失去了指导实际工作的意义。建立科学的男女平等观至关重要，对于真正落实基本国策势在必须。我认为科学的男女平等观有以下几个基本含义。

第一，男女平等观是承认男女差别的平等观，不是盲目追求一致的平等观。不应忽视了男性和女性的生理机制，忽视了女性在人类自然再生产过程中承担更多的作用，盲目追求整齐划一的就业参与。那种连男性女性基本生理差别都否认的极端观点，不仅无助于女性保护，本身还让女性发展背负了更重的负担。这一点在当前阶段尤其重要，要充分承认女性在自然再生产过程中发挥的巨大作用，充分强调和肯定被社会隐性化的女性自然生育、家庭劳动和子女抚育，强调女性对家庭生活和社会体系发挥的巨大作用，并推进生育保险体系发展和家务劳动社会化。

第二，男女平等主要是一种起点的平等、过程的平等。单纯追求结果的平等是没有意义的，而且可能本身是违反市场经济基本原则的。男女平等的基本核心不是女性的发展，而是男性和女性的共同发展，是一种性别中立的发展观。不能因为是女性，就让其在发展起点、发展机会中处于弱势地位，同样，也不能因为是女性，就让其在发展起点和发展过程中处于优势地位。基本的原则仍然要遵循市场规律，要求同等条件下同等对待、同等付出后同等回报。落实男女平等基本国策就要为男性和女性在发展起点、发展过程建立公平公正的政策机制，反对性别歧视和不平等对待。在政策实施过程中，要将性别意识主流化，避免造成发展起点和发展过程的不平等，并将男女平等对待上升到法律保障和法律监督的层次，以确保其落实。

第三，在追求男女平等的同时，我们需要加强女性保护和女性帮助，改变女性弱势群体地位。通过为女性提供更好的教育、更多的政府投入和更好的条件，促进女性更好发展、更好地提高社会地位。加强女性保护，尤其要重视对弱势的女性群体的保护。在弱势群体中的女性处于更加不利的地位，而且女性发展和家庭生活、儿童发展、社会福利的关系更加密切。保护和扶助失业女性、流动女性、贫困女性、农村女性、贫困女童等弱势女性群体，对促进社会发展更加重要。

科学的男女平等观不是一种狭隘的平等观和以女性为中心的平等观，落实男女平等基本国策，应为男性和女性共同发展创造良好舆论环境，塑造出一种平等竞争、共同发展的公正机制。充分落实男女平等基本国策，不仅能实现妇女更好的发展和进步，更能推动社会全面进步和社会总体福利水平的提高。

2004年4月15日

从社会性别角度看发展研究

从 20 世纪 90 年代初世界妇女大会以来，妇女研究（社会性别研究）逐步成为人文社会科学研究的一项热点内容。在很多学校、社科院系统和妇联下属单位成立了相当多的妇女研究机构，包括社会学、人口学、经济学、政治学、法律学、医学等不同学科分别从各自的视角切入妇女与发展的研究。在这些研究中可以发现，发展的各个方面都与妇女和社会性别问题紧密相连，许多社会经济问题同时是妇女问题，或者主要是妇女问题。几乎在发展的各个方面，我们都能发现女性研究的视角，也就是说发展研究中具有妇女的维度（或者性别维度）。发展与女性经济和就业参与、社会参与和政治参与、女性的家庭地位和婚姻等诸多问题紧密相联。可以说，几乎在发展的各个方面，都包含了丰富的妇女和社会性别内涵。因此，在多学科对发展研究的共同推进中，妇女与发展领域形成了相当多的理论命题，妇女研究（社会性别研究）逐步嵌入发展研究的视野。同时，通过这个关联体系，我们也可以认识到妇女发展对发展的各个环节产生有机的影响，这也使得妇女与发展问题成为当前研究和实际工作的重要任务。

发展的各个方面存在性别的维度，或者说性别角色嵌入发展研究的理论视角。但这并不意味着妇女与发展的问题得到了解决，真正的问题才刚刚开始。在此，我谈一谈对这个问题的几点想法。

第一，从社会性别的维度出发研究发展问题，需要建立起性别研究的理论框架。妇女与发展研究并不是指我们在研究中需要有一种性别意识，重点在于我们需要形成以社会性别为核心的独立的理论框架和分析框架，这样才能更好地理解在发展领域所涉及的各种妇女与发展问题。这种分析框架在相当多的情况下，并不等于我们所理解的常识。例如经常提性别平等，但到底什么是性别平等，妇女和男性都维持高水平的就业率是否就是性别平等，妇女也加强和男性一样的政治参与是否就是性别平等，事实上性别平等的理论框架并没有很明确地建立起来。另外，目前有很多女性研究者正在对社会运行和社会文化系统的各个层面作深层的解剖，但女性研究者的这些社会解剖和文化解剖很多是一种社会解构的工作，而性别平等、妇女发展需要的是一种新的社会建构的工作，需要一个成熟的理论框架。可以说社会性别研究理论框架、研究范式的建立，成为当前妇女研究学科体系所迫切需要完成的工作。

第二，从社会性别的维度来研究发展问题，不仅要研究性别与发展之间存在的密切关系，同时需要在理论研究的基础上促进相应的社会政策研究。我们需要将性别主流化纳入公共政策的决策视野，在制定、评估有关的发展政策的同时要考虑到这种政策对妇女发展将具有什么影响，这样才能更为全面地考察某一种公共政策的合理性并提出有针对性的对策。例如社区就业问题，我们以往只认识到大量非正规就业提供了大量就业机会，提供了下岗再就业的一种解决对策，但如果我们将妇女发展考虑其中，就会发现这种推动社区服务、促进就业的政策其实进一步导致了女性在经济利益和社会保障体系中的边缘化。因此我们在制订有关的就业促进政策时，也需要同时考虑如何通过整体性公共政策的建立，将以时间为基础的社区就业和社会保障体系结合起来，并促进解决非正规就业劳动契约的劳动权益保护问题。

第三，从社会性别的维度来研究发展问题，不能成为一种以女性为中心的发展研究，同时性别研究应放在社会分工和社会发展的背景下来考察，脱离了这个背景，研究的结论是无效的甚至可以说是荒谬的。就以经常讨论的妇女就业歧视为例，这一性别问题的根本原因在于社会保障体系和以市场为基础的经济运行制度。如果脱离了这个基本背景，空洞地谈性别不平等，谈西方经验和相关立法，其思路往往都是治标不治本的。对包括生育、卖淫、就业、权益保护等各种妇女问题进行研究时，往往不能就性别谈性别差异，而是需要通过发展来解决性别问题。

发展过程中会涌现出越来越多的社会性别问题。为了实现更好、更全面的发展，我们需要重视透过社会性别的视角推动发展，我们需要构造性别研究的理论框架，并将性别研究框架应用于社会政策的制定和评估，将社会性别问题放在社会整体发展的框架中。性别和发展构成一个各个因素相互作用的整体体系，通过全面理解在发展过程中的社会性别维度，才能更好地推进妇女的发展和社会整体的良性发展。

2004 年 5 月 17 日

适应改革开放的历史进程推动妇女事业的发展和进步

我国的妇女解放和革命的成功同时完成，而妇女全面发展则随着改革开放的历史进程不断推进。改革开放以来，妇女的地位和作用总体得到很大提高。教育的提高是理解妇女发展巨大成就的关键。教育塑造男女平等的观念，影响经济参与和社会参与；教育改变职业地位，提高女性的收入并改变其生活方式；教育同时增强人们的民主意识，而女性知识分子的增加也强化了女性的话语权和参与公共政策的能力，并能够推动制度变迁。因此，随着女性教育的不断发展，就会不断推动城市女性发展。女性的教育水平什么时候和男性一样了，就会和男性在整个社会中平等竞争和共同发展。

改革开放对妇女发展的影响，一是复杂性提高了，特别是妇女发展还受到城市化和城乡结构变化、经济体制改革和就业变化、社会保障制度、行政管理体制的综合影响；二是女性群体的多样性提高了，女性群体本身日益多元化；三是妇女问题的丰富性提高了，妇女发展包括了婚姻、家庭、就业、保障、健康、教育等方面。

改革开放对女性发展带来综合的、复杂的影响。如果我们观察三十年来妇女发展的各种指标，可以看到有些妇女发展的指标上升了，有些妇女发展的指标下降了;有的男女不平等的指标减少了,有些男女不平等的指标却扩大了;一些妇女群体的社会地位上升了,一些妇女群体的社会地位却下降了,或者上升得不那么快。这样一些指标的上升和下降,是理解改革开放对妇女发展影响的一面镜子,说明改革开放对妇女发展同时带来巨大成就和利益损害。因此,在改革开放中加强妇女发展的管理和决策,有这样几个基本的目标取向:一是要避免女性成为改革开放过程中的利益受损群体,或者避免某些女性群体成为利益受损的群体;二是要使女性和男性同等地享受改革开放所带来的利益,如实现男性和女性的同等的退休年龄;三是使女性在改革开放过程中得到更快的进步,减少性别差距,逐步能够在改革开放过程中实现男女平等的社会。

在改革开放过程中进一步推动妇女全面发展,要适应改革开放继续深化的历史趋势,进一步解放思想,解决发展的问题。就当前的城市发展和改革开放,在妇女发展过程中有这样几个基本的趋势值得重视:

第一是信息化。我们已经看到"教育鸿沟"对男性和女性的发展所产生的重大影响,现代社会中的信息鸿沟,对女性发展的影响可能更大。信息社会改变着人们的经济活动、交往方式、生活方式、学习方式、思维方式,现代国际大都市的妇女发展特别要加强适应信息社会的学习能力。

第二是全球化。妇女发展要能更好地适应全球化对经济产业发展和社会生活的影响,例如上海要发展总部经济和提升专业服务,这将对妇女的教育培训产生新的要求。妇女发展也需要在国际合作和开放中促进国际都市建设,要吸收国际妇女发展和管理的成功经验,加强国际性妇女组织的合作联系。

第三是民主化。现代城市的治理要发挥行政部门、企业和社会组织的共同力量,并通过人民决策的公共服务来满足人们的切实需求。

妇联作为最大的非政府组织的女性团体，也需要适应改革开放的城市治理结构的转变，加强组织能力建设。在社会群体多元化的社会背景下，努力加强民主能力，反映不同妇女群体的需求，了解其利益诉求，以促进解决妇女问题。

第四是城市化。上海现在的人口已经达到1 900万，随着城乡二元结构不断被打破，未来一段时期内人口流动和人口集聚仍然将保持较高态势，为城市流动人口（包括妇女群体）提供均等化的公共服务、促进社会融合及促进流动妇女群体的组织建设等将会越来越重要。

第五是活性化。知识经济的发展使新的就业形态得到发展，不仅是低端的非正规就业和草根性创业，类似SOHO等新的非正规就业领域的创业活动也会得到增长。非正规就业领域的妇女权益保护和女性创业能力建设正成为妇女发展面临的新问题。

第六是法制化。在利益群体多元化以后，要通过健全的法律体系和公共政策体系，维护女性的人身、政治、社会、经济和文化方面的基本权利和权益，使妇女发展能够充分得到法律的保护。

对改革开放新时期下的妇女事业发展，需要解放思想，探索和实现一些突破性的转型。上海作为中国经济社会发展水平最高的地区，应该逐步探索建立和现代大都市相适应的妇女事业的公共管理框架，并在继续推动改革开放的进程中推动妇女发展达到更高水平。

2008年6月21日

实现对青年更加友好的城市发展

世博会天然是青年的世博会。因为世博会的核心精神是创新精神，是一个吸引和展现新思想、新观念和应对新挑战的盛会，而青年是充满活力和创新性的群体。世博会是人类文明和智慧的展示，描绘了世界发展的未来图景，而青年才是世界和国家的未来。同时，世博会是对青年的启蒙，只有把握了未来发展的理念和方向，掌握了最先进的知识和技术，他们才能更好地承担起建设世界的责任，更好地推动未来的发展。世博会的青年性也表现在青年群体积极参与世博会，青年是世博会的参与者、建设者和贡献者。青年志愿者的积极参与和无私奉献，展现了青年的精神风采，展现了青年的社会责任心。这也指明了参与式建设和参与式发展是未来城市发展的主要模式。

在世博背景下成长起来的一代青少年可以成为"世博一代"。从"革命一代"到"知青一代"，到"改革一代"，到"世博一代"，社会转型在不同人口群体身上刻下印迹，并塑造出他们的不同特点。同时不同的人口队列在社会转型中也面临各自特别的社会问题，具有不同的历史责任和命运。"世博一代"的童年、少年和青年肯定比他们的父辈和祖辈更加幸福，但展望"世博一代"青年的未来生活，他们面临着更加深刻的社会转型。国家崛起将主要依靠这一代人，中国的高度工业化、高度城市化和现代化将主要在这一代实现。国家和城市的未来发展都对青年一代的成长和发展提出更高的要求。

如果我们从人口学角度考察“世博一代”所面临的社会变迁,一个重要的特点是他们将经历快速的人口老龄化过程。他们现在大约20岁,在未来二十年期间,我国的老龄化程度会快速提升并达到高峰。在此过程中家庭规模减小,家庭的功能进一步弱化,“世博一代”具有更大的养老压力。青年一代将面临不断提高的老龄化程度,意味着他们需要不断辛勤工作提高劳动生产率,才能维持社会保障基金的平衡。

与此同时,随着独生子女增多、政策生育水平上升以及国家的生育政策将适时地进行调整,与在儿童时期的幸福生活相比,“世博一代”将会面临加剧的养老和养小的双重压力,他们需要付出相对更多的工作时间和家庭劳动时间,才能担负自身的家庭和社会责任。

另一个人口背景是20世纪70—90年代出生的“世博一代”主要面临一个日益增加的年出生人口;在20世纪90年代中期以后,年出生人口才逐步减少,从年出生人口2 500万下降到目前的1 600万左右。20世纪70—90年代前期,每年出生的人口数基本上是递增的。这也可以解释20世纪末期到21世纪初的一二十年,这些青年人口在入托、入学、教育、就业、晋升等各个方面面临日益增强的社会竞争,包括对公共资源的竞争。我们总是认为20世纪90年代以来的大学毕业生就业困难是扩招的结果,其实扩招也是人口数量增加的结果,就业难根本上是就业年龄段人口数量增加所带来的压力的显现。

而如果我们考虑到从当前到2030年,是人口快速城市化的三十年,“世博一代”的年轻人将经历日益加剧的人口流动。随着人口产业、居住的空间结构日益扩展,城市内部通勤的流动性将日益加强。区域内的轨道交通体系和高速道路体系发展也将加强区域流动性。未来二十年中将有3亿—4亿人口进入城市,其中主要是青年人口。因此,当前的青年一代面临着在城市生存和发展的巨大压力。这种压力很大程度上以“蚁族”和“蜗居”的形式表现出来。

当然，从人口中长期变化的角度来看“世博一代”青年群体的未来生活，也并非完全都是压力，他们的人生发展的社会背景也有积极的一面。这积极的一面在于随着生育率降低和新出生人口减少，青年一代具有更好的教育机会。20世纪90年代以后学龄人口的减少以及国民经济的发展，使他们能够得到较多的教育投入。青年一代的获得知识教育的机会远远优越于他们之前的各代。私人人力资本投资的大量增加也只有在20世纪90年代后期以后才得以可能。同时，作为独生子女，他们的家庭结构也发生变化。独生子女一代人的家庭人际关系显得更加平等，使这个人口群体更加具有独立性，这意味着未来社会生活模式可能朝向一个更加平等和更加民主的社会体制发展。虽然青年一代目前将承担日益严重的养老和养子的压力，但当他们进入老年，也就是2050年以后，他们则可能遇到越来越美好的生活。到那个时候，社会中的青年人口将日益增加，老年人口数量将逐年减少，老年人口预期寿命将逐步提高，因此当前“世博一代”将会具有更健康、更长寿的老年生活。

“世博一代”面临更大的历史责任，更大的挑战和压力。在城市化、全球化、现代化、信息化等背景下，未来的城市发展对“世博一代”的青年发展提出更高的要求。因此，我们在发展中需要重视为青年人口群体积累发展的能力和条件，解决青年发展所面临的各种困难，努力为青年人口提供更多的机遇，采取一种更加对青年友好的城市发展策略。

现在的城市发展很大程度上还是以GDP为本，谈不上实现了“以人为本”的目标，更不用说实现“以青年为本”和“对青年友好”的发展。例如，上海的高房价已经成为制约城市发展的重要因素，不仅制约了有活力和创造力的人口集聚，也提高了青年的生活成本，使很多青年群体成为“房奴”。因为流动人口主要是年轻人，户籍制度也主要成为限制青年人才发展的门槛。从21世纪初以来实行的居住证制度实际上限制了对城市人才的引进,而另一方面人才的不足已经成为城市发展的巨大制约因素。以青年为主的流动人口群体不仅难以进入城市,进入城市的流动人口也很难在城市中沉淀下来。流动人口在教育、医疗、保障计划的各种公共服务中面临不公正的待遇,这样的排斥,不利于社会结构的改善,也不利于现代产业的发展。我们也看到,上海城市发展中对青年人才的发展限制还包括创业环境和创业文化的发育不足。城市的商务成本较高,提升了创业进入的门槛。需要将上海和上海周边新兴城市的创业发展门槛降低下来,才能让上海逐步成为创业的乐园、淘金的乐土。

一个城市要有竞争力,就需要给青年提供良好的发展环境。青年是上海未来发展最关键的群体。如何能够善待青年人才、培养青年人才,为青年人才提供发展机遇,是创造一个有活力的城市所面临的非常紧迫的任务。努力实现一种对青年友好的城市发展,是上海努力建设成为现代化国际大都市过程中需要深思和提倡的方向。

2010年7月

(在“传承与创新:城市转型中的青年参与”世博青年论坛上的讲演)

“中国式接孩子”表现出的问题

《解放日报》:继“中国式过马路”之后,“中国式接孩子”又一次成为网民热议的现象。其中涉及孩子的安全、城市交通、担心学坏或早恋、攀比接送工具等诸多原因。甚至十七八岁的高中生,从平时上学到参加业余补习班,都由家长接送。您怎么看待这种现象?您的孩子接送吗?

任远:我家孩子现在读初中,我们是只送不接。早上送小孩上学,是因为家里有车,可以让孩子多睡一会儿,下午就让他自己回家。周围不少同事都是天天接送,我的做法比较另类。但我孩子从预备班开始就自己回家,小学也是自己坐校车,我觉得没什么问题。回想我们这代人,从幼儿园、小学开始,从来都是自己上学回家,初中的孩子都已经那么大了,我觉得应该放手。

《解放日报》:目前十之八九的家庭,孩子很大了依然接送,形成了校门口人车拥挤的“中国式接孩子”景观。您觉得为什么大多数家长不愿放手呢?

任远:“中国式接孩子”看似是一个简单的日常现象,但其背后折射出一系列复杂的社会问题。

首先是反映出现在家长对独生子女的关照,远远超过以往。以孩子为中心的家庭关系和代际关系,成为当前社会突出的现象,导致现在有些孩子的自立性和自理能力奇差无比,例如从不做家务、不会系鞋带、不会洗碗、不会过马路等。当然,家长的心情是可以理解的。独生子女的家庭,不容许任何失败和伤害,对他们的期待、关怀也被无限放大,毕竟成功率是100%,失败率也是100%。从家庭内部结构看,代际结构向下收缩,同时老年人口经济收入增多,造成关心照顾全部聚焦在新一代身上。

这种对独生子女的宠爱,其实暴露的是家长们隐藏的无知。孩子已近成年,依然不会过马路,难道家长能接送他们一辈子吗?他们迟早都要自己学会如何在川流不息的车流中行走,学会如何对自己负责,这一课无法避免,还不如及早锻炼。

其次,家长需要尊重孩子的选择。实际上,许多孩子压根不愿意家长来接,他们可能更愿意和同学们一起回去。"中国式接送"直接导致孩子的伙伴关系弱化,剥夺了他们的活动空间,过多挤占了孩子的社会关系,让独生子女更加感到孤独。甚至可以说,独生子女的社会孤单很大程度上不是独生子女自己造成的,而是家庭和学校生活方式挤压其社会交往造成的。或许有些家长压根不在乎孩子的社交空间,只想多挤出点时间让孩子学习,甚至巴不得孩子每天除了吃饭睡觉,都处在不断学习的状态中。这完全不利于人的全面发展,有些要求甚至不符合人的天性和生理极限。某些年满18岁的孩子,依然像小学生一样幼稚,对这类"大小孩"而言,与其担心他们的成绩,可能更需要担心的是,他们未来如何进行社会交往,如何适应社会生活的基本规则。

《解放日报》:究竟是什么导致家长容易形成这种偏颇的教育观?

任远:许多人想,带孩子谁不会啊。其实我们对教育理念的普及远远不够。儿童成长是一门知识,怎么让孩子学会独立,怎么处理孩子学习和社会活动之间的关系,如放学之后自由地购买物品、玩耍娱乐、学会过马路等,都是孩子成长中的必修课。父母的过分操心,是好心做了坏事。

我们传统的儿童教育,也没有到如此全面垄断的程度。过去,孩子的成长处在一定的生活空间中,有亲戚、伙伴、邻里,尤其是单位社区,孩子们在大院里一起长大。原来的村落、家族居住方式乃至到单位制居住小区,提供了一种“集体保卫孩子”的机制。然而随着社会的个体化、居住的分散化,这种集体保卫机制消失了,只能依赖父母、依赖核心家庭来保卫孩子。这样一来,孩子成长的社会机制被大大削弱,儿童不是社会化,而是家庭化了。现在教育越来越职业化,老师分工明确、责任明晰,于是下课后就没有学校的事情了,学校之外都是家庭责任。只要出了校门口,孩子的一切问题都完全依靠父母。

我们需要思考,如何发展新的保卫孩子和促进孩子发展的社会机制,例如第三方的社会组织是否能够发挥作用,小区是否能多承担点责任。一些慈善机构,比如家长组成的联合“护童队”,能否在学校附近的马路维护公共秩序,在邻里社区中,能否在孩子放学以后形成新的社会活动空间,这些至关重要。

《解放日报》:但也有不少“80后”网友表示,他们同样是独生子女,小时候也是独自上下学,真的是现在的小孩特别金贵吗?

任远:当然还有其他因素,比如居住地和学校离得太远。正常情况下住在学校附近的学生都能自己回家。但由于“择校热”等,不少孩子上学距离很远,家长非常不放心。

归根结底,随着城市化程度提高,中心地段房价不断上涨,越来越多的人口搬离中心城区,“人口的郊区化”成为发展趋势。而优质教学资源,偏偏大多仍然集中在中心城区,分布不平衡,导致现在小孩上学距离越来越远。在学校并不能提供足够的校车或住宿等支持体系时，家长只能自己承担接送任务。所以，优质教育资源的配置不平等会带来问题。另外，周末的兴趣班和辅导班，也逼得孩子和家长一起在城市中跑来跑去。

《解放日报》：其实很多家长接送孩子的最主要因素，就是安全问题。

任远：确实，不同城市面临不同的安全问题。特大城市大量的流动人口、中小城市不规范的交通行为、网购发达后快递摩托车的增加等等，都是家长考虑的因素。特别是媒体曝光的事故、凶杀等负面报道，强化了父母的担心。但我们也看到，家长接送孩子导致的堵塞交通，又进一步带来新的城市不安全因素，形成恶性循环。于是“中国式接送”带来“中国式交通”，而“中国式交通”又强化“中国式接送”。

城市安全问题的实质，是我们尚未完全建立有效的现代城市运行方式，比如过马路严格遵守红绿灯、走横道线、自行车不要上人行道、人不要走到马路上、摩托车不要横冲直撞、汽车不要随意变道等等，都是城市发展中必须形成的公共规范。

从社会学角度看，“现代化”本身就是风险日益强化的过程，因而“现代社会”也是“风险社会”。于是，生活中如“中国式摊贩”“中国式过马路”等现象层出不穷，这是城市现代化发展阶段中的必然纠结，是诸多矛盾映射在日常生活中的表象之一。这正说明我们日常世界的改造，离成熟的现代化还有相当距离。这些问题的解决，不仅需要个人主观理念和素质的加强，更有赖于城市的综合治理系统的发展和完善。

2012年10月30日

（发表于《解放日报》）

妇女发展应重视家庭生活和社会就业的相互平衡

在讨论就业和男女平等关系时，一个基本的结论是女性就业总体上是有利于男女平等的。我们看到，新中国成立以后城市女性的普遍就业，对于实现男女平等具有显著的积极作用。就业对男女平等具有积极作用的原因，在于就业促进女性的社会参与和收入水平，提高女性的社会地位，并进而提高女性在家庭中的家庭地位和决策地位；另外，就业减少了女性的家庭劳动时间，相应地增加男性家庭劳动时间，实现家庭内部性别分工和性别平等。

通过就业提高男女平等需要关注四个方面。第一，女性就业率上升有利于男女平等，女性失业率上升则不利于男女平等。第二，除了女性就业率，女性就业的质量影响男女平等，我们看到就业领域仍然存在一系列的性别歧视，例如女性的职业地位相对较低，一些低端的餐饮服务业、商业、护理、家政等的工作基本由女性承担，女性更多地在社区和非正规就业领域就业。第三，女性就业的保障性影响男女平等，非正规就业部门的低端就业的保障性相对不足，不利于对女性的社会保护。第四，女性的就业发展机会影响男女平等，女性在就业聘用中仍然受到一定的隐性歧视，女性劳动者工作中接受教育培训的比例更低，同等情况下女性的工资水平更低，在职业晋升中女性被提拔的可能性较低。男女平等包括起点平等以及发展机会的平等，因此要为女性提供平等的有质量的就业和发展机会。这除了要进行宣传，更需要实施就业平等的法律来保障女性的就业权益。因此，从实现良好的女性就业促进男女平等来看，不仅要重视促进女性就业，同时要实现有质量的就业、有保障的就业并提高女性的就业发展能力。

我们已经发现诸多因素影响女性就业和发展，包括对女性提供就业和创业的扶助，通过女性协会建设增强女性的社会资本、加强生育保险等制度支持，等等。另外一个具有核心性的因素，是女性教育和人力资本投资，这包括女性就业前的教育培训，也包括对女性劳动力的市场再培训。我们看到当前女性高中生的大学入学率甚至高于男性，年轻女性的受教育程度甚至高于男性，这将带来劳动力市场上有利于女性的转变。关于提高教育和重视人力资本投资，也要提高女性对自我人力资本投资的重视。总之，女性发展本身需要自立自强，需要增强对教育和学习的自觉性，并增强就业发展能力，不能将女性就业发展能力不足都归结在制度扶助上。

另外一个隐藏着的重要问题是，家庭部门的生产活动（也就是家务活动）和社会部门的生产活动（也就是就业），二者之间也存在相互影响和内在的平衡。因此，家庭功能的弱化可能转而挤压女性的社会就业，并转而影响女性的就业和发展。随着独生子女化、家庭结构小型化，家庭功能的萎缩表现得非常显著。女性的劳动力市场参与和社会参与，还进一步减少了女性的家庭劳动时间，进一步弱化家庭的功能。更重要的是，传统的单位福利体制瓦解后，社会福利和服务体系发育不足，使得对家庭的社会支持体系发展不足。同时，现代化和市场经济使得家庭生活的需求更加膨胀，因此在幼儿抚育、子女教育、家务服务、养老、医疗照顾等方面的家庭生活压力凸显，并出现入托难、孩子放学以后无人照料、家庭养老压力增加。这样家庭家务活动转而挤压女性就业和发展的时间,加剧了女性(包括家庭中的男性)在就业和家庭生活中的紧张关系。

这就出现了一个近乎二律背反的情况,就是女性就业减少了她们的家庭劳动时间,提高了社会生活和家庭生活中的男女平等。但是女性就业可能同时弱化家庭功能,并转而不利于女性的就业和发展,不利于男女平等。因此当前女性就业领域所面临的任务是,提高家庭生产的功能,增强家庭发展的能力,推动女性就业和发展,并促进男女平等。为了更好地实现这个过程,其理论的推论是,我们并不应号召和提倡女性回到家庭中做全职太太,而是更应该鼓励社会体系支持家庭,例如发展出更好的养老体系、托幼体系,鼓励在就业场所附近提供育婴服务和幼儿园设施,建设更加便利的社区托老所,发展更高质量的家政服务等等,从而推动家庭功能的提高,并促进女性就业和发展,推动男女平等目标的实现。

在女性社会就业和家庭家务所存在着的内在紧张中,我们还看到另外一个问题,就是现代社会中女性发展客观面临着更加严重的"双重负担"。这种双重负担也意味着,当我们强调促进女性的社会就业,总体上确实有利于男女平等,但却不一定有利于妇女发展。因为妇女发展包括女性的社会生活再生产和家庭生活再生产,要求实现女性家庭生活和社会生活的良好平衡。在社会支持体系不足的情况下,片面强调女性在劳动力市场上追求就业和就业发展,必然带来其更大的家庭负担和工作负担的双重压力。因此,我们可以看到几乎所有的职业女性都不胜其累,在就业和家庭中失去了自我发展的时间。我们也看到现在"剩女"增加了,也就是大龄女性未婚率增加了,这当然有可能出于女性的理性选择,甚至是表现出女性社会地位提高了,但这也在很大程度上是由于年轻女性就业率提高了,社会劳动时间延长,相应减少了家庭生活的时间和空间。这对家庭和婚姻生活，对女性更好的生活和发展可能反而是不利的。所以在这些意义上，片面地单纯强调促进女性就业，是会有利于男女平等，但却不一定有利于妇女发展。

因此我们的基本国策，需要强调男女平等，但不应该是鼓励教条主义的男女一致，而是更应重视最大化的妇女解放和发展以及实现男性女性的共同发展，实现家庭生活、婚姻的幸福，实现家庭生产和社会生产的相互平衡以及在此基础之上的经济社会进步。

从实现家庭生活和社会就业的相互平衡出发，对于实现男女平等和妇女发展的综合目标，需要尊重女性自主的选择，无论是决定担任全职太太，还是选择作为“剩女”。当然也尊重男性回归家庭担任全职丈夫，包括承担更多的家庭劳动。家庭内部分工安排会随着家庭功能变化和社会环境变化而进行适应性的调整，家庭内部的这些应对也都具有合理性，是适应家庭生活和社会就业失衡的对策方案。

当然，对于实现家庭生活和社会就业的平衡来说，更为根本和重要的，仍然是要发展出强大的社会服务和支持体系，弥补家庭的功能的衰弱，从而支撑家庭生活和就业发展的平衡，支持女性更好地就业和实现全面发展。这也从根本上有利于男女平等和妇女发展，有利于家庭生活的幸福，有利于现代化过程中城市生活质量和社会进步的提高。

2013 年 3 月

对失独家庭实施社会支持计划的建议

随着计划生育政策的实施和我国所具有的巨大规模的独生子女数量的提高,使得失独家庭问题正逐步显现并日益严重。可以预见,失独家庭数量还会进一步增加,其所引发的家庭问题、社会问题和政府社会管理问题将进一步凸显。上海作为全国率先开展计划生育的城市,独生子女家庭比重更高,伴随的失独家庭问题也更加严重。本文对上海市失独家庭状况、失独父母生活需求开展研究,并提出了推进相关社会支持计划的方案建议。

一、对上海失独家庭基本状况和未来增长态势的估算

目前对失独家庭规模的统计并未形成统一的观点,也没有已有研究对该群体规模进行准确估算。现在一般认为上海市失独家庭总量为7 000户,这主要是根据上海市计生委对于特别扶助家庭发放补贴的统计口径。但是由于特别扶助家庭只包含父母双方一方在49周岁以上的家庭,并且存在着部分符合条件却没有来申请特别扶助补贴的家庭,因此很大程度上低估了上海市失独家庭的规模。

我们利用人口学人口预测方法对于上海市计划生育失独家庭现状和未来态势进行了估算和预判。目前上海市计划生育家庭子女意外死

亡 5 000 元奖励和特别扶助家庭每月补助金都仅针对户籍人口，本文中对于失独家庭规模的估计和预测也只包括上海市户籍人口。不同于计生部门的失独父母统计口径，本文采用估算独生子女死亡人数的方法间接推算所有年龄的失独家庭的规模。同时，严格意义上的独生子女是实施计划生育政策以后领取独生子女证的人口，那么当前年龄最大的独生子女大约也就是 35 岁。当然在任何时期都存在家庭只生育一个子女而出现子女死亡的失独家庭，但是为了和通常所说的计划生育独生子女概念相一致，我们将 1980 年以后出生的上海户籍独生子女意外死亡的人口作为本文所估算界定的失独家庭数。

基于上海户籍人口自 1980 年实行计划生育政策以来的数量和分年龄死亡率进行估算，目前（2012 年底）上海市失独家庭总量约为 3.9 万户〔1〕。同时，在我们的人口学估算中，由于分年龄累计死亡率采用 2010 年第六次人口普查数据，实际的失独家庭规模可能比这个结果还略大一些。按出生时期分组的失独家庭规模显示，当前失独家庭中主要是中老年群体，50 岁以上失独父母数量（也就是他们的独生子女出生于 1980—1990 年）约 2.4 万户，约占失独家庭总量的 60%；40—50 岁的失独家庭总量约 8 000 户，约占失独家庭总体的 20%。大部分中老年失独父母已经度过生育年龄，独生子女死亡意味着家庭没有延续后代的可能，同时他们正逐步进入老年，意味着失独家庭的养老问题正成为突出的失独家庭生活需求和社会问题。

我们的研究中也对上海失独家庭未来态势进行了预测，到了 2030 年，上海失独家庭总规模将达到 8.8 万户。随着新出生的独生子女家庭的年龄推移以及失独家庭的年龄推移，失独家庭的结构进一步老化。届时，失独群体中 75—90 岁的高龄失独父母达到 5 万户，接近失独家

---

〔1〕 在我们的估算中，忽略了失去独生子女以后的再生育，以及失独家庭离婚以后重新组成家庭及再生育等情况。

庭总数的60%。同时绝大多数失独家庭(6.5万户)的父母进入老年期。未来十五年内,上海地区失独家庭规模会从当前的3.9万户增加到8.8万户,将给家庭生活、政府和社会管理带来更加严峻的挑战。针对这一日益庞大的群体,需要尽快开展失独家庭的支持计划和相关社会政策设计,给予必要的关怀和支持,才能够未雨绸缪,提前做好准备,保障社会和谐、有序地运行。

二、对失独家庭主要生活需求的调研分析

我们在研究中走访调查了一些失独父母以及与失独家庭社会管理有关的政府部门、社会组织和群众团体。我们发现失独家庭之痛不仅来源于失去子女的心理创伤,还面临着精神压力、生活困境、疾病、养老等诸多问题。失独群体生活需求涉及生活的各个方面,既需要心理支持,也包括经济、生活支持,并且不同年龄阶段的失独父母需求也不尽相同。因此,需要建立对失独家庭全方位的社会支持计划,满足各个群体失独者的不同需求。

失独家庭的社会需求和需要获得的社会支持包括以下几个方面:第一,加强对失独老人的生活照料护理和养老服务,特别是随着中高年龄失独老人越来越多,老年人口的机构养老、生活照料和护理、生活关爱等将更加突出。第二,失独家庭的心理创伤抚慰和精神关爱,不仅是失去子女以后的短暂时期的危机干预,更要随着时间的延续,在不同时期有不同的创伤抚慰和精神关爱。第三,青年失独父母的助孕助育服务支持,对于尚处于生育期且有生育意愿的失独家庭,应该帮助开展助孕助育的支持性服务,提供再生育的技术服务,例如为家庭提供免费孕前优生检查、取环和生殖健康、优生检测、指导孕期保健、孕期跟踪随访等服务,并对再生育的家庭服务,指导科学育儿和早教,对再生育的家

庭的幼托和教育提供支持等等。第四，对失独父母的医疗和健康服务。第五，失独家庭的婚姻与家庭关系调解和服务，研究表明失独家庭往往更加容易出现婚姻家庭关系的紧张和解体，代际关系出现新问题，家庭矛盾也随之加剧。第六，生活救助和贫困救济服务。第七，对有关的法律咨询和政策咨询服务。

三、实施失独家庭社会支持计划的建议

实施失独家庭社会支持计划，是失独父母的家庭生活关爱的要求，是实现良好的社会稳定和社会秩序的要求，是强化负责任的政府公共职能和应对计划生育政策特殊风险的要求。

我们认为，当前迫切需要推动实施针对失独家庭的社会支持和养老服务，从而未雨绸缪，满足失独家庭和失独老人群体的具体需求，也为数量日益增长的失独家庭做好社会准备和政策准备。

失独家庭社会支持计划的总体目标在于，结合失独家庭的各种需求，负责任地应对计划生育政策实施所带来的社会风险，利用公共财政和广泛的社会支持以及有关社会政策支持和社会专业机构介入、志愿者行动和社会工作参与，解决失独家庭的生活困难，满足其需求，从而增强对失独家庭的社会保护，支持社会稳定和良好的社会管理。

失独家庭社会支持计划的短期目标是针对失独家庭的帮扶救助，缓解失独父母的负面情绪，改善其精神状况，并帮助解决这一弱势群体的实际困境，使其步入正常的生活轨道。长期目标是带动失独家庭积极回归社会和积极参与社会，构筑失独家庭和社会体系的强有力的嵌入和整合。通过发掘失独群体的潜能和参与性，实现助人自助的积极社会体系；推动社会力量的参与，使得公众有意识并建立起相应的社会责任；同时践行政府责任，有效落实计划生育人文关怀精神，弘扬生育

关怀行动宗旨，从而促进社会的和谐稳定，践行社会的公平正义。

加强对失独家庭的社会支持计划，需要强化政府责任和落实政府投入，需要社会力量的积极参与，对失独家庭提供各种社会服务，并通过一些枢纽型的机制将政府和社会力量协调起来，构筑完整的应对日益严重的失独家庭问题社会支持的福利框架和工作机制。

第一，应强化政府责任，构建失独家庭社会政策体系。包括提高失独家庭特殊扶助津贴金额，尽快出台针对失独家庭养老的政策和措施，例如优先进入养老机构、扩大养老服务补贴受益面以及适当降低失独家庭居家养老服务收费标准等优惠政策。

第二，推动失独家庭社会支持的社会机制建设和社会创新实践。包括加强生活社区的社会支持，培育和推动帮扶失独家庭的社会组织建设，加强专业化社会工作队伍的作用，鼓励相关社会企业的建立和发育，鼓励建立一些专门的关爱失独家庭和老人的社会基金，等等。

第三，发挥妇联等枢纽型性社会组织的作用，更好地协调和整合对失独家庭的社会支持。积极发挥妇联优势，适应妇联工作的转型，更好地和政府合作，配合政府相关职能部门做好失独家庭社会支持服务。同时，强化妇联组织联系广大社会群体的纽带影响，在失独家庭社会支持上发挥资源协调和整体推动作用。

2014 年 11 月 19 日

（本文是上海市妇联委托开展的“上海失独家庭状况和社会支持研究”项目（2013—2014）的部分成果）

“结婚难”和“结婚贵”的症结所在

近年来婚姻市场出现了一些新的现象:一是“光棍问题”更加突出。在城镇和乡村(特别是在乡村地区)出现了不少大龄未婚男性青年。二是社会舆论中的“光棍”和“剩女”同时产生,特别是城镇中具有较高教育程度的女性未婚率提高。“剩女”问题也总是带来父母的担忧。对这一问题的社会关注,可以从公园中的相亲角落的繁荣、电视中相亲节目的火爆表现出来。“剩女”问题甚至也具有了娱乐的意义。三是“彩礼”的提高,一些农村地区和经济较不发达地区的结婚彩礼已经高到令人诧异的程度。一些说法是,越是贫困地区“彩礼”越高,实际上,在城镇地区的结婚成本提高得更快,汽车、住房已经成为青年婚姻的重要负担,并表现为一种“丈母娘带来房价上涨”的现象。由婚姻中的男方家庭来承担汽车、住房的费用,并不是严格意义的“彩礼”,但是这也说明了结婚成本的提高。因此,“结婚难”“结婚贵”已经成为当前社会中的突出现象。

一、出生人口性别比失衡

人们往往把“结婚难”与“结婚贵”的问题归因为婚配性别比的失衡,即婚姻高峰年龄青年未婚人口的性别比失衡。而往往又将婚配性别比问题归因到出生人口性别比失衡。中国的出生人口性别比从1980年以后就开始逐步偏离平衡的水平，目前出生人口性别比失衡已经持续了接近四十年。出生人口性别比到了2008年达到120.6，在此之后出生人口性别比是逐年下降的，但是至今仍然处于失衡的状态，2015年我国的出生人口性别比为113.5。有学者估计在2030年左右中国在婚姻年龄的性别比失衡人口会达到3 000万左右，将进一步加剧“光棍”问题，使得“结婚难”“结婚贵”更加严重。

我国出生性别比从1980年开始偏离于正常状态上限的107，到了1990年第四次全国人口普查的时候提高到111左右，当前出生人口性别比失衡带来的婚龄时期的男性人口总量失衡大约为300万—400万。考虑我国男性的初婚年龄大约是27岁，大约比女性初婚年龄高2岁，出生人口性别比失衡后的男性队列进入婚姻市场时间并不久，出生性别比失衡对婚配性别比失衡的影响实际上还并不显著，在婚姻年龄人口总量上尚不存在女性的显著短缺。

在一些地区的人口婚配性别比失衡，与其说是受到出生性别比失衡的影响，不如说是人口迁移的结果。青年女性的外出迁移，加剧了人口流出地区的婚配性别比失衡，使得一些农村地区出现了“光棍村”。特别是如果我们观察迁移人口的性别年龄结构，就会发现外出迁移女性的年龄往往更低，她们也有更大的概率在城市中沉淀和居留下来，其中很多人口是因为迁移而结婚，或者是因为婚姻而离开流出地区。例如上海的国内异地婚姻，绝大多数是本地男性和外来妹结婚，女性的迁移率更高、沉淀率更高，对于流出地的性别比影响更加显著。女性迁移人口的平均年龄更低，说明了她们更多的是在结婚前迁移；而男性迁移人口的平均年龄更高，说明他们中不少人是结婚后迁移，或者结婚后继续迁移。当然婚后的女性人口因为儿童返回农村的情况也相当普遍，这样就出现农村中的留守女性和留守儿童的现象。总的来说，年轻女性的迁移比重更高，使得人口流出地区的婚配性别比提高。一个地区人口外出迁移越普遍，这个地区和村庄中男性找对象的压力往往也越大，这能够解释农村和人口主要流出区域具有更加突出的“光棍”和“结婚难”问题。

所以，出生人口性别比的失衡确实会对婚姻市场产生影响，而且随着出生人口性别比失衡的人口队列更多地达到结婚年龄，这个压力是会增大的。但是出生性别比对“结婚难”的影响并不应该被过分夸大。实际上，婚姻市场会有相当大的弹性来应对出生人口性别比的失衡，例如男性和女性的婚龄模式将会变化。原来的婚姻习惯中，男性往往比女性大 2—3 岁，我们会发现，当婚姻市场出现挤压以后，婚龄模式就会变化，男性有可能和更大年龄的女性结婚，也有可能与更小年龄的女性结婚，男性和女性的结婚年龄模式将更加差异化。我们也可以将婚姻市场的离婚和再婚作为应对婚姻市场性别比失衡的行为。实际上我的基本判断是，我国出生人口性别比失衡造成的男性人口对婚姻市场挤压的影响，相对于婚姻市场的内在弹性而言是一个问题，但并不构成非常突出的压力。性别比失衡是一个大问题，而性别比失衡对于婚姻的影响，更多地仍然是迁移的问题，而不是出生人口绝对数的问题。

二、“结婚难”和“不结婚”

男性女性结婚率下降和“光棍”“剩女”的增多，也有相当的情况不是“结婚难”，而是“不结婚”。“光棍”和“剩女”有的时候也反映出人们婚姻观念和婚姻模式的转变。实际上这些大量未婚的男性和女性中，并不都是被动地无法结婚，其中也包括了主动地推迟结婚和推迟生育，乃至不结婚和不生育。

我们通常认为“男大当婚，女大当嫁”，因此觉得女性到了 25 岁不结婚就值得忧虑了，到了 30 岁、35 岁不结婚就是被剩下来的“问题女性”，实际上由于教育程度提高、劳动力市场就业竞争激烈，更多的女性是主动地选择不结婚而成为“剩女”。因此一方面婚姻市场中的女性显得越来越稀缺，但是实际上女性的终身未婚率还在提高。在后人口转变的时期，女性中的“剩女”很大程度上本身就意味着女性社会地位的提高、意味着女性独立性的增强，乃至意味着性别观念的多元化。

“光棍”的问题与“剩女”问题有一些差别，但是“光棍”作为“剩女”的镜像，也在一定程度上具有后人口转变时期“主动不结婚”的考量。教育程度提高、迁移率的提高和劳动力市场竞争性的提高同样推迟男性的结婚年龄，使得无论男性和女性都因为个人独立性的提高，而减少了婚姻行为。在欧洲，各种不结婚、同居、非婚生育、同性恋等行为的增加，被认为是人口转变以后的“第二次人口转变”的重要指标。我们所观察到的大龄未婚的“光棍”和“剩女”，有的时候并不完全是因为“结婚难”，而可能是个性发展和多元化性别观念的表现。

三、“结婚难”和“结婚贵”

出生性别比和婚配性别比对男性和女性结婚有着一定影响，但是我们要认识到婚姻更是一个社会过程，而不仅是一个男性女性数量的生物过程，“结婚难”和“结婚贵”背后更主要是社会运行的结果。

对于“结婚难”和“结婚贵”，实际上不是人们所想的因为“结婚难”，所以“结婚贵”，而恰恰是因为“结婚贵”，所以“结婚难”。出生性别比失衡影响着“结婚难”，但是“结婚难”的原因并不主要是出生性别比失衡，而是包括“彩礼”在内的结婚成本的提高所带来的“结婚贵”。结婚成本的提高不仅包括“彩礼”，更主要表现在住房价格的提高。在传统社会习俗中，人们总是先买房再结婚，这也是因为婚姻和家庭带来了居住和住房的需求。我们往往说“丈母娘推高了房价”，这实际上说明了婚姻对住房的客观需求，但是实事求是地说，房价本身却不是由“丈母娘”所提高的。

“彩礼”作为一种结婚成本的衡量指标，说明了“结婚贵”的现象，而包括住房、生活成本在内的结婚成本的提高降低了人们的结婚意愿乃至生育意愿，并表现为“结婚难”。因此，也会出现部分人口不选择结婚而选择同居，同居的人口虽然在人口统计中仍然表现为“光棍”或者“剩女”，但实际上不是由于难于进行婚配，而是由于婚姻的昂贵。

社会中呈现出突出的“光棍”和“剩女”现象，而且我们有理由相信“结婚难”中的“光棍”现象和“剩女”现象还会加剧。但其真实的原因并不主要是出生人口性别比失衡带来的男性或者女性数量的绝对缺乏，而更主要是这些男性本身没有足够的教育和经济水平，难以支持婚姻市场的昂贵成本。在传统文化中往往要求男性的收入、教育程度和社会地位高于女性，这也进一步加剧“光棍”现象和“结婚难”，带来社会高层次女性的“剩女”和社会低层次男性的“光棍”。这更进一步说明“结婚难”和“结婚贵”，主要不是性别比问题，而是文化问题、迁移问题、经济社会收入较低的问题、教育和人的发展不足的问题、社会生活的成本快速增长的问题和财富分配的问题。人口出生性别比失衡确实是严重的问题，但并不是“光棍”问题的症结所在。

2017 年 2 月

（发表于上海观察网）

避免“全面二孩”进一步加深女性的双重负担

实施“全面二孩”政策以后，我国人口的生育水平仍然较低，其中一些重要原因如家庭生育的成本较高、对家庭生育的社会支持不足以及在市场竞争和就业压力下增加的家庭与工作冲突，弱化了家庭的生育意愿。因此“全面二孩”政策需要通过综合配套政策和社会支持共同发挥作用，才能形成一种家庭生育友好的社会环境。

在实施“全面二孩”政策所带来的一系列影响中，需要重视增加的生育对女性职业发展的不利影响。虽然新中国成立以来我国的女性发展与社会性别平等有了较大进步，但是在家庭生活中，女性客观上仍然承担着家庭劳务和家庭再生产的主体责任。因此，女性的家庭再生产和日益提高的女性就业压力，对于女性发展构成了“双重的负担”。这种家庭和工作的压力，限制了女性的生育意愿和生育行为。女性为主体的家庭劳务分工的体制反映在劳动力市场上，则会增加女性的就业弱势。这一点已经从劳动力市场上女性的就业问题表现出来。女性更高的家庭负担使女性在劳动力市场的平等就业和平等发展机会受到影响，甚至一些企业还采取各种潜规则要求女性在就业的某段时期内不能生育。女性更高的教育程度的一种解释在于，正是在劳动力市场的相对弱势地位，使得女性不得不通过教育来增强其在劳动力市场上的竞争力。

如果以女性为中心的家庭劳务安排与社会文化体系并没有得到充分的改变，那么一方面，“全面二孩”政策实际上并不能显著提高女性的生育意愿；另一方面，“全面二孩”政策实施以后女性增加生育，则会对她们自身发展产生更显著的不利影响。用工单位会在招聘和人力资源管理中进一步衡量女性孕产假成本、哺乳假期等“性别因素”，从而影响女性的劳动力市场就业能力和在职业中的晋升发展机会。女性在家庭生产中的时间和劳动投入更多，也会造成其在劳动力市场上的人力资本损耗，从而对女性性别平等的发展产生不利影响。

因此，作为“全面二孩”政策配套的重要组成部分，需要改变女性中心主义的家庭生活模式，不仅实现在劳动力市场上的社会性别平等，也需要促进在家庭家务生活中的男女性别平等。通过更多的男性参与家庭劳务以及配偶陪产假制度等，增加夫妇对于生育过程中家庭劳务的共同承担，减少女性在家庭生活中的时间投入。同时，通过更为丰富的0—3岁托育早教服务和社会化的儿童托育托幼支持，减少女性的家庭生活负担，从而支持女性在劳动力市场的竞争能力。努力避免生育造成的女性在家庭生活和劳动力市场上的地位弱化，才能为更好地实施“全面二孩”政策构建良好的社会环境，从而将“全面二孩”政策的实施和促进女性发展、构筑生育友好的社会有机地衔接起来。

2017年4月19日

图书在版编目(CIP)数据

人口论衡:大国发展的探索/任远著.—上海:
上海人民出版社,2020
ISBN 978-7-208-16360-7

Ⅰ.①人… Ⅱ.①任… Ⅲ.①人口-问题-研究-中
国 Ⅳ.①C924.24

中国版本图书馆 CIP 数据核字(2020)第 037683 号

责任编辑 范　晶
装帧设计 范昊如　夏　雪 等

人口论衡:大国发展的探索
任　远 著

出　　版 上海人民出版社
(200001　上海福建中路 193 号)
发　　行 上海人民出版社发行中心
印　　刷 常熟市新骅印刷有限公司
开　　本 635×965　1/16
印　　张 24
插　　页 2
字　　数 295,000
版　　次 2020 年 5 月第 1 版
印　　次 2020 年 5 月第 1 次印刷
ISBN 978-7-208-16360-7/C·611
定　　价 88.00 元